Jörg Diehl / Roman Lehberger / Fidelius Schmid

UNDER COVER

Jörg Diehl / Roman Lehberger / Fidelius Schmid

UNDER COVER

Ein V-Mann packt aus

Deutsche Verlags-Anstalt

Verlagsgruppe Random House FSC® N001967

1. Auflage Mai 2020
Copyright © 2020 Deutsche Verlags-Anstalt, München, in der Verlagsgruppe Random House GmbH, Neumarkter Straße 28, 81673 München, und SPIEGEL-Verlag Rudolf Augstein GmbH, Hamburg, Ericusspitze 1, 20457 Hamburg
Umschlag: Büro Jorge Schmidt, München
Umschlagmotiv: Marcus Simaitis/DER SPIEGEL
Gestaltung: DVA/Andrea Mogwitz
Gesetzt aus der Minion
Satz, Druck und Bindung: GGP Media GmbH, Pößneck
Printed in Germany
ISBN 978-3-421-04865-3

www.dva.de

Dieses Buch ist auch als E-Book erhältlich.

INHALT

PROLOG

Ich bin Murat. Wenn alles gut gegangen wäre, wären nicht so viele Menschen gestorben. Wenn alles gut gegangen wäre, hätte ich mein altes Leben noch. Und den Job, den ich so sehr liebe. Und es gäbe dieses Buch nicht.

Aber es ist nicht alles gut gegangen. Am Ende ging alles schief.

Verstanden habe ich das am 21. Dezember 2016. Zwei Tage vorher war ein Terrorist mit einem Lastwagen auf den Weihnachtsmarkt am Berliner Breitscheidplatz gerast. Es hatte Tote und Verletzte gegeben.

Mein Telefon klingelte. Mein V-Mann-Führer war dran. »Es war Anis Amri«, sagte er. Als ich den Fernseher einschaltete, sah ich Amris Bild. Ich hatte vor ihm gewarnt. Nun hatte er es doch getan. Ich weinte.

Mein Name ist Murat Cem. Das ist nicht mein richtiger Name. Es ist der Name, den ich als Polizeispitzel wählte. Ich war V-Mann, angesetzt auf Drogendealer und Waffenhändler, auf Mörder und Räuber, auf Terroristen. Fast 20 Jahre lang. Ich habe nicht mitgezählt, wie viele Menschen ich ins Gefängnis gebracht habe. Ich weiß nur, dass ich gut war in dem, was ich tat.

Ich komme aus einem Problemviertel in Nordrhein-Westfalen. Bis ich als Dealer geschnappt wurde, hatte ich schon einen Haufen Vorstrafen gesammelt, Körperverletzung, Bedrohung, Beleidigung. Mit 21 Jahren hatte ich mehr Drogen verkauft, als ihr euch vorstellen könnt. Doch weil ich meinen besten Freund verpfiff, musste ich nicht ins Gefängnis. Stattdessen wurde ich V-Mann.

Meine Aufgabe war es, mich mit Verdächtigen anzufreunden und sie zum Reden zu bringen. Ich kaufte Dealern zum Schein Drogen ab, beschaffte Informationen. Ich tat, was nötig war.

Irgendwann wurde ich auf Islamisten angesetzt. Ich lernte Hassprediger kennen, Sven Lau und Pierre Vogel. Andere Zielpersonen standen später als »Osama Bin Ladens Ex-Leibwächter« und »die Nummer 1 des IS in Deutschland« in der Zeitung.

Damals traf ich auch Anis Amri. Ich hielt ihn sofort für gefährlich. Ich wollte ihm nach Berlin folgen, ihn ausspionieren. Doch ich durfte nicht. Bis heute mache ich mir Vorwürfe. Hätte ich Amris Anschlag verhindern können? Es gab Tage, an denen brachte ich Amri abends ins Bett und holte ihn morgens wieder ab. Hätte ich Anweisungen und Regeln missachten sollen? Hätte ich mit ihm Waffen kaufen sollen, damit er ins Gefängnis gekommen wäre?

Ich hätte das gekonnt. Es war ja mein Job. Ich habe einen Terroranschlag auf ein Einkaufszentrum verhindert. Warum also nicht auch seinen Anschlag?

Viele Menschen verwünschen den Tag, an dem sie mich trafen. Ich verfluche den Tag, an dem ich Anis Amri begegnet bin.

Nach seinem Anschlag wurde bekannt, dass es mich gab. Die Presse schrieb über mich als »VP01«. Die Anwälte meiner Zielpersonen sagten, ich hätte ihre Mandanten angestiftet. Bald war ich für die Polizei verbrannt.

Heute bin ich in einem Zeugenschutzprogramm. Ich wohne in einem kleinen Ort, unter einem anderen Namen. Ich habe keine Arbeit und lebe von Hartz IV.

Schon viele wollten mit mir reden. Doch man sagte mir, ich dürfte nicht. Dabei wollte ich reden. Über das, was schiefgelaufen ist bei Amri, aber auch über die Arbeit von uns V-Leuten.

In bin schon oft mit dem Tod bedroht worden. Vielleicht kommt es nach diesem Buch wieder so. Aber das ist mir egal.

Dieses Buch ist mein Vermächtnis. Ich bin Murat. Ich habe keine Angst mehr.

Murat Cem, im Februar 2020

VORWORT

»Hallo ich bin die vp01 Murat.«

So beginnt es. Mit einer Mail, die keinen Text hat, sondern nur aus einer Betreffzeile besteht.

Es ist der 22. Januar 2018, es ist Mittag, genau 12.10 Uhr – und SPIEGEL-Redakteur Jörg Diehl steht in einem Café in der Friedrichstraße in Berlin und starrt auf sein Handy.

Die Mail wurde von einem merkwürdig klingenden Gmail-Account verschickt. Ist er das wirklich?

»VP01« ist der Codename eines Phantoms. Der Mann, der sich in seinen Einsätzen »Murat Cem« nannte, ist der wohl wichtigste Polizeispitzel der deutschen Kriminalgeschichte.

Murat Cem war eine sogenannte Vertrauensperson (VP) der Polizei, dessen Arbeit fast zwei Jahrzehnte lang im Verborgenen stattfand. Er hat in Dutzenden Einsätzen unzählige Verbrecher hinter Gitter gebracht. Und: Er ist der Undercover-Ermittler, der Anis Amri, dem mörderischsten Islamisten Deutschlands, nähergekommen ist als jeder andere Informant.

VP01 ist ein Politikum. Weil er schon früh vor Amri warnte und man ihm nicht glaubte. Weil er Wege ersann, wie Amri aus dem Verkehr hätte gezogen werden können. Und weil die Behörden ihn am Ende fallen ließen.

VP01 alias Murat Cem ist ein Vertreter jener schlecht beleumundeten Kaste von Informanten, auf die Polizei und Geheimdienste gerne als Quellen zurückgreifen. Oft sind es Kriminelle oder Mitglieder extremistischer Zirkel. Viele von ihnen sind unzuverlässig.

Die Bundesrepublik hat schon so manches Debakel mit ihren V-Männern erlebt: Der erste Verbotsantrag gegen die NPD scheiterte etwa, weil die Partei von Informanten durchsetzt war. Auch im Umfeld der rechtsterroristischen Mörderbande »Nationalsozialistischer Untergrund« (NSU) trieben unzählige V-Leute ihr Unwesen – und keiner von ihnen wollte etwas bemerkt haben.

VP01 dagegen war schon damals, zum Zeitpunkt der ersten E-Mail im Januar 2018, eine Legende. Zahllose Artikel versuchten aus der Distanz sein Verhältnis zu Amri zu beschreiben – und fielen mehr oder minder gelungen aus. Viele Journalisten wollten den V-Mann aufspüren. Gerichte und parlamentarische Untersuchungsausschüsse drängten darauf, ihn vernehmen zu dürfen. Doch das nordrhein-westfälische Innenministerium blockte alle Anfragen ab. Öffentliche Auftritte seien für VP01 zu gefährlich, hieß es. Er befinde sich in einem Zeugenschutzprogramm und lebe an einem geheim gehaltenen Ort.

Und jetzt, an diesem Montagmittag, tippt VP01 eine Mail in sein Handy, in seiner Küche stehend, in einem rot geklinkerten Mehrfamilienhaus, in einem kleinen Ort irgendwo in Deutschland.

Aber das weiß von uns drei Autoren in diesem Augenblick noch niemand. Diehl ist misstrauisch, muss misstrauisch sein. Ist die Mail echt? Oder stammt sie von einem Spinner?

Wir beraten uns: Jörg Diehl, Roman Lehberger und Fidelius Schmid. Seit Jahren befassen wir uns mit innerer Sicherheit, wir arbeiten lange und eng zusammen. Häufig melden sich Menschen bei uns, die vorgeben, sie hätten tolle Informationen. Am Ende kosten viele von ihnen Zeit und Nerven, ohne dass etwas dabei herauskommt. Wir müssen ständig entscheiden, ob es sich überhaupt lohnen könnte, eine Story weiterzuverfolgen.

Im Fall von VP01 sind wir uns sofort einig, dass es sich lohnt. Wir müssen allerdings sichergehen, dass wir es wirklich mit dem legendären V-Mann zu tun haben.

Diehl antwortet auf die erste Mail mit einer Frage, die außer VP01 nur sehr wenige Menschen beantworten können. Wir kennen die Antwort aus vertraulichen Ermittlungsakten. Ein x-beliebiger Hochstapler dürfte darauf keinen Zugriff haben und würde die Frage nicht beantworten können.

Der Hinweisgeber ziert sich. Man solle ihn etwas anderes fragen, er habe Bauchschmerzen dabei, so etwas zu verraten. Diehl gibt einen Teil der Antwort vor, um zu zeigen, dass er sie schon kennt. Der zweite Teil der Antwort kommt prompt per Mail.

Die Antwort stimmt.

Es ist VP01 – und VP01 will reden.

Zwei Tage später. Das erste Telefonat: »Ja, hallo, hier Murat. Ich hatte Sie kontaktiert. Ich würde gerne Ihre Hilfe in Anspruch nehmen wollen.« Er denke darüber nach, alles zu erzählen, sein ganzes irres Leben, er habe fast 20 Jahre lang undercover für die Polizei gearbeitet und wisse so viel über Anis Amri, über Hassprediger wie Hasan C. und Abu Walaa, über Mörder, Dealer, Waffenhändler.

Er denke an ein Buch. Ob man sich einmal treffen könne? Nur eines sei absolute Bedingung: Sein Gesicht dürfe niemals fotografiert werden! Wirklich niemals. Diehl sagt zu.

Doch einen Tag vor dem vereinbarten Treffen ruft VP01 erneut an: Die Sache sei ihm doch zu heiß, er brauche Zeit, er werde sich wieder melden.

Es vergeht mehr als ein Jahr – und nichts passiert. VP01 schweigt.

Dann kommt wieder eine Mail. Nur Text in der Betreffzeile, abgeschickt von einer anderen E-Mail-Adresse: »Hallo Herr Diehl haben Sie Interesse an einem Interview mit vp01 Murat?« Wieder ruft er an und kommt schnell zur Sache: »Was wir besprochen haben vor längerer Zeit. Können wir das machen?« Es sei jetzt an der Zeit. VP01 will reden, zum allerersten Mal. Aber er müsse eine Warnung aussprechen. »Das ist ein bisschen aufwändig, ganz ehrlich.«

Ein »bisschen aufwändig« wird für uns die Untertreibung des Jahres werden. Gemeinsam werden wir über Monate mit Murat reden, Dutzende Tage, Hunderte Stunden, in angemieteten Wohnungen, in Hotels, Cafés, auf Raststätten, in Autos, tagsüber und manchmal auch nachts. Wir werden Weggefährten von Murat treffen, seine Familie kennenlernen, Kriminelle und Polizisten, Verteidiger, Staatsanwälte und Ministerialbeamte befragen. Wir wühlen uns durch Zehntausende Seiten Akten, vor allem aus den Fällen gegen prominente Islamisten, aber auch aus älteren Kriminalfällen, in denen Murat Cem eingesetzt war. Und wir werden gemeinsam mit ihm die Orte seiner wichtigsten Einsätze besuchen.

Schließlich tauchen wir in ein Leben ein, das so voller »Action« ist, wie Murat selbst sagt, dass man zehn Leben damit füllen könnte und immer noch keine Langeweile aufkäme.

Murat Cem wurde geboren als Sohn türkischer Gastarbeiter, wuchs in einem Problemviertel auf, rutschte in die Kriminalität hinein, wurde von der Polizei erwischt, packte aus und stieg auf zum besten V-Mann, den die Ermittler in Nordrhein-Westfalen nach eigenem Bekunden je hatten. Er kaufte Drogen und Waffen, er überführte Mörder, er infiltrierte die Islamistenszene und schlief Kopf an Kopf mit Anis Amri in einer Moschee.

Einmal wäre er beinahe aufgeflogen und umgebracht worden, einmal wurde er ausgetrickst und um viel Geld betrogen, ständig wurde er mit dem Tod bedroht. Einmal raste er mit einer Handgranate im Kofferraum über die Autobahn, einmal verlor er seine falschen Ausweise, einmal brannte seine Wohnung aus, einmal … Aus Murats Erinnerungen könnte man eine Fernsehserie machen.

Als V-Mann war Murat Cem alias VP01 ein Star, ein Vollprofi in einem Beruf, den es eigentlich gar nicht gibt. Etwa 60 Einsätze, so sagte ein Beamter später, absolvierte Murat in all den Jahren für die

Polizei. Er sei der Allerbeste in der ganzen Republik gewesen, priesen ihn Staatsschützer. Und dann, auf dem Zenit seines Schaffens, traf VP01 auf Anis Amri. Murat freundete sich vorgeblich mit ihm an und erkannte die Gefahr, die von dem Tunesier ausging. Er warnte die Polizei vor Amri, doch die zog ihn schließlich trotzdem von ihm ab.

Schlimmer noch: Das BKA glaubte, Murat sei ein Märchenerzähler, ein Wichtigtuer und Lügner. Den Terroranschlag auf dem Breitscheidplatz sah Murat im Fernsehen, weinend. Das Attentat ist auch die große Tragödie seines Lebens. Die Frage, ob er die Tat hätte verhindern können, quält ihn bis heute. Amri ist sein Verhängnis geworden, so sieht Murat das.

Seit dem Anschlag auf dem Breitscheidplatz ermittelt Murat Cem nicht mehr. Er weiß nicht, was aus ihm werden soll. Irgendein Job in einer Fabrik, schlecht bezahlt und tödlich langweilig, muss das sein? Wahrscheinlich weiß Murat, der heute Anfang 40 ist und sich knapp 20 Jahre lang verstellen musste, nicht einmal genau, wer er überhaupt ist. Dieses Buch sei für ihn auch eine Form der Therapie, sagt er.

Sein Leben ist eine Geschichte, in der Täuschung und Verrat alltäglich sind. In der es darum geht, das Vertrauen von Menschen zu gewinnen, ihnen nahezukommen, sich mit ihnen anzufreunden, um sie auszuhorchen und hinter Gitter zu bringen. Das ist Murats Job gewesen, seine Berufung – ein Mann in streng geheimer Mission. Über viele Jahre erzählte er nicht einmal seiner Ehefrau, was er genau mit der Polizei zu tun hatte.

»Ich habe es geliebt«, sagt Murat. Der Moment, wenn das SEK bei der Festnahme alle Beteiligten umgebrettert habe, sei das Beste gewesen. »Ein Rausch, einfach geil.«

Auch deswegen machte Murat weiter, immer weiter, bis sein Kopf glühte. Trotz zu vieler Aufträge und zu wenig Fürsorge. Murats Geschichte beleuchtet deswegen auch die dunklen Ecken der Strafverfolgung in Deutschland. Sein Fall offenbart Mängel im System und gesetzliche Lücken. An seinem Beispiel wird deutlich, wie V-Personen der Polizei in den toten Winkeln der Strafprozessordnung agieren – kaum kontrolliert und dadurch hocheffektiv. Fast zwei Jahrzehnte lang riskierte Murat sein Leben für den Staat. Und zahlte am Ende einen hohen Preis dafür.

Im Frühjahr 2019 – das erste Treffen mit Murat in einem Café einer Großstadt im Westen der Republik. Es dauert drei Stunden. Diesmal stürmt kein SEK heran. Murat trinkt Kaffee, schwarz, und Coca-Cola. Er redet gerne, schnell und viel. Er braucht eigentlich keinen Gesprächspartner, er ist sich selbst der beste Stichwortgeber.

Murat ist ein durchschnittlich großer Mann, der mehr wiegt, als er sollte. Er raucht viel und bewegt sich wenig. Seine Frau sagt, er sei faul. Murat hält sich für gemütlich.

Er hat dunkle Haare, in die sich langsam graue Strähnen ziehen, warme Augen, er lacht häufig, manchmal trägt er einen Bart. Äußerlich erinnert er ein bisschen an George Clooney in dem Film »Syriana«, in dem Clooney den CIA-Agenten Bob Barnes spielt.

Die meisten Menschen fühlen sich wohl in Murats Gesellschaft. Murat mag Menschen, die Menschen mögen Murat. Auch deshalb war er so gut in seinem Job.

Murat Cem war der Name, den VP01 im Einsatz führte, auf den falsche Papiere ausgestellt waren. Der Name wurde Teil seiner Legende. Eigentlich hieß der Mann, der sich »Murat Cem« nannte, früher anders. Und auch heute trägt er wieder einen anderen Namen. Und morgen? Wer weiß das schon. Es ist ihm nicht wichtig. Er sagt: »Namen sind Schall und Rauch.«

Das mag für ihn so sein, doch aus Sicherheitsgründen haben wir die Namen derer verändert, die Murat nahekamen. Seine Angehörigen und Weggefährten, die Polizisten, die bislang nicht öffentlich in Erscheinung getreten sind – sie alle sollen weiterhin anonym bleiben. Wir haben ihre Identitäten jedoch überprüft. Jede Figur in diesem Buch existiert oder existierte.

Murat ist ein »Papierchaot«, das gibt er gerne zu. Er legt keinen

Wert darauf, Zeugnisse zu horten, Fotos zu sammeln, Abrechnungen aufzubewahren. Murat könnte gut aus einer Sporttasche leben, heute hier, morgen dort, leichtes Gepäck, kleine Scheine. Murat braucht nicht viel – und er hätte nie gedacht, sein Leben einmal Reportern schildern zu wollen. Er hat wenig, worauf er seine Erinnerungen stützen kann. Vielleicht ist sein Gedächtnis auch deshalb so phänomenal?

Vieles von dem, was Murat uns erzählt hat, konnten wir anhand anderer Quellen überprüfen, etwa mit Hilfe von Akten oder in Gesprächen mit Weggefährten. Wir haben enormen Aufwand getrieben, seine Schilderungen nachzuvollziehen. Dennoch gibt es Passagen in diesem Buch, vor allem jene, die Murats Jugend betreffen, die sich nicht anderweitig belegen ließen. Oder es gab Situationen, die unsere Gesprächspartner anders erinnerten als er. An den Stellen, an denen das Fehlen einer zweiten Quelle problematisch sein könnte, werden wir das deutlich machen. Dort, wo Widersprüche oder Ungereimtheiten bestehen, werden sie benannt.

Grundsätzlich aber gilt: Dies ist Murat Cems Geschichte. Es ist sein Leben.

Düsseldorf, im Februar 2020
Jörg Diehl, Roman Lehberger, Fidelius Schmid

Teil I

DER DEALER

1

DAS TAL DER LANGEN MESSER

Der weiße Zwölftonner rumpelte die Hauptstraße entlang, wendete und parkte vor dem Hochhaus. Die Menge wartete schon. Frauen aus den oberen Stockwerken warfen ihren Kindern noch Geld für die Einkäufe in den Hof. Es war mittags, gegen 12.30 Uhr – und der fahrende türkische Supermarkt war da. Die Gegend hier nannten sie »das Tal der langen Messer« oder auch »Klein-Istanbul«.

Einer der Hochhausbewohner hatte den Lastwagen gekauft und holte damit jeden Morgen Lebensmittel vom Großmarkt. Drinnen lagen Tomaten und Auberginen, Käse und Olivenöl, Bulgur und Reis.

Eine Kundin nach der anderen stieg die Stufen hinauf ins Innere, suchte aus, was sie brauchte. Wer Geld hatte, zahlte am Kassentisch am Ausgang. Wer nicht bezahlen konnte, ließ anschreiben. Der Gemüsemann kannte seine Kundinnen.

Obwohl der Wagen häufig kam, war seine Ankunft jedes Mal ein Ereignis. Es gab Geschrei und Gedrängel. Mütter riefen nach ihren Kindern. Kinder liefen ihren Müttern hinterher. In den sechsstöckigen Häusern wohnten 63 türkische Familien.

An diesem Tag im Jahr 1993 stieß Mevlüde Cem auf ihrem Weg zum Einkauf mit dem halbwüchsigen Haluk zusammen. Haluk brüllte und schimpfte.

»Hure«, schrie er.

Innerhalb weniger Sekunden erreichte die Beleidigung, die Haluk Mevlüde Cem entgegengeschleudert hatte, den damals 16-jährigen Murat. Er lief in den Hof hinunter und griff sich Haluk. »Du bist ein Hurensohn«, rief Haluk.

Geschult im rauen Alltag des Problemviertels und ausgebildet in Taekwondo verprügelte Murat den unverschämten Haluk. Jeder verstand das. Haluk hatte Murats Mutter beleidigt. Damit hätte es gut sein können. Doch das war es nicht.

Haluks und Murats Familien beharkten und beleidigten sich seit Monaten. Die Feindschaft ging so weit, dass Murat mit seinen Verwandten bereits diskutiert hatte, Haluks Vater in den Keller zu locken, ihn dort mit Benzin zu übergießen und anzuzünden.

Vielleicht war der weitere Verlauf des Tages vorherbestimmt.

Am Nachmittag verprügelte Murats Onkel Haluks Vater.

Am Abend dann saß Murats Onkel mit Verwandten in einem türkischen Café in der Nähe des Bahnhofs. Jemand aus Haluks Clan ohrfeigte den Onkel.

Als Murats Onkel in der Nacht nach Hause ging, wartete Haluks Sippe im Schatten einer Treppe im Hof. Sie hatten Messer dabei und einen Spitzhammer. Auch Murats Onkel trug ein Messer.

Ein Kampf entbrannte. Das Gebrüll schallte durch den Innenhof, Dutzende Männer und Frauen rannten nach unten. Es wurde eine Massenschlägerei. Vielleicht waren 100 Personen beteiligt, vielleicht auch mehr. Schmerzensschreie gellten, Fäuste flogen, Blut floss. Auch Murat prügelte mit, natürlich.

Am Rand des Hofs lag sehr bald, mit dem Oberkörper gegen die Wand gelehnt, ein Freund von Haluks Vater. Er blutete stark aus dem Oberschenkel. Murats Onkel hatte ihm ein Messer ins Bein gerammt.

Als Streifenwagen heranbrausten, warfen alle ihre Waffen in die

Mülltonnen, Messer und Stöcke und Hämmer. Eiligst verzogen sich Kämpfer und Zuschauer in ihre Wohnungen.

Oben, im sechsten Stock, versammelte sich Murats Familie im Wohnzimmer. Der Onkel hatte gerade einen Asylantrag gestellt, ein anderer musste die Schuld für die Messerattacke auf sich nehmen. Denn eines stand fest: Wenn einer aus der Familie sich zu der Tat bekannte, würden die anderen Familien im Haus den wahren Täter nicht anzeigen. So war das im »Tal der langen Messer«. Man regelte die Dinge untereinander, unter Türken, zwischen den Familien. Die deutsche Polizei brauchte man dazu nicht.

Die Wahl der Familie fiel auf Murat. Er war noch nicht volljährig, hatte keine Vorstrafen. Er hatte wenig zu befürchten. Dass der Jüngste eine Straftat auf sich nahm, war normal in »Klein-Istanbul«, das war seine Pflicht als Sohn, Bruder, Neffe.

Als die Polizisten die sechste Etage erreichten, hatte Murat schon zugestimmt. Zwei Beamte betraten die Wohnung, die Familie saß auf den Sofas. »Wer war es?«, fragte einer der Uniformierten. Mevlüde schaute ihren Sohn an. »Sag, dass du es warst«, sagte sie auf Türkisch.

Murat stand auf. »Ich war es«, sagte er. Auf seinem T-Shirt war noch Blut von der Schlägerei.

Die Beamten legten ihm Handschellen an und nahmen ihn mit. Im Auto, auf dem Weg zur Wache sagten ihm die Polizisten, er habe seine Zukunft verbaut. Morgen werde er dem Haftrichter vorgeführt und befragt. »Ich sage dazu nichts«, sagte Murat.

In der Zelle legte Murat sich auf eine Holzpritsche und wartete. Am Morgen musste er zur Toilette. Ein Polizist sagte ihm, er müsse jetzt durchhalten, er werde sowieso gleich abgeholt. Zum Frühstück brachte der Polizist Murat ein Schinkenbrot. Obwohl er hungrig war, ließ Murat das Brot liegen. Er war nicht strenggläubig, aber Schweinefleisch aß er nicht.

Irgendwann brachten sie ihn in ein Büro. Ein Polizist wollte wissen, wie genau er dem Mann das Messer in den Oberschenkel gerammt hatte und warum er das getan hatte.

»Ich sage nichts«, sagte Murat.

Was für ein Messer er denn benutzt habe, fragte der Polizist.

»Weiß ich nicht mehr«, blaffte Murat.

Der Polizist legte ihm die Messer aus den Mülltonnen vor. Es war ein gutes Dutzend. Welches es gewesen sei. Er wisse es nicht, gab Murat zurück, es könne jedes gewesen sein.

Der Beamte wurde erst ungeduldig, dann ärgerlich. Vor ihm saß ein junger Türke, der einen Mann schwer verletzt haben wollte und weder zum Tathergang noch zur Tatwaffe etwas sagen konnte. Er besprach sich vor der Tür mit einem Kollegen. Murat hörte, wie er raunte, sie würden die Sache nicht klären können. Als sie zurückkamen, sagten sie Murat, er könne gehen.

Draußen rief Murat aus einer Telefonzelle seine ältere Schwester an. Sein Bruder holte ihn ab. Als sie zu Hause ankamen, wartete die ganze Familie auf Murat. Sie klatschten und klopften ihm auf die Schulter. »Gut gemacht!«, riefen sie.

Murat fühlte sich, als sei er gewachsen, als sei er mit der Nacht im Knast ein paar Jahre älter geworden. Er fühlte sich wie ein Mann, wie ein Held.

Er war angekommen in einem Umfeld, das seine eigenen Regeln machte, unabhängig von deutschen Gesetzen. Familie und Landsleute waren wichtiger als der Rechtsstaat. Es war in Ordnung, sich zu prügeln, mit einem Messer auf andere einzustechen und die Polizei zu belügen. Es war etwas, auf das man stolz sein konnte.

Über 25 Jahre später steht Murat in dem Hof, in dem einst die Massenschlägerei tobte. Er duckt sich, schmiegt sich an die Wand unter der Treppe. »So haben die damals gewartet«, sagt er. »Hier unten war kein Licht, man musste das auf dem Balkon anmachen.«

Er reckt den Kopf und schaut nach oben. Über dem Hof sind sechs Stockwerke mit offenen Fluren. Davon gehen die Wohnungstüren

ab. »Früher waren die Türen immer offen. Man ging einfach rüber zu den Leuten«, sagt Murat.

Heute sind die Türen zu. Es ist später Vormittag, die meisten Bewohner des Hochhauses dürften bei der Arbeit sein. Wenn Murat von seiner Jugend in diesem Stadtteil erzählt, dann entsteht das Bild eines Problemviertels, Gewalt und Drogen, gescheiterte Integration, Unordnung und Dreck.

Noch heute sind fast alle Klingelschilder mit türkischen Namen beschriftet. Doch heute ist die Straße sauber. Am Rand parken Autos, Mittelklassewagen, unbeschädigt. Hinweisschilder auf Deutsch und Türkisch erklären, dass das Ballspielen im Hof und auf der Wiese vor dem Haus verboten ist. Murat lacht. »Das war früher auch verboten. Wir haben es trotzdem gemacht.«

Er fährt mit dem Aufzug nach oben. Oben, vor der Tür der elterlichen Wohnung, steht ein Sofa, Schuhe neben der Tür. Seine Schwester hat die Wohnung kürzlich verkauft. Sie wohnte als Letzte aus der Familie noch im »Tal der langen Messer«. Die anderen sind schon vorher weggegangen. Dann zog auch Murats älteste Schwester eine Straßenecke weiter.

Murat war seit Jahren nicht mehr hier. Es ist der Stadtteil seiner Kindheit und Jugend. Das Viertel hat ihn geformt und beinahe ins Verderben geführt. Und zugleich hat es ihn mit jenen Talenten gesegnet, die ihn zum legendären Spitzel werden ließen. Murat wurde ein Straßenjunge im Dienst des Rechtsstaats, ausgestattet mit einer eigenen Mischung aus Gerechtigkeitssinn, Anstand und krimineller Energie. Es war eine einzigartige Kombination.

Es gibt den Abenteuerspielplatz noch, auf dem Murat und seine Freunde einst ihre eigenen Hütten zusammenzimmerten. Der Sozialarbeiter, der über den Spielplatz wachte, war für viele eine Art Ersatzvater. Er war streng, und sie mochten ihn.

Es gibt die Holzbrücke über den Bach noch, auf der sie einst heimlich rauchten, später mit Mädchen rummachten und noch später Drogen verkauften.

Hinter dem Haus, links von der Brücke, ist heute eine Betonfläche. Murat läuft hinüber, er sucht etwas. Zwei Jugendliche stehen zusammen. Schon aus ein paar Metern riecht man es. Sie kiffen. Die beiden werfen etwas auf den Boden und gehen weg. »Siehst du?«, sagt Murat triumphierend. »Es ist immer noch so.« Murat hat ein neues T-Shirt in Tarnfarbe an und trägt ausgesprochen saubere Turnschuhe. Die Frisur sitzt, heute mehr als sonst. Er streicht sich eine Strähne aus der Stirn. Murat lächelt. Es ist ein Siegerlächeln, aus dem das Selbstbewusstsein eines Mannes spricht, der es geschafft hat.

Murat hat über die Jahre zwölf Vorstrafen gesammelt, unter anderem für Körperverletzung, Diebstahl, Drogenhandel, illegalen Waffenbesitz. »Wenn man sieht, wo ich herkomme, ist das eigentlich wenig«, findet er. Manche Polizisten, die ihn lange kennen, sehen das ähnlich.

Es ist ein milder Tag im Frühsommer, Murat blinzelt zufrieden in die Sonne. Er schwelgt in Erinnerungen. Wenn er hier ist, fühlt er sich gut. Er glaubt, er sei dem Viertel endgültig entkommen. Doch die Wahrheit ist: Der Fluch seiner Kindheit verfolgt ihn immer noch. Seiner eigenen Geschichte kann niemand entkommen.

Murats Eltern stammten aus Elbistan in der Provinz Kahramanmaraş im Osten der Türkei. Kurden und Türken und Araber lebten dort miteinander.

Mevlüde, Murats Mutter, ging in ihrem ganzen Leben nur einen einzigen Tag zur Schule. Weil sie als Mädchen nicht lernen durfte, schlich sie sich heimlich in die Klasse, für einen Tag. Als sie aufflog, schimpften die Eltern mit ihr. Lesen und Schreiben lernte sie nie.

Mit 14 Jahren heiratete sie den 15-jährigen Muhammed. Sie war Türkin, er Kurde. Sie wohnten bei ihren Schwiegereltern in einem Dorf aus Lehmhütten. Die meisten Menschen dort waren Selbstversorger.

Nach der Schule musste Muhammed zum Militärdienst. Mevlüde

blieb bei seinen Eltern, bis er Jahre später zurückkam. Ihr erster Sohn war schon auf der Welt, als sie 1969 als Gastarbeiter nach Deutschland kamen. Es zog sie nach Nordrhein-Westfalen, wo Muhammed Arbeit in einer Gießerei fand. Mevlüde sortierte dort Waren. Murat war das fünfte von insgesamt sechs Kindern, die sie bekamen, drei Mädchen und drei Jungs.

Als Murat sieben Jahre alt war, kam er von der Schule nach Hause. Seine älteste Schwester öffnete ihm die Tür. »Vater ist gestorben«, sagte sie. Murat brach in Tränen aus. Mit einem Bild, das er in der Schule für den Vater gemalt hatte, schloss er sich im Badezimmer ein.

Der Vater habe während der Nachtschicht unter seinem blauen Ford Transit etwas schweißen wollen, erzählte man Murat später. Das Kabel des Schweißgeräts sei defekt gewesen. Die Frühschicht fand ihn tot unter dem Wagen.

Fortan schlug die Familie sich ohne Vater durch. Die Mutter und die älteste Tochter übernahmen das Kommando. Finanziell kamen sie über die Runden: Jedes Kind bekam eine Halbwaisenrente von der Berufsgenossenschaft, die Mutter eine Witwenrente. Und Murats ältester Bruder arbeitete auch schon in der Gießerei.

Seine Freizeit verbrachte Murat mit den anderen Kindern draußen, auf dem Spielplatz. Im Sommer flutete die Stadt ein flaches Betonbecken mit Wasser. Es war ihr Freibadersatz. »Kommt nach Hause, bevor es dunkel wird«, sagte die Mutter. Mit den deutschen Kindern aus den Einfamilienhäusern der Gegend hatten sie nichts zu tun.

Nach und nach heirateten alle drei Schwestern. Ihre Männer zogen auch in die Wohnung. Der Stiefbruder der Mutter floh aus der Türkei nach Deutschland. Auch er lebte nun bei ihnen. Irgendwann waren sie zu elft in vier Zimmern.

Seiner älteren Schwester war Murat immer der Liebling. Er war klug, freundlich. Wenn er sie mit leuchtenden Augen anschaute, konnte sie ihm wenig abschlagen.

In der Schule hänselten sie ihn wegen seiner sauberen Handschrift. Er schreibe wie ein Mädchen, sagten seine Klassenkameraden.

Als einer der wenigen aus dem Viertel schaffte es Murat auf die Realschule. Zwar blieb er in der achten Klasse sitzen – eine Fünf in Englisch war eine zu viel –, doch seine mittlere Reife bestand Murat mit einem Notendurchschnitt von 2,1. Vielleicht hätte er aufs Gymnasium gehen können.

Das Abitur zu machen kam Murat allerdings nicht in den Sinn. Ein junger Mann aus dem Hochhaus war Geselle bei einem Elektriker. Er riet Murat zum Handwerk. »Mit einem Ausbildungsberuf hast du schon einen goldenen Armreif«, sagte er.

Der Mann sprach für Murat bei seinem Chef vor. Und der bot an, Murat nach einem einjährigen Praktikum, natürlich unbezahlt, als Azubi einzustellen. Mit 17 Jahren begann Murat seine Ausbildung.

Während seiner Zeit auf der Realschule hatte Murat begonnen, Drogen zu nehmen und Alkohol zu trinken. Bülent, ein Junge aus dem dritten Stock des Hochhauses, hatte eine gute Quelle für Haschisch. Er verkaufte es im Freundeskreis weiter. Die Einnahmen versteckte er unter seiner Matratze.

Als Bülents Eltern auf Pilgerfahrt nach Mekka gingen, füllten Bülent und Murat die Badewanne in deren Wohnung mit Wasser. Sie legten einen Haschischkopf auf eine abgeschnittene Plastikflasche und zündeten ihn an. Sie hoben die Flasche an, um durch Unterdruck den Rauch in die Flasche zu ziehen, dann drückten sie die Flasche wieder ins Wasser, sodass der Rauch in ihre Lungen gepresst wurde. Murat war zum ersten Mal high. Es gefiel ihm.

Bülent zeigte Murat auch, wie man »Dose raucht«. Dafür zerdrückte man eine Getränkedose, stach an der flachen Seite kleine Löcher hinein und ein großes an der Seite für den Kick. Auf die kleinen Löcher legte man Tabak und Haschisch und zündete es an. Man zog den Rauch durch die Trinköffnung der Dose ein. Es gab viel zu lernen. Und zwar weit Interessanteres als die Dinge, die er in der Lehre machen sollte.

Murat interessierte sich nicht dafür, die Elektrik in Liegenschaften der städtischen Wohnungsbaugesellschaft – dem Hauptkunden seines Arbeitgebers – zu reparieren. Wände aufstemmen, den Schutt wegkarren, das machte keinen Spaß. Überstunden bezahlte ihm der Chef nicht, schwere Kabel zu schleppen, war Murat zu anstrengend. Und Lob gab es nie.

Ein Gramm Haschisch kostete zwischen fünf und zehn Mark. »Öliger Afghane« war gut, je dunkler, desto besser. Das brachte Spaß.

Immer wieder musste der Geselle aus dem Hochhaus den Meister besänftigen, weil Murat zu spät gekommen war oder etwas vergessen hatte. Immer wieder deckte er ihn, wenn Murat gar nicht auftauchte. Die Menschen aus »Klein-Istanbul« hielten zusammen.

Unter den Jungs mit den Drogen war Murat zunächst der Außenseiter, der zur Realschule ging und eine Ausbildung machte. Er war ein Streber. Dann wurde Murat zum Mitläufer und irgendwann ein Anführer.

Für Murat zählte nur noch dieses Leben, die Arbeit spielte keine Rolle mehr. Am Wochenende ging er mit seinen Kumpels ins »Kontakt«. Dort gab es Bier, Mädchen und Drogen.

Den Soundtrack zu diesem Leben schrieben türkische Hip-Hop-Musiker und der US-Gangsta-Rapper Tupac Shakur. Der sang vom Leben in Amerikas Ghettos, von Verbrechen, Waffen, Gewalt und Drogen, den bösen Polizisten, die den Gangs auf den Fersen waren. Murat und seine Freunde konnten nicht besonders gut Englisch, aber die Musik gefiel ihnen. War ihr Leben in einem nordrhein-westfälischen Problemviertel nicht ganz ähnlich?

Im »Tal der langen Messer« musste man ein Mann sein. Man musste schlau sein, mutig und stark, man durfte nie kneifen und musste immer als Erster zuschlagen. Murat machte Kampfsport. Mit seinen Freunden übte er auf der Straße. Sie kifften und sie dealten.

Die erste Verurteilung wegen Körperverletzung kassierte Murat 1996 – in den folgenden Jahren sollten noch weitere folgen. Jedes Mal kam er mit einer Geldstrafe davon, auch als er ohne Führerschein Auto fuhr und einen Unfall baute. Fahren ohne Fahrerlaubnis, Unfallflucht – für brave Bürger waren das keine Kleinigkeiten. In Murats Welt waren es Kavaliersdelikte.

Als seine Lehre sich dem Ende näherte, fragte er den Chef, ob er bei ihm weiterarbeiten könnte. Ja, sagte der. 1800 Mark brutto bekäme er.

Der Chef stand ein paar Meter entfernt an einem Schaltkasten. »1800 Mark?«, rief Murat. Mehr nicht, sagte der Chef.

Murat warf einen Schraubenzieher nach ihm.

Der Chef feuerte ihn.

Seine Ausbildung schloss Murat an der Industrie- und Handelskammer ab. Er war nun 20 Jahre alt und arbeitslos.

Murats Lieblingslied von Tupac war »My Life«. Es handelt von perspektivlosen Jugendlichen, von Kriminellen und der Polizei. Es gibt in dem Song eine Zeile, die für Murat Bedeutung bekommen sollte: »Wenn der Richter dich nicht mag, kriegst du 25 Jahre.«

2

DROGENRAUSCH

Wenn Murats Mutter länger in die Türkei fuhr, ließ sie ihrem Sohn Taschengeld da. Dieses Mal, es muss 1997 gewesen sein, wollte sie für sechs Monate in der alten Heimat bleiben. Mevlüde gab Murat 1000 Mark für die Zeit, in etwa so viel, wie Murat als Azubi in zwei Monaten verdient hatte.

Inzwischen lebte er nur noch mit seiner Mutter und seinem kleinen Bruder in der Wohnung. Nun würde er das Reich ganz für sich und viel Geld zur Verfügung haben. Es war perfekt. Er musste nur noch entscheiden, was er damit anfangen wollte.

Murat und sein Freund Erkan aus dem ersten Stock entschieden sich für Haschisch. Sie wollten aber nicht solches, wie man es für ein paar Mark auf der Straße bekam. Die beiden dachten in ganz anderen Dimensionen.

Erkans Vater plagten Schulden. Seine Töchter hatten geheiratet, dafür hatte er viel Geld ausgeben müssen, glaubte Murat. Mit 100 000 Mark stand Erkans Vater womöglich in den Miesen.

Wenn sie nun eine größere Menge Hasch kauften, könnten sie selbst viel rauchen, den Stoff auf der Straße teurer als im Einkauf verticken und mit dem so erzielten Gewinn Erkans Vater unterstützen. Es war ein wunderbarer Plan.

Erkan lieh sich einen zum Behinderten-Fahrzeug umgebauten Subaru Kombi, die perfekte Tarnung, dachten sie. Damit fuhren sie in die Niederlande.

Murat und Erkan hatten Angst, dass sie dort betrogen werden könnten. Einem Bekannten hatte ein Marokkaner in Holland angeblich in Alufolie eingewickelten Stoff verkauft. Erst in Deutschland merkte er, dass er sehr teuren Tee gekauft hatte. So etwas durfte ihnen nicht passieren.

Sie steuerten einen Lagerraum an einem Kreisverkehr außerhalb Venlos an. Hier standen Dutzende Säcke mit Haschplatten in unterschiedlicher Qualität, auch Gras gab es.

Sie entschieden sich für mittelguten Stoff. Kein Afghane, nichts Öliges. Für ihre 1000 Mark bekamen sie ein paar Hundert Gramm, gepresst in Platten.

Die Verkäufer wickelten ihnen die Platten in Plastiktüten mit Kaffeepulver ein. So glaubten sie, den Drogenhunden des Zolls entgehen zu können. Und sie gaben ihnen gleich kleine Tütchen mit, für den Weiterverkauf.

Direkt vor dem Lagerraum bauten sie das Handschuhfach des Subaru aus und legten die Platten in den Hohlraum unter dem Armaturenbrett. Sie schwitzten und zitterten vor Nervosität. Dann fuhren sie los.

Der Zoll parkte meistens an der Tankstelle vor der Grenze und wartete auf Leute wie sie, hatte man ihnen gesagt. Aber nicht an diesem Tag. Trotzdem beäugten Murat und Erkan misstrauisch jeden Wagen, bis sie zu Hause angekommen waren.

Im Doppelhochhaus packten sie das Haschisch auf den Wohnzimmertisch. Sie liehen sich von einem Kumpel eine Feinwaage. Sie waren zu geizig, sich selbst eine zu kaufen.

Über einer Kerze erhitzten sie ein Messer und schnitten kleine Stücke von den Platten. Alles sollte zehn Mark kosten, aber sie trafen das Gramm nie ganz genau. Also sortierten sie ihre Stücke: 1,1 Gramm und 1,2 Gramm wollten sie jenen geben, die sie mochten, oder jenen, die wichtig waren im Viertel, damit sie gut über ihren Stoff sprachen. Am Ende machten sie noch größere Stücke, zu 20 und zu 50 Mark. Sie verpackten alles in Tütchen.

Als sie fertig waren, zogen Murat und Erkan herum. »Wir haben Haschisch, gute Qualität, wollt ihr was?« Sie redeten mit den anderen türkischen Jugendlichen. Sie fuhren zu den Kindern der russischen Aussiedler.

Eigentlich blieben die Russen, die Türken und die Deutschen unter sich. Aber Murat verstand sich mit allen. Er war ein junger Mann, der mit jedem klarkam. Diese Eigenschaft sollte er behalten. Sie würde ihm über viele Jahre ein Auskommen sichern.

»Kauft nicht bei anderen, kauft bei uns«, sagten Murat und Erkan den Leuten im Hochhaus. Sie streckten ihren Stoff nicht. Sie betrogen niemanden. Sie waren nett zu ihren Kunden – das war ihr Geschäftsprinzip.

Sie dealten auf der Holzbrücke hinter dem Hochhaus. Von dort konnte man sehen, wenn die Polizei kam. Und die Holzbrücke war schmal. Kein Auto konnte darüber fahren. Hinter der Brücke war ein Wald, in den sie notfalls flüchten konnten. Ein Radweg führte in den nächsten Stadtteil. Sie fühlten sich sicher.

Als sie das gesamte Haschisch verkauft hatten, blieb ein Gewinn von ein paar Tausend Mark. Sie gaben Erkans Vater davon, Murat erledigte einen Großeinkauf für seine Schwester bei Aldi, und sie tankten den Subaru wieder voll. Das Auto hatte eine Zwei-Liter-Maschine und verbrauchte viel Sprit.

Dann fuhren sie wieder los. Dieses Mal kauften sie ein Kilo.

Wieder ging alles gut, sie machten noch mehr Profit.

Zwei Wochen später – die nächste Tour.

Über die Monate wurde ihr Geschäft immer größer. Sie verkauften nun auch Gras aus Holland. Und sie erfuhren immer mehr über die Drogenszene in ihrer Stadt. Sie wussten, wer kokste, und sie kannten die anderen Dealer. Wenn ein Kunde ihnen erzählte, Thomas verkaufe diesen oder jenen Stoff, besuchten sie Thomas, um mit ihm über sein Geschäft zu sprechen.

Ein Freund von Erkan stieg mit ein. Sie zogen in ihrem kleinen Stadtteil einen richtigen Drogenring auf. Murats Mutter war zwar häufig in der Türkei – aber eben nicht immer. Also organisierten sie sich Wohnungen, in denen sie ihre Drogen lagerten. Sie rekrutierten andere junge Türken, die den Stoff auf der Straße verkauften und die sich benahmen, als wären sie eine Gang in der Bronx.

Und sie heuerten Monika an, eine stark übergewichtige, arbeitslose, alleinerziehende Frau. Sie lebte mit ihrem siebenjährigen Sohn in anderthalb Zimmern und kiffte pausenlos. Ihr sagten sie, sie müsse für ihren Stoff nur 70 Prozent des normalen Preises zahlen. Dafür sollte sie das Zeug verkaufen. Sie schickten die meisten Haschisch-Kunden zu Monika.

Ihr Geschäft organisierten sie über Pager, die sie am Gürtel trugen, und schon damals mit Handys. 800 Mark bezahlte Murat für sein erstes Mobiltelefon. Es klingelte oft. Sie waren dick im Business.

Wer nicht bezahlte, den setzten Murat und Erkan auf ihre rote Liste. Der bekam nichts mehr. Das disziplinierte.

Wenn es Streit gab, weil jemand zu viel wollte, wenn einer drohte, sie zu verraten, wenn es um Konkurrenten ging, dann verprügelten sie ihn. Das gehörte dazu.

Alle paar Wochen gab es Ärger mit den Russen, die sich unter der Autobahnbrücke betranken. Einige spritzten auch Heroin. Sie wollten weniger bezahlen, sie waren aggressiv. Murat und Erkan freundeten sich mit einigen Russen an. Nicht aus Sympathie, sondern aus Kalkül: Sie waren Geschäftsleute und wollten verkaufen. Aber immer wieder kam es zu Schlägereien.

Ihre Einnahmen legten sie abends auf den Küchentisch von Murats Mutter. Jeder nahm, was er brauchte. Der Rest – glaubt Murat – ging an Erkans Vater.

Mit seinem Geld tat Murat, was Menschen, die zuvor sehr wenig hatten, oft tun. Er gab es mit vollen Händen aus. Er fuhr mit seinen Freunden nach Düsseldorf und spendierte allen Jeans, natürlich Levi's 501. Sie kauften Uhren und Gaswaffen und feierten in Clubs. Sie fuhren ins »Pascha«, ein Großbordell, nach Köln. Die Drogen, die sie verkauften, konsumierten sie auch.

Irgendwann begnügten Murat und Erkan sich nicht mehr mit Hasch oder Gras. Sie stiegen in ein neues Geschäftsfeld ein: Pep, eine synthetische Droge, die auch als Speed bekannt ist. Man kann es als bröseliges, manchmal feuchtes Pulver bekommen oder als Tabletten. Es ist eine Partydroge, die den Konsumenten das Gefühl grenzenloser Leistungsfähigkeit und Stärke gibt. Auch Murat selbst nahm Pep. Und Kokain – eine Droge für Leute mit Geld.

Zu dieser Zeit lernte Murat Anna kennen. Sie war schlank, ihr Haar lang und blond. Sie besuchte die Realschule im nächsten Stadtteil. Ihre Eltern kamen aus Oberschlesien in Polen. Anna rauchte gerne Gras.

Anna kam immer wieder zur Brücke hinter dem Hochhaus. Nicht nur wegen des Stoffs, auch um zu flirten. Irgendwann küsste sie Murat. Sie wurden ein Paar. Es war so ernst, dass Murat sie seiner Mutter vorstellte. Und Anna machte Murat mit ihren Eltern bekannt.

Murats Mutter war nicht begeistert. »Such dir lieber eine, die dich versteht«, sagte sie. Nimm eine Türkin, meinte sie damit.

Annas Vater mochte Murat auch nicht. Er wollte keinen Türken, keinen Muslim zum Schwiegersohn.

Die beiden kümmerte das nicht. Sie war 16, er war 20 Jahre alt. Sie im letzten Schuljahr, er hauptberuflich Drogenhändler. Beide wohnten noch bei ihren Eltern.

Murat schenkte Anna einen Terrierwelpen zum Geburtstag. »Juanito« war ein Kampfhund, aber für den Moment war er nur ein kleines niedliches Wesen. Sie mieteten sich ein paar Kilometer weiter eine Wohnung, in der sie sich treffen konnten.

Ein Jahr später wurde Anna schwanger.

Murat stellte Koks und Kiffen ein. Er fing sogar an, normale Jobs zu suchen. Eine Zeit lang arbeitete er als Hausmeister und in einer Reinigungsfirma. Er säuberte die Duschkabinen im Werk einer Tochterfirma des Waschpulver-Giganten Henkel. Den Drogenhandel überließ er nun weitestgehend seinem Kompagnon Erkan.

Dessen Vater, so befürchtete Murat inzwischen, habe all das Geld nicht zur Tilgung seiner Schulden verwendet, sondern verzockt.

Die Geschichte hätte hier ihr Happy End nehmen können. Murat hätte sich mit einer ganz normalen Arbeit abgefunden und sich über die Geburt seines Kindes gefreut. Irgendwann hätten Anna und er eine rauschende Hochzeit gefeiert, sie in einem Brautkleid ganz in Weiß.

Aber diese Geschichte spielte im »Tal der langen Messer«. Hier gibt es kein Happy End.

3

IN DER FALLE

Eddie fuhr einen silbernen Mercedes S 500. Murat und Erkan waren vernarrt in den Wagen. Eddie brachte Pep aus Aachen. Er hatte Kunden in der ganzen Stadt. Auch Murat und Erkan kauften ihr Speed bei ihm. Auch an dem Tag, an dem plötzlich ein Wohnwagen vor dem Hochhaus am Ende der Straße stand. Ein Wohnwagen im »Tal der langen Messer«? Murat und seine Dealerfreunde bemerkten ihn. Aber sie dachten sich nichts dabei.

Eddie parkte seinen silbernen Mercedes auf der Hauptstraße. Er öffnete den Kofferraum. Murat sah Pep, kiloweise. Drei oder vier Kilogramm davon waren für Erkan und ihn. Es roch nach toter Katze, fand Murat. Sie packten ihre Ware in Rucksäcke und gingen wieder.

Wochen später schlief Murat auf einer Matratze in der Wohnung seiner Mutter. Es war der frühe Morgen des 1. Oktober 1999.

Plötzlich, ein lauter Knall. Gebrüll. »Polizei, Polizei, Polizei!« Männer stürmten herein, sie gaben Murat eine Ohrfeige, rissen ihn hoch und fesselten ihn an Armen und Beinen. Dann setzten sie ihn auf das Sofa. Ihm wurde eine Kapuze über den Kopf gezogen. Er wollte etwas sagen. »Halt's Maul«, fuhr ihn ein Polizist an, wie sich Murat erinnert.

Er konnte hören, dass die Beamten die Wohnung durchsuchten. Sie würden nicht viel finden, das war ihm klar. Der Stoff lagerte in den Bunkerwohnungen, die sie im Umkreis angelegt hatten. Was die Polizisten entdeckten, waren eine Feinwaage und ein paar Tausend Euro in bar. Nicht viel, aber ihm war klar, dass er trotzdem in Schwierigkeiten steckte.

Sie nahmen ihm die Kapuze ab und brachten ihn auf die Wache. Zum zweiten Mal in seinem Leben kam Murat in eine Arrestzelle. Er setzte sich auf die Pritsche und wartete für Stunden. Dann tauchte ein großer, dicker Polizist mit tiefer Stimme auf. Er trug keine Uniform. »Komm mit«, sagte er.

Oben im Büro gab der Polizist Murat einen Kaffee. Er öffnete das Fenster, Murat durfte rauchen. Murat freute sich, dass dieser Polizist nett zu ihm war.

Thomas Ostermann war Ermittler im Rauschgiftdezernat der örtlichen Polizei. Seinen Kollegen galt er als geschickter Vernehmer. Unter den Beamten machte eine Geschichte die Runde, wie er einmal eine Flasche Schnaps gewonnen hatte. Zwei mordverdächtige Russen, so hatte er seinem damaligen Chef vollmundig gesagt, werde er innerhalb einer halben Stunde zum Reden bringen. Sein Chef hatte ihm nicht geglaubt und mit ihm gewettet. Ostermann sollte nur 25 Minuten brauchen.

Doch auch Ostermann dürfte nicht erwartet haben, was ihm mit Murat passierte. »So«, sagte der Beamte zu ihm, »entweder du redest und kommst nicht ins Gefängnis. Oder du redest nicht und dann kommst du entweder lange ins Gefängnis oder bist irgendwann tot.« Darüber sollte Murat nachdenken. Es war die Standarderöffnung jedes Kriminalisten.

Auf dem Tisch lagen Observationsfotos, wie Murat sich erinnert. Die Polizei hatte die Drogenübergabe mit Eddie beobachtet. Murat sah Dokumente, von denen er annahm, es könnten die Aussagen von

Erkan und anderen Beteiligten sein. Er fragte sich, ob Erkan wirklich schweigen und lange für ihn ins Gefängnis ginge. Die beiden hatten sich entfremdet. Und das meiste Geld hatte sowieso Erkans Vater bekommen.

Noch bevor er die Zigarette ausdrückte, war Murat klar, dass er einen »31-er machen« würde. So nannte man es in der Szene, wenn jemand auspackte. Der Begriff geht auf den Paragrafen 31 des Betäubungsmittelgesetzes zurück. Er sichert jenen, die gestehen und andere belasten, eine mildere Strafe oder gar Straffreiheit zu.

Murat begann zu reden. Der Ermittler hörte zu. Murat erzählte alles. Die erste Fahrt nach Venlo, die nächste Fahrt, das Speed, die Wohnungen mit dem gelagerten Stoff, die Schlägereien, die Süchtigen, die sie als Verkäufer rekrutiert hatten. Er belastete seinen besten Freund Erkan, er schwärzte alle an, die mit den Drogengeschäften zu tun hatten. Er machte genaueste Angaben zu den Fahrten, den Mengen, den Preisen, den Zeitpunkten.

»Stopp!«, rief Ostermann irgendwann. Er schaute auf den Kalender und machte eine Hochrechnung: 85 Wochen lang jede Woche ein Kilogramm Haschisch, das machte einen geschätzten Umsatz von 850 000 Mark. Den Gewinn pro Kilo taxierte er auf 7000 Mark.

Murat wollte noch mehr erzählen. Doch Ostermann hob die Hände in die Höhe. »Es reicht«, rief er. Der Beamte verließ das Zimmer und rief die Staatsanwaltschaft an. »Du musst nicht ins Gefängnis«, sagte er, als er zurückkam. Dann fuhr er Murat ohne Handschellen zum Ermittlungsrichter. Murat wiederholte seine Geschichte bis zur 85-Kilo-Marke.

Ostermann brachte Murat nach Hause. Sein Freund Erkan landete in Untersuchungshaft.

4
AM BODEN

Nach dem Schock der Verhaftung versuchte Murat, ein neues Leben anzufangen. Mit Anna zog er zusammen. Von dem Drogengeld, das er noch hatte, kaufte er eine Küche.

Die Firma, für die er vorher Duschkabinen geputzt hatte, bot ihm eine Stelle an, sogar unbefristet. Murat arbeitete jetzt als Maschinenführer im Drei-Schicht-Betrieb. Er bekam ein regelmäßiges Gehalt, es gab Urlaub und Weihnachtsgeld.

Doch so etwas wie Glück oder Zuversicht, gar Vorfreude auf ein künftiges Familienleben kam nicht auf. Das lag nicht an einem drohenden Prozess wegen banden- und gewerbsmäßigen Drogenhandels. Das Ermittlungsverfahren gegen Murat hatte die Staatsanwaltschaft versehentlich vorläufig eingestellt.

Die Situation blieb schwierig, weil Annas Eltern Murat nicht mochten und Murats Familie die Beziehung zu Anna nicht gefiel. Murats Mutter stichelte, Anna passe »kulturell« nicht zu ihm. Annas Eltern missfiel, dass Murat Türke war, dass er lange keiner geregelten Arbeit nachgegangen war. Wahrscheinlich wussten sie – oder ahnten zumindest –, dass er gedealt hatte.

Als Anna ihre Tochter Claire gebar, war Murat im Krankenhaus, aber nicht im Kreißsaal. Annas Eltern kamen in die Klinik, Murats Schwester und Mutter auch. Doch sie sprachen kaum miteinander.

Wie in so vielen Beziehungen heilte das Kind nicht alle Wunden. Wie in so vielen Beziehungen brachen die Konflikte jetzt offen aus.

Manchmal kam Murat samstagmorgens von der Nachtschicht nach Hause. Er wollte dann schlafen und Zeit mit seiner kleinen Familie verbringen. Es ärgerte ihn, wenn die Schwiegereltern zu Besuch kamen, um ihre Tochter und Enkelin abzuholen. Anna und Murat stritten viel. Murat glaubte, Annas Eltern hätten sie gegen ihn aufgehetzt. Es wurde lauter und heftiger.

Claire war drei Monate alt, als eines Tages Annas Vater vor der Tür stand. Anna hatte die Koffer schon gepackt, als Murat von der Arbeit nach Hause kam. Sie schrien sich ein letztes Mal an. »Dann verpiss dich halt!«, brüllte Murat. Das tat sie.

Murat zog wieder bei seiner Mutter ein. Allerdings wechselte er über Monate kein Wort mit ihr. Wenn er nach Hause kam, verschwand er im Kinderzimmer. Wenn er ging, ging er grußlos. Er wollte sich nicht eingestehen, dass Mevlüde recht gehabt hatte. Er gab ihr teilweise die Schuld dafür, dass seine Beziehung gescheitert war.

Er war nun 22 Jahre alt. Bei der Arbeit drückte er einen Knopf, dann füllte die Maschine ein weißes Pulver in einen Plastiksack. Ein Roboterarm legte den Plastiksack auf eine Palette, die vom Rollband kam. Ab und zu musste man die vollen Paletten etikettieren und mit dem Gabelstapler wegfahren, dann war wieder mindestens eine Stunde lang nichts zu tun. Wenn das Pulver zur Neige ging, musste man die Maschine säubern. Murat wusste noch nicht einmal, wozu das Produkt, dessen Verpackung er überwachte, überhaupt diente. Er hatte viel Zeit nachzudenken.

Seine Freundin hatte ihn verlassen und das Kind mitgenommen. Er hatte viel weniger Geld als in den Zeiten als Dealer. Und er hatte weniger Freunde.

Dass er seinen besten Kumpel verraten hatte, machte Murat zu schaffen. Zunächst hatte ihm Erkans Familie 50 000 Mark angeboten, damit er seine Aussage zurücknähme. Dann bedrohten sie ihn. Im Viertel galt er nun als Denunziant. Er hatte mit der Polizei gesprochen. Das tat man nicht im »Tal der langen Messer«.

Murat konnte und wollte Anna nicht einfach ziehen lassen. Er legte vor ihrer Tür Blumen ab. Manchmal klingelte er und verlangte, seine Tochter zu sehen. Manchmal schlug er auch mit der Faust gegen die Tür. Bald war das Jugendamt eingeschaltet. Wenn Murat kam, rief Anna die Polizei.

Murat suchte in dieser Zeit immer wieder die Nähe des Drogenfahnders Ostermann. Er gab dem Polizisten Tipps, machte ihn auf Dealer aus der Gegend aufmerksam. Murat sprach mit ihm über die Arbeit und sein Privatleben. Er fragte den Älteren um Rat.

Und Ostermann nahm die Rolle an, ungewöhnlich für einen Polizisten, der einen Dealer erwischt hatte. Die beiden wurden so etwas wie Freunde. Ostermanns strenger Ton erinnerte Murat an seinen Vater.

Einmal fuhr der Beamte sogar zu Anna und sprach mit ihr. Vielleicht war an der Beziehung zu Murat noch etwas zu retten? Doch vergebens. »Lass gut sein, Junge«, riet Ostermann Murat nach seinem Besuch. »Was vorbei ist, ist vorbei.«

Anna begann eine Ausbildung bei Aldi und heiratete bald einen jungen Mann mit polnischen Wurzeln. Murat sah seine Tochter nie wieder.

Umso wichtiger wurde für ihn die Beziehung zu Ostermann. Murat entwickelte sich zu einem verlässlichen Informanten. Vielleicht wollte er etwas wiedergutmachen, seine Gesetzesverstöße aufwiegen. Vielleicht wollte er dem 20 Jahre älteren Polizisten einfach nur gefallen.

In der Firma, in der Murat angestellt war, gab es einen Wolfgang. Er kam mit dem Motorrad zur Arbeit und arbeitete im Labor. Er redete häufig mit Murat, besonders während der Nachtschichten.

Irgendwann kam das Gespräch auf Drogen. Damit kannte Murat sich bestens aus. Wolfgang erzählte von einem Kontakt zu einem Albaner aus Duisburg und bot Murat Speed an, kiloweise, wenn er wollte.

Murat ging mit der Information zu Ostermann. Er wollte die Drogen kaufen und die Dealer dabei auffliegen lassen. Ostermann warnte ihn. Das Risiko sei groß, die Sache könnte Probleme auf der Arbeit mit sich bringen. »Wenn ich dadurch etwas Gutes machen kann, dann mache ich das«, sagte Murat.

Wahrscheinlich verstand Murat nicht einmal, dass ihm zu dieser Zeit keine Verurteilung drohte, weil die Staatsanwaltschaft das Verfahren gegen ihn versehentlich eingestellt hatte. Vielleicht hoffte er, sich Pluspunkte für seinen Prozess verdienen zu können. Murat hatte verstanden, dass das, was er bisher getan hatte, falsch gewesen war. Er hatte alles verloren. Er wollte nun auf der richtigen Seite stehen. Bei den Guten, da, wo Ostermann war.

Murat und Wolfgang verabredeten einen Deal, es ging um zwei Kilo Speed. Sie wollten sich bei McDonald's am Hauptbahnhof in Duisburg treffen. Der albanische Dealer würde den Stoff bringen, Murat das Geld.

Mit den Polizisten traf Murat sich direkt an der Wache am Duisburger Hauptbahnhof. Zur Einsatzbesprechung der Beamten durfte Murat nicht. Sie sagten ihm, dass er die Drogen nicht selbst kaufen könne. Das täte ein verdeckter Ermittler, ein Undercover-Polizist, der während des Geschäfts sein Begleiter sein wäre.

Alles lief nach Plan. Zunächst erschien Wolfgang, dann der albanische Dealer in einem aufgemotzten BMW. Ehe Murat sich versah, lagen alle in Handschellen auf dem Boden. Wolfgang schaute Murat hasserfüllt an.

Wenig später verabschiedete sich der verdeckte Ermittler von Murat. Das habe ihm gut gefallen, sie sähen sich bestimmt eines Tages wieder, sagte der Beamte. Er sollte recht behalten.

Seinen Job bei der Henkel-Tochter war Murat nach dieser Aktion jedoch schnell los. Die Geschichte hatte sich herumgesprochen. Ein Polizeispitzel störte. Aber kündigen konnte man ihn nicht. Also bot man Murat einen Aufhebungsvertrag an. Drei Monatsgehälter winkten, wenn er unterschriebe. Er musste nicht lange darüber nachdenken.

5
VOM GEJAGTEN ZUM JÄGER

Unter Ostermanns Kollegen sprach sich herum, dass Murat einen Dealer identifiziert und sogar überführt hatte. Die Drogenszene in der ganzen Stadt, nicht nur im »Tal der langen Messer« müsste dringend aufgeräumt werden, fanden sie.

Murat half gerne. Er wusste ja, wer wo was wie viel zu welchem Preis verkaufte. Und er hatte diese Aura des geübten Kriminellen, der die Hehler und Dealer anzog. Er war ja selbst einer. Seine Standardgeschichte war, er sei gerade aus dem Gefängnis entlassen worden. Er suche etwas für einen Freund. Niemand schöpfte Verdacht. Auch weil er Türke war. Türken arbeiteten nicht für die Polizei, dachte man damals in der Szene. Reihenweise nahm die Polizei in den kommenden Monaten Drogenhändler hoch.

Murat war froh. Dealer zu jagen war noch aufregender, als selber einer zu sein. Er tat in diesem Spiel das, was er sonst auch getan hatte. Er bewegte sich in dem Milieu, das er kannte. Und das Beste war: Er stand jetzt auf der richtigen Seite und musste die Polizei nicht mehr fürchten.

Seine neuen Freunde hießen nicht Ümüt und Erkan, sie hießen Seeler und Frings. Die beiden Polizisten, Drogenfahnder in Ostermanns Team, wurden Murats Lieblingsbullen.

Die Beamten schützten ihre Top-Quelle, so gut es ging – auch vor sich selbst. Wenn sie ihn beim Kiffen erwischten, hielt Seeler ihm eine Standpauke, und damit war die Sache erledigt. Als Frings Murat ans Steuer eines Autos ertappte, obwohl er keinen Führerschein hatte, wurde es ungemütlich. Er zwang Murat, den Wagen abzustellen und zu Fuß nach Hause zu gehen. Mehr nicht.

Mit den neuen Freunden besserte sich auch das Verhältnis zwischen Murat und seiner Mutter. Seeler, Frings und Ostermann kamen zu Besuch. Die Mutter buk türkische Teilchen für sie. Sie saßen dann zusammen. Murat war stolz, den Gastgeber zu spielen. Wenn Ostermann einmal fehlte, wies Mevlüde Murat an, ihn herzubitten. »Ruf den Dicken an, der hat auch Hunger!«, sagte sie.

Es gab jetzt auch eine gute Erklärung für Murats lange Abwesenheiten. Murat war für Ostermann unterwegs.

Eines Abends fuhren Seeler und Frings Murat nach Hause. Vor dem Hochhaus wartete Ömer, Erkans Bruder. Ömer zückte ein Messer und ging auf Murat zu. Seeler und Frings sahen die Szene und griffen ein: Sie »vermachten« Ömer, wie es im Polizeijargon heißt. Sie schlugen ihn zusammen. Dann nahmen sie Ömer mit auf die Wache und zeigten ihn wegen Widerstands gegen die Staatsgewalt an. Danach wurde Murat im »Tal der langen Messer« von niemandem mehr bedroht.

Murat hatte jetzt eine Mission, eine Aufgabe, die seinem Leben einen Sinn gab. Und Seeler und Frings freuten sich über ihren bis dahin ungekannten beruflichen Erfolg. Um ihren Zuträger zu schützen, schrieben sie in die Ermittlungsakten ein ums andere Mal, sie hätten einen »anonymen Hinweis« erhalten. Murats Name tauchte nie auf.

Die Drogenfahnder fassten so viel Vertrauen zu Murat, dass sie ihn zu Einsätzen mitnahmen. Als die Beamten einmal die Wohnung eines Dealers stürmen wollten, wartete Murat auf der Straße. »Komm, wir kriegen die Tür nicht auf«, riefen sie ihm zu. Zusammen warfen sie sich dagegen, bis sie aufflog. Drinnen waren vier Personen, die Polizisten legten ihnen Handschellen an und brachten die Männer zu Boden. Dann suchten sie die Drogen. Er wisse doch, wo Dealer ihren Stoff versteckten, er solle ihnen helfen, sagte Frings. Murat fand das Zeug in der Dachrinne.

Es dauerte eine Weile, bis Ostermann von der Sache Wind bekam. Er zitierte Seeler, Frings und Murat in sein Büro. »Was denkt ihr euch eigentlich?«, donnerte er. »Hier spielen Zivilisten Polizei oder was?« Er brüllte sie zusammen. Auch die wunderliche Häufung von »anonymen Hinweisen« in den Akten ginge gar nicht, ärgerte sich Ostermann. Sie kämen alle noch »in Teufels Küche«.

Nicht lange danach bestellte Ostermann Murat erneut auf die Dienststelle. Seeler und Frings saßen draußen auf dem Gang und lächelten ihm aufmunternd zu. In Ostermanns Büro warteten zwei Männer, der eine im Pullover, der andere im Jackett. Sie stellten sich als »VP-Führer« der Polizei in Krefeld vor. Kriminalhauptkommissare, mit Namen Koch und Elspe.

Die Abkürzung »VP« steht im Polizeijargon für »Vertrauensperson«. So heißen Quellen der Polizei im kriminellen Milieu. Auch die Ämter für Verfassungsschutz setzen auf solche Zuträger. Im Unterschied zu verdeckten Ermittlern sind V-Personen allerdings keine Beamten, nicht einmal Angestellte der Polizei. Sie bekommen nur Einsatzhonorare, bar auf die Hand, sonst nichts. Die besten Spitzel werden trotzdem ähnlich eingesetzt wie verdeckte Ermittler: Sie bekommen Legenden und Tarnpapiere und werden oft mit großem Aufwand an ihre Zielpersonen herangespielt. Sie machen im Verborgenen die Drecksarbeit der Polizei.

Koch und Elspe führten diese Quellen. Sie setzten sie auf Kriminelle an, sie dachten sich Legenden für ihre Schützlinge aus, sie nahmen ihre Informationen entgegen.

Was Murat so könne, fragten die beiden Beamten den Aspiranten. Waffen, Drogen, alles Mögliche, sagte Murat.

Die Männer blickten ihn sehr ernst an. Alle saßen, nur er stand –
wie bei einer Prüfung.

Murat erklärte ihnen, wie man Drogen besorgt und Dealer ausfin-
dig macht. Das Wichtigste war: Man musste immer freundlich sein.
Und man brauchte eine gute Geschichte. Gerade aus dem Knast war
gut. Mit den Eltern zu Besuch bei Verwandten auch.

Die beiden schienen beeindruckt. Sie würden sich melden, sagten
sie und gingen.

6
WENN DER RICHTER DICH NICHT MAG

Murat, der V-Mann. Der Gedanke, seine Arbeit als Spion zu professionalisieren, gefiel ihm. Es gab allerdings noch ein Problem: Erkans Gerichtsverhandlung stand an – eineinhalb Jahre, nachdem Murat ihn 1999 an Ostermann verpfiffen hatte.

Personenschützer holten Murat ab und brachten ihn in eine andere Stadt zum Landgericht. Erkans Familie hatte ihn bedroht. Zuletzt hatte Erkans Anwalt Murat kontaktiert und ihm erklärt, wenn er seine Aussage zurückziehe und lüge, drohe ihm maximal ein Jahr Haft. Doch Murat lehnte ab. Er glaubte nach wie vor, er müsse gegen seinen Freund aussagen, um selbst dem Gefängnis zu entgehen.

Vor Gericht erzählte Murat alles noch einmal. Er berichtete im Zeugenstand von den Fahrten nach Venlo, von Haschisch und Speed, den Schulden von Erkans Vater, den Bunkerwohnungen und den Personen, die für sie Drogen verkauft hatten. Murat versuchte, präzise zu sein. Mengen, Zeiten, Orte.

Seine Aussage zog sich über Tage. Nachts schlief er in einer Pension. Die Personenschützer waren immer in seiner Nähe. Sie brachten ihn ins Gericht, blieben während des Prozesses und fuhren ihn wieder zurück.

Im Saal starrte Erkan Murat an. Murat traute sich nicht, den Blick zu erwidern. Manchmal hatte er Tränen in den Augen. Er hatte sich das so leicht vorgestellt wie die Beichte in Ostermanns Büro. Aber hier saß er vor Gericht und sagte gegen seinen besten Freund aus. Zusammen hatten sie gedealt und gelacht, gegessen und gefeiert.

Irgendwann fragte der Richter, warum Murat eigentlich Erkan belaste. Murat antwortete, dass er eingesehen habe, dass es falsch gewesen sei, was sie getan hätten. Und dass er sich erhoffe, in seinem eigenen Prozess besser dazustehen.

Was denn mit seinem Verfahren sei, fragte der Richter.

Das wisse er nicht genau, gab Murat zurück. Er habe einen Brief bekommen, die Sache sei vorläufig eingestellt worden.

Der Richter konnte es nicht fassen. Drogenhandel im großen Stil wurde einfach eingestellt?

Erkan musste für sechs Jahre ins Gefängnis. Murat wurde von der Polizei nach Hause gefahren.

Die Staatsanwaltschaft aber erkannte ihren Fehler und nahm das Verfahren gegen ihn wieder auf. Es kam zur Anklage, im Frühjahr 2002 stand Murat selbst vor Gericht.

Seine Verhandlung fand jedoch nicht vor einem Landgericht statt, sondern nur vor dem örtlichen Amtsgericht. Sie dauerte auch nicht drei Tage, sondern gefühlt eine halbe Stunde. Murats Anwältin, die Staatsanwaltschaft und der Richter hatten sich vorher zusammengesetzt. Die Polizei hatte vorgesprochen. »Wir brauchen den«, sagte Ostermann dem Richter.

Eddie, der Speed-Dealer, der alles ins Rollen gebracht hatte, war als Zeuge vorgesehen, wurde aber nicht gehört. Stattdessen sagte Ostermann aus. Er erzählte von Murats Geständnis und davon, dass das Ausmaß und die Details dieser Drogengeschäfte ohne Murats Aussage wohl nicht ans Licht gekommen wären. Er erzählte, dass

Murat der Polizei seither wertvolle Tipps gegeben habe, die zur Verurteilung mehrerer Straftäter geführt hätten.

Der Richter fällte ein sensationell mildes Urteil. Murat bekam für den Handel mit Haschisch in 85 Fällen zwei Jahre Gefängnis – auf Bewährung. Als Begründung nannte der Richter, dass Murat gestanden und Informationen weit über seine eigene Straftat hinaus geliefert habe. Und dass zwischen seinem Geständnis und seinem Urteil so viel Zeit verstrichen sei.

Murat hatte dieselben Verbrechen begangen wie Erkan. Doch er verließ den Gerichtssaal als freier Mann. Das lag nicht daran, dass Murats Richter ihn mochte. Das lag einzig und allein daran, dass Ostermann sich für Murat eingesetzt hatte.

Ein paar Tage nach der Verhandlung, so erzählte der Polizist später Murat, meldete sich der Richter bei Ostermann. Er hatte schlechte Laune. »Wenn der noch mal mit irgendetwas kommt, sitzt er. Und zwar lange«, soll er geschimpft haben.

Es kam anders. Ganz anders.

7

DIE FEUERTAUFE

Nach dem Urteil rief VP-Führer Elspe das erste Mal Murat an. Es gebe etwas zu besprechen, sagte er.

Für die zehn Kilometer bis zum vereinbarten Treffpunkt im Norden der Stadt nahm Murat den Bus. Er musste ein Stück laufen, der Treffpunkt war ein Parkplatz in einer Seitenstraße eines Industriegebiets. Direkt hinter dem Parkplatz, geschützt von einer Backsteinmauer und einer Reihe hoher Kiefern, lag die Zentrale eines Automobilzulieferers. Der Mercedes der Polizisten fiel hier nicht auf.

Die Polizisten waren zu dritt gekommen. Murat stieg zu ihnen in den Wagen. Murat war nervös. Aber gleichzeitig gefiel ihm die Situation. Ein geheimes Treffen, Kripo-Beamte, die auf ihn warteten. Das war wie in einem Film. Und er durfte womöglich mitspielen. Würde das hier sein erster Einsatz werden?

Als Allererstes aber gab es Regeln. Die VP-Führer waren den Umgang mit Quellen aus dem kriminellen Milieu gewohnt. Für sie hieß das: Sie hatten es meistens mit unzuverlässiger Klientel ohne juristische Vorbildung, dafür mit einem ansehnlichen Vorstrafenregister zu tun. Sie arbeiteten jeden Tag mit Typen wie Murat. Elspe nahm eine Mappe auf den Schoß und begann vorzulesen.

Murat merkte sich drei Punkte. Erstens: Er durfte im Einsatz keine Straftaten begehen, das war ganz wichtig. Kein Drogenkauf ohne Abstimmung, kein Fahren ohne Führerschein, keine unüberlegten Aktionen. Alles musste sauber sein für die Ermittlungsakte. Zweitens: Er durfte nicht »schieben«. Wenn er jemanden zu einer Tat dränge oder überredete, wäre der ganze Einsatz nichts wert. Drittens: Seine VP-Führer waren für ihn immer erreichbar, Tag und Nacht. Egal, weshalb er sie brauchte.

Murat nickte eifrig. Er hatte verstanden. Trotzdem würde er jede dieser Regeln in den kommenden Jahren – vorsichtig formuliert – situationsbedingt auslegen.

Er war Mitte 20 und nun Polizeispitzel: Vertrauensperson der Kriminalpolizei Krefeld. Das gefiel ihm. Es sollte jetzt um mehr gehen als ein paar Straßendealer im Stadtgebiet. Richtige Gangster, harter Stoff, Mafia.

Elspe holte eine zweite Mappe hervor. Er zeigte Murat Fotos eines Mannes. Der sollte seine Zielperson sein. Seine »ZP«, wie es in dem Polizeijargon heißt, den Murat sich alsbald zu eigen machen würde, als wäre auch er Polizist.

Murat solle sich das Gesicht genau einprägen, sagte Elspe. Die ZP war ein Türke aus dem Krefelder Drogenmilieu, vielleicht um die 30 Jahre alt. Der Türke arbeite mit einem Italiener zusammen, der kiloweise Kokain verkaufe.

Der Plan: Murat sollte sich mit dem Türken anfreunden. Irgendwann könnte er ihm dann einen verdeckten Ermittler der Krefelder Polizei vorstellen. Der Undercover-Polizist würde einen Scheinkauf einfädeln und die Dealer bei der Übergabe der Drogen hochgehen lassen.

Wie Murat den Kontakt herstellte, war sein Problem. Der Türke ging oft ins »Dießemer Eck«, eine Kneipe nur wenige Gehminuten vom Krefelder Polizeipräsidium entfernt. Elspe musste den Weg mehrmals erklären. In Krefeld war Murat noch nie gewesen.

Die Ermittler gaben ihm noch ein Handy mit Prepaid-Karte und ein paar Hundert Euro für seine Auslagen. Wie lange der Einsatz dauern sollte? Das hing von Murats Geschick ab.

Die Beamten brachten ihn zurück zu einer Bushaltestelle in der Innenstadt. Die Besprechung war beendet. Murat gehörte nun dazu, unterschrieben hatte er nichts, alles ging ganz formlos.

Ein paar Tage später fuhr Murat mit der Bahn nach Krefeld. Er fand die Eckkneipe mit Bleiglasfenstern. Im Nebenhaus war ein Waschsalon, in der näheren Umgebung lagen Dönerläden, türkische Cafés und ein Gebrauchtwagenhändler.

Stundenlang umkreiste Murat die Kneipe. Er ging von einem Kiosk zum nächsten, von einem Café zum anderen. Er trank einen Tee hier, hielt ein Schwätzchen dort.

Wenn jemand fragte, woher er komme und was er hier mache, sagte Murat, er sei zu Besuch in der Stadt mit seinen Eltern. Seine Eltern hätten hier Freunde. Alte Leute unter sich, da müsse er nicht dabei sein. Jetzt vertreibe er sich die Zeit im Viertel.

Hatte er sich anfangs noch unwohl gefühlt, unter Druck gesetzt, weil er seine Sache möglichst gut machen wollte, merkte er auf einmal, wie leicht ihm die Aufgabe fiel. Die Umgebung ähnelte jener in seiner Heimatstadt. Es gab viele Türken, man kam leicht ins Gespräch.

Er machte alles wie immer: Er war freundlich, er redete viel, er stellte keine bohrenden Fragen. Diese Taktik konsequent angewandt und gepaart mit einem Instinkt für unkonventionelle Vorstöße sollte ihn über die Jahre zu einem Ausnahmeakteur einer Berufsgruppe machen, die es eigentlich nicht gibt. Murat war als V-Mann ein Naturtalent.

Vielleicht noch am ersten Tag, spätestens aber am zweiten, sichtete er seine Zielperson. Ein paar Meter vom »Dießemer Eck« entfernt stand der Mann auf dem Gehweg. »Entschuldige, Bruder, bist du auch Türke?«, fragte Murat. Er gab sich nicht die Mühe, die Frage auf Deutsch zu stellen. Warum auch?

Sie redeten ein wenig. Murat erzählte die Geschichte vom Besuch seiner Eltern. Nach ein paar Minuten verabschiedete sich Murat, ausgestattet mit der Telefonnummer der ZP. Vielleicht riefe er mal an oder man sehe sich sonst wieder, sagte er.

In den nächsten Tagen ließ sich Murat immer erneut in der Gegend blicken. Die Leute begannen, ihn auf der Straße zu grüßen. Man erinnerte sich an den netten jungen Herrn, dessen Eltern zu Besuch in der Stadt waren.

Mit seiner Zielperson traf er sich bei McDonald's zum Essen oder sie gingen gemeinsam Tee trinken. Dann meldete Murat sich wieder über Tage nicht. Bloß nicht drängen oder nerven, dachte er sich. Es war, als wolle er eine Frau erobern.

Dann erzählte der mutmaßliche Dealer Murat, er müsse für eine Nasenoperation ins Krankenhaus. Es war eine gute Gelegenheit, dem Mann noch näher zu kommen. Schon kurz nach dem Eingriff besuchte Murat die Zielperson in der Klinik. Als der Mann mit bandagiertem Gesicht und geschwollenen Augen vor die Tür des Krankenhauses trat, wartete Murat schon mit einer Zigarette.

Wenig später wagte Murat den Angriff. Er habe einen Freund aus Köln, der wolle Kokain kaufen, im Kilobereich. Ob die Zielperson wohl jemanden kenne, der ihm da helfen könne? Tatsächlich. Der Mann kannte jemanden. Man verabredete sich zu einer Art Geschäftsessen in einem Krefelder Restaurant.

Murat brachte einen verdeckten Ermittler der Polizei mit und stellte ihn als seinen Freund aus Köln vor. Der Polizist sollte das Scheingeschäft aushandeln und besiegeln. Den Türken wiederum begleitete jener Italiener, von dem die VP-Führer Murat bereits im Auto erzählt hatten.

Er solle sich bloß raushalten und ihn machen lassen, hatte der verdeckte Ermittler Murat vor dem Treffen eingebläut. Er sei der Polizist, nicht Murat. Murat mochte den Beamten nicht. Er kam ihm arrogant vor, er fühlte sich von oben herab behandelt. Damit war Murat offenbar nicht alleine.

Die Chemie zwischen den Drogendealern und dem verdeckten Ermittler stimmte nicht. Der Polizist wollte bestimmen, die Dealer wollten ihn nicht bestimmen lassen. Der Italiener wurde immer lauter. Murat beschloss, die Anweisung des Beamten zu ignorieren, wie er sich erinnert. Er mischte sich in das Gespräch ein. Er machte Scherze, er versuchte, den wütenden Italiener zu beruhigen. Er vermittelte. Es gelang.

Der Türke und der Italiener nahmen sich zusammen. Der verdeckte Ermittler schwieg grimmig. Sie einigten sich auf mehrere Kilo Kokain. Zu übergeben in einem Krefelder Steakhouse. Damit war Murats erste Mission zu Ende.

Bald traf Murat seine VP-Führer Koch und Elspe wieder. Die beiden waren bestens gelaunt. Der Türke hätte sich seine Operation auch sparen können, flachsten sie. Das Einsatzkommando der Polizei habe ihm bei der Festnahme im Steak-Restaurant die frisch gerichtete Nase gebrochen.

Elspe gab Murat einen Umschlag mit 2500 Euro in bar. Die Belohnung. Murat steckte sich den Umschlag in die Tasche. Es fühlte sich sehr gut an.

Teil II

UNTER VERBRECHERN

1

REBECCA

Rebecca war 15 Jahre alt, ein fröhliches und neugieriges Mädchen, beliebt bei ihren Mitschülern auf der Realschule. An einem Sonntag im April 2002 verließ sie das Haus im Kölner Stadtteil Langel ohne Jacke und Geld. Sie nahm nur ihren Schlüssel und das Schülerticket mit. Sie wolle sich mit Freunden treffen, sagte sie ihren Eltern. Dann verschwand sie.

Ein Junge aus der Nachbarschaft sah sie am Nachmittag noch einmal an einer Straßenbahnhaltestelle, so erzählte er es später den Ermittlern.

Wochenlang suchte die Polizei nach Rebecca, mit Einsatzkräften und Spürhunden. Sogar einen Hubschrauber setzte sie ein. Rebeccas Eltern verteilten 15 000 Plakate mit dem Foto ihrer Tochter in ganz Deutschland. Doch niemand hatte das schlanke Mädchen mit dem kinnlangen braunen Haar gesehen.

Zwei Monate später wollten drei Jugendliche in einem benachbarten Kölner Stadtteil einen Joint rauchen. Sie taten es dort, wo viele Jugendliche aus der Gegend kifften: In einem Waldstück nahe der Straßenbahnhaltestelle Zündorf auf dem Gelände der alten Glasfabrik. Ein Zaun trennte das Areal vom Rest des Waldes. Die Jugendlichen kletterten über den Zaun – dahinter fühlten sie sich sicherer.

Sie wussten nicht, wie eine Leiche riecht, woher auch? Sie merkten nur, dass es stank an diesem Tag. Der Geruch war so unangenehm und so ungewohnt, dass sie nach dessen Ursache suchten.

Rebecca lag in einer Kuhle auf dem Bauch. Ihre Hose war heruntergezogen. Jemand hatte ihr die Hände mit Klebeband auf den Rücken gefesselt. Der Körper hatte bereits ein fortgeschrittenes Stadium der Verwesung erreicht.

Der Fall sorgte bundesweit für Schlagzeilen. Die Kölner Kriminalpolizei richtete die Mordkommission »Rebecca« ein. Schnell hatten die Ermittler einen Verdacht, wer das Mädchen ermordet haben könnte.

Guido S. hieß der Nachbarsjunge, den Rebecca am Tag ihres Verschwindens an der Haltestelle getroffen haben sollte. Er war der Letzte, der mit ihr gesehen worden war. Den Polizisten sagte der 17-Jährige, Rebecca und er hätten sich nur kurz getroffen, um einen Joint zu rauchen. Danach sei das Mädchen weggegangen. Wohin, das wisse er nicht.

Die Geschichte kam den Ermittlern merkwürdig vor, aber Beweise hatten sie nicht. Rebeccas Leiche war so stark verwest, dass die Ermittler keine DNA des Täters an ihr feststellen konnten. Sie vermuteten, dass ihr Mörder sich auch an ihr vergangen hatte.

Die Beamten observierten Guido S., sie überwachten sein Telefon. Doch der Teenager machte keine Fehler. Monatelang ließ er sich nichts anmerken. Die Ermittler standen vor dem Nichts. Also setzten sie alles auf eine Karte.

Von außen betrachtet schien der Gedanke absurd, Guido S. einen neuen Freund zuzuführen. Einen Freund, dem er sich anvertrauen und den Mord an Rebecca gestehen würde. Aber es war die einzige Chance.

Siebzehn Jahre später, an einem Mittag im Sommer 2019 geht Murat den Gartenweg im Kölner Stadtteil Zündorf entlang. Er startet an der Straßenbahnhaltestelle, die Sonne brennt. »Es ist nicht weit, es muss gleich da hinten sein«, sagt er. Vielleicht ermutigt er sich selbst. Er ist die Bewegung nicht mehr gewöhnt.

Nach wenigen Metern atmet er schwer. Er spricht über den Fall, er schwitzt. Früher kam er jedes Jahr hierher. Dann wurden die Abstände größer, aber er kehrt immer wieder an diesen Ort zurück. Rebecca ist für Murat einer der Fälle, die ihn bis heute umtreiben. »Sie war erst 15«, sagt er immer wieder.

Die Straße wird zum Feldweg und säumt den Waldrand. »Hier irgendwo muss es sein«, sagt Murat. Er sucht nach einem Holzkreuz am Wegesrand, von dem er glaubt, dass es den Fundort der Leiche markieren müsse. Er sucht nach etwas, das ihm seine Erinnerung an den Tatort zurückbringen könnte, der ihm immer nur beschrieben worden ist.

Rechts des Weges, gleich hinter den ersten Bäumen und Büschen, steht der Zaun, der das Gelände der alten Glasfabrik abschirmt. Links verläuft die Bahnlinie. Irgendwann ist klar, dass die Stelle nicht mehr kommt.

Murat spricht einen Fahrradfahrer an: »Entschuldigung, können Sie sich an den Fall Rebecca erinnern?« Der Mann nickt. Er kommt aus der Gegend. Der Mord hat den Stadtteil erschüttert. »Das war gleich da vorne, beim alten Judenfriedhof«, er zeigt mit der Hand den Weg entlang. »An der Ecke.«

Der alte Judenfriedhof in Zündorf, das sind acht Gräber, auf fünf von ihnen stehen noch Grabsteine. In den zwanziger Jahren angelegt, verboten die Nazis ihn 1942. Niemand pflegt die Gräber. Verwittert, verwildert liegen sie unter dem Blätterdach. Für manche mag dieser Ort etwas Friedliches haben, solange keine Straßenbahn die Ruhe stört. Für andere hat er etwas Beklemmendes, wenn zu den Gedanken an die Shoa der grausame Mord an einem Mädchen kommt, dessen Leiche nur wenige Meter entfernt gefunden wurde.

61

Murat stemmt die Arme in die Hüften. »Ich stelle mir vor, dass sie hier entlanggekommen sind und dann da vorne über den Zaun drüber.«

Er hat diesen Einsatz in so vielen Details im Kopf. Er weiß, wann wie wo was passierte. Also läuft er jetzt auf dem alten Judenfriedhof umher. Er gestikuliert mit den Händen, erklärt, wie der Horror wohl abgelaufen sein könnte. »Eigentlich will ich mir das gar nicht vorstellen«, sagt er dann. Aber es treibt ihn um, auch fast 20 Jahre später.

An einem Tag im Sommer 2002 holten Elspe und sein neuer Kollege Ralle ihren Spion morgens in der Wohnung seiner Mutter ab. Murat ahnte nicht, was sie planten. Er wusste nicht, wie verzweifelt die Ermittler waren. Murat hatte keine Arbeit und auch sonst wenig zu tun. Also ging er mit. Er freute sich, dass seine neuen Freunde eine Aufgabe für ihn hatten.

Murat hatte die Anerkennung nach seinem ersten Einsatz in Krefeld genossen. Das Geld – wenngleich es viel weniger war, als der Drogenhandel ihm eingebracht hatte – konnte er gebrauchen.

An der Autobahnraststätte Nievenheim an der A57 warteten Sonja und Frank, von denen Murat nur die Vornamen erfuhr. Alle fünf setzten sich an einen Tisch im hinteren Teil des Restaurants.

Seit Murat als V-Mann arbeitete, war er in einer Datenbank registriert, auf die alle VP-Dienststellen der Polizei Zugriff hatten. Neben seinem Namen waren darin auch Fähigkeiten, Erfahrungen und besondere Kenntnisse vermerkt. Die Datenbank war eine Mischung aus Otto-Katalog und Tinder für suchende Polizisten und bereitstehende Informanten. Die Beamten konnten so passende VP-Personen für die Verfahren bestellen, an denen sie gerade arbeiteten.

Sonja und Frank waren VP-Führer der Kölner Kripo. Für den Fall »Rebecca« hatten sie sich Murat ausgeguckt: einen kriminellen Türken mit wenig Erfahrung, aber tollen Bewertungen.

Vor den Kollegen lobte Elspe Murat. Der Einsatz in Krefeld sei hervorragend gelaufen. Murat lächelte, das Lob tat ihm gut. Die Polizisten holten ihm Kaffee, wie immer schwarz, ohne Zucker.

Von Rebecca hatte Murat noch nie etwas gehört. Der Kölner Stadtteil Zündorf sagte ihm nichts. Zeitungen las er keine, und Nachrichten im Fernsehen schaute er sich nur selten an.

Das Mädchen sei getötet und ihre Leiche in einem Waldstück gefunden worden, erzählten die Kölner Fahnder. Wie genau Rebecca zu Tode gekommen war, sagten die Polizisten Murat nicht. Fotos des Teenagers Guido S. wanderten über den Tisch. Der sei die Zielperson, sagten die Beamten.

Guido S. war ein schlanker Jugendlicher mit schmalen Lippen und kurzem, dunkelblonden Haar. Murat prägte sich das Gesicht gut ein. Ihm fiel auf, dass Guido S. auf einem Auge leicht zu schielen schien. Für Murat sah er nicht wie ein Mörder aus.

Sonja und Frank sagten nicht, weshalb sie Guido S. verdächtigten. Murat sollte zunächst nur Kontakt zu den Jugendlichen im Stadtteil aufbauen und sich Guido S. ganz behutsam nähern. Nichts überstürzen. Man habe eine Wohnung in Zündorf angemietet, in die Murat einziehen könne. Undercover, für Wochen, Monate, egal, wie lange, Zeit und Geld spielten keine Rolle.

Murat wurde mulmig. Es ging hier nicht um einen Dealer, mit dem er ein wenig quatschen und ein Drogengeschäft ausmachen würde. Wie das ging, wusste er. Er war ja selbst lange genug Dealer gewesen. Nun aber sollte er der Freund eines Mörders werden.

Sonja und Frank gaben Murat ein Handy, eine neue Sim-Karte und Geld. Er solle sich davon ein Fahrrad kaufen, sagten die Beamten.

Ein Fahrrad, dachte Murat, darauf sieht man doch total dämlich aus.

Mit dem Rad könne er sich in Zündorf wie die anderen Jugendlichen bewegen, sagten die Beamten. Er müsse sich jünger machen, als er sei. Und er brauche einen Tarnnamen. Wie er heißen wolle, fragten die Beamten. Murat überlegte. In Krefeld hatte er einfach irgendeinen Namen benutzt, ohne groß darüber nachzudenken. Aber jetzt, für diesen wichtigen Auftrag, wollte er sich etwas Besonderes aussuchen.

Es sollte die Geburtsstunde jenes Mannes werden, der er fortan im Einsatz sein würde.

»Ich will Murat heißen«, sagte er. Der Name hatte ihm schon immer gefallen, er mochte den Klang. Nachname?

»Cem. Ich bin Murat Cem«, sagte er. Cem war für ihn ein moderner türkischer Name. Er klang großstädtisch, weltmännisch. Männer aus Anatolien hatten andere, traditionellere Namen. Murat Cem, das gefiel ihm.

Die Beamten schrieben das Pseudonym auf. Seine alten Personalien waren von nun an tabu. Sein neuer Name sollte ihm in Fleisch und Blut übergehen. Ab sofort nannten ihn die Beamten Murat.

Er dürfe seine echten Papiere niemals mit in einen Einsatz nehmen, schärften sie ihm ein. Noch einmal belehrten die Polizisten ihren Spitzel, wie er sich zu verhalten habe. Es dürfe nichts schiefgehen. Keine Straftaten!

Elspe und Ralle fuhren Murat wieder nach Hause. Mit Sonja und Frank war abgemacht, dass sie ihm in den nächsten Tagen erst einmal sein Einsatzgebiet zeigen würden. Eine Rundfahrt durch den Kölner Südosten, bevor Murat auf eigene Faust losziehen würde.

Als er im Auto saß, begann Murat zu grübeln. Er tat das nicht oft. Er war ein Mensch, der in den Tag hinein lebte, der Entscheidungen spontan traf und nicht lange über etwas nachdachte. Doch auf einmal waren die Gedanken da. Wie sollte er sich mit einem Mörder anfreunden? Wie sollte er Guido S. überhaupt finden, wo könnte er anfangen? Würde es wirklich reichen, mit dem Fahrrad herumzufahren? Was wäre, wenn er versagte?

Elspe versuchte, ihn zu beruhigen. Das sei ein schöner Einsatz, sagte er. Vielleicht würde es ja klappen wie beim ersten Mal.

Kurz vor der Hochhaussiedlung stieg Murat aus dem Wagen und

ging die letzten Meter zu Fuß. Zu Hause hatte er niemandem von seiner Arbeit als Polizeispitzel erzählt.

In seinem Zimmer betrachtete Murat das neue Einsatzhandy. Er tippte einige Nummern ein. Wer sich dahinter verbarg, sollte nicht zu erkennen sein. Elspes Nummer speicherte er als »Patron«. Elspe war für ihn der Chef. Die Nummern von Sonja und Frank speicherte er unter deren Anfangsbuchstaben. Vielleicht würde das Handy doch einmal in die falschen Hände geraten, dachte er.

Köln-Zündorf war nicht wie Murats Heimatstadt. Es gab keine Hochhäuser und keine Cafés, keine Spielhallen und kaum Türken. Stattdessen gab es Fachwerkhäuser, akkurat getrimmte Rasenflächen, Blumen in Vorgärten und einen kleinen Hafen mit Motor- und Segelbooten. »Rosenhügel« hieß die Straßenbahnhaltestelle, an der Rebecca am Tag ihres Verschwindens gesehen worden war. Dahinter war das Waldstück, in dem sie starb. Murat fühlte sich nicht wohl, als er mit Sonja und Frank durch den Ort fuhr.

Das zweistöckige Mietshaus, in dem die Kölner Polizei für Murat eine möblierte Wohnung im Erdgeschoss angemietet hatte, lag in einer ruhigen Seitenstraße. Man hörte die Straßenbahn, die Haltestelle war nicht weit entfernt. Hier stieg Guido S. jeden Tag aus, wenn er von der Arbeit kam.

Sonja schloss die Tür auf. Zwei Zimmer, Küche, Bad, eine Couch, ein Bett. Ein Fernseher – Gott sei Dank. Einen Tag später zog Murat in Zündorf ein. Er hatte nur einen Rollkoffer dabei.

Er könne sich jederzeit melden, gaben Sonja und Frank ihm noch mit auf den Weg. Nicht nur bei Problemen, sondern einfach auch mal so, zum Reden. Das war gut zu wissen. Die Stille in seiner neuen Wohnung war Murat nicht gewohnt. Er hatte zuvor noch nie alleine gelebt. Zu Hause war immer Leben, Freunde und Verwandte, zahlreich und laut.

Seinen Rollkoffer hatte er schnell ausgepackt. Wechselkleidung, eine Badehose, den Kulturbeutel, dazu noch seine Playstation. Vor der Tür stand das neue Fahrrad, das er sich gekauft hatte. Warum war er in diesem Zündorf gelandet? Was machte er hier?

Sein Auftrag lautete: abhängen, Kontakt suchen, hören, was sich die Jugend über den Mord erzählte. Und dann sollte er sich dem Tatverdächtigen ganz langsam nähern. Aber das war die Theorie. In der Praxis, fand Murat, war er in eine Scheißgegend geraten, es war ein Scheißjob. Zündorf nervte ihn schon jetzt.

Doch er gab sich Mühe, den Anleitungen von Sonja und Frank zu folgen. Murat war 25, in Zündorf sollte er als 20-Jähriger durchgehen. Also rasierte er sich den Bart ab. Bei jungen Kerlen mit zartem Oberlippenflaum würde er ohne glatte Wangen nicht ankommen, dachte er sich. Angetan mit kurzer Hose, Polohemd und einer weißen Baseball-Kappe stieg Murat auf sein Fahrrad. Zu Hause, im »Tal der langen Messer«, hätten sie so jemanden wie ihn vom Rad geprügelt.

Murat fuhr durch die Gassen seiner neuen Nachbarschaft: Dahlienweg, Tulpenweg, Asternweg, Rosenstraße – die reinste Gartenschau war das. Er hielt an einem Kiosk an und kaufte sich ein Bier. Nach ein paar Hundert Metern kam Murat zum Rheinufer. Auf einer Wiese am Wasser saß ein dickes, blondes Mädchen. Sie war eine gute Gelegenheit, um seine Tarnung zu testen.

Die Legende ging so: Er suche Arbeit in Zündorf, sein alter Chef aus München bezahle ihm aus Kulanz die Wohnung, bis er einen Job gefunden habe. Bei weiteren Fragen würde er improvisieren.

Murat sprach das Mädchen an. Er sei neu hier, sagte er. Er suche einen Job. Ob sie vielleicht einen Tipp habe, wen man hier nach Arbeit fragen könnte.

Der Getränkemarkt suche jemanden zur Aushilfe, sagte das Mädchen. Da könne er vorbeischauen, der sei gleich hier um die Ecke.

Es war eine kurze Unterhaltung. Aber Murat war zufrieden. Seine Geschichte funktionierte anscheinend.

Murats Arbeit im Auftrag der Kölner Kriminalpolizei folgte schon bald einer strikten Routine. Irgendwann am Vormittag stand er auf und spielte ein bisschen Playstation. Dann fuhr er mit dem Fahrrad los, ziellos.

Am Rhein traf er Mädchen, die ihm gefielen. Sie alberten herum und lachten. Er spielte Fußball mit ein paar Jungs, die er auf einem Bolzplatz kennengelernt hatte. Oft saß er auf einer Bank an der Haltestelle Zündorf, trank Bier und rauchte Zigaretten.

»Kommt doch mal bei mir vorbei, ich wohne ganz in der Nähe und habe eine Playstation«, sagte Murat hin und wieder.

Einmal besuchte ihn tatsächlich ein Junge, den er an der Haltestelle getroffen hatte. Seine Gesellschaft tat Murat gut. Er musste an diesem Tag nicht alleine zocken.

Die Tage waren lang, sehr lang. Wenn die Langeweile kaum noch zu ertragen war, rief er Sonja oder Frank an. »Nicht aufgeben, Murat«, sagten die Beamten dann. Langsam bekam Murat Zweifel. War er wirklich der Richtige für diesen Einsatz? Die Wochen vergingen.

Eines Nachmittags wollte sich Murat an einem Kiosk an der Hauptstraße Zigaretten holen. Vor ihm standen zwei Jugendliche, die Bier und Zigarettenblättchen kauften. Einer der beiden kam Murat bekannt vor. Konnte das sein? War das wirklich Guido S.?

Die Idee, sich langsam über gemeinsame Bekannte an Guido S. heranzurobben, war bislang gescheitert. Murat hatte es wochenlang versucht, ohne Erfolg. Nun stand seine Zielperson tatsächlich vor ihm und tat etwas, womit Murat sich auskannte. Guido S. kaufte lange Blättchen. Niemand kaufte lange Blättchen, es sei denn, die Person kiffte. Für etwas anderes waren sie unnütz, fand Murat.

Er sei neu hier, begann Murat das Gespräch. Ob die beiden Blättchen hätten, fragte er. Und was zu rauchen? Das hatten sie. Guidos Kumpel holte ein Stück Haschisch aus der Tasche. Er wollte nur ein paar Euro dafür haben. Murat griff zu. Er begann zu reden. Es sei ja nicht viel los in Zündorf. Was könne man denn unternehmen? Das Freibad sei cool, sagte Guido. Er könne mitkommen.

Klar, man sehe sich bestimmt, sagte Murat.

So schnell es ging, fuhr er zurück in seine Wohnung und rief seine VP-Führer an. Atemlos schilderte er, wie er Guido am Kiosk getroffen, mit ihm gesprochen hatte, dass sie sich gut verstanden hätten, dass er Haschisch von Guidos Freund …

Sonja unterbrach ihn. Murat habe *was* getan? Man müsse sich sofort treffen.

Murat fuhr mit der Straßenbahn in die Kölner Innenstadt. Er ahnte, was er sich jetzt würde anhören dürfen, er wurde wütend. Die machten es sich leicht, die Bullen. Sie saßen in ihren Büros und maulten, obwohl er einen Erfolg erzielt hatte. »Fickt euch«, dachte er. »Macht euren Scheiß doch alleine!«

Zu dem Treffen in einem Café kamen gleich mehrere Polizisten. Die VP-Führer, aber auch ein Beamter aus der Mordkommission. Er dürfe keine Drogen kaufen, ohne das vorher abzusprechen. Das gefährde das gesamte Verfahren, sagten die Polizisten.

Wie solle er das denn sonst machen, platzte es aus Murat heraus. In einem solchen Kaff Kontakt zu finden, sei eigentlich unmöglich. Es sei die einzige Möglichkeit gewesen, sich an die ZP ranzumachen. Murat nahm den Klumpen Haschisch aus der Hosentasche und drückte ihn einem Beamten in die Hand.

Der Mann von der Mordkommission sagte, er verstehe Murat. Alle wüssten, wie schwierig seine Aufgabe sei. Es sei ganz toll, was er bislang geleistet habe. Es sei wirklich wichtig, dass er jetzt weitermache. Er solle sich nur ab jetzt an die Regeln halten. Bitte!

Dieses Manöver war zwar recht durchschaubar, zeigte aber die beabsichtigte Wirkung. Murats Wut verflog. Wenigstens der Mann von der Mordkommission verstand ihn.

Warum hatte er das mit dem Haschisch überhaupt erzählt? Er hatte doch nur ehrlich sein wollen. Schön blöd. Er verbuchte die Episode als Lektion.

Diese Erkenntnis würde ihn in den vielen kommenden Jahren leiten. Anweisungen waren Anweisungen, das hatte er verstanden. Ihre Beachtung war allerdings seinem Ermessen überlassen. Man durfte das Thema nur nicht zu offen ansprechen. Was am Ende zählte, wäre der Erfolg. Den Weg dahin müsse man ja nicht in allen Details schildern.

Bald darauf sah Murat seine Zielperson zum zweiten Mal. An einem Freitagnachmittag traf er an der Haltestelle Zündorf auf Guido S. Es war die Endhaltestelle der Straßenbahnlinie S7, Guido S. musste hier auf dem Rückweg von der Arbeit in den Bus umsteigen.

Wie das Zeug so gewesen sei, das er ihm verkauft habe, fragte Guido. Murat warf nun jene Angel aus, mit der er in den Wochen zuvor bei seinen Kontaktversuchen im Stadtteil keinen Erfolg gehabt hatte. Er wohne gleich um die Ecke, sagte er. Sie könnten ja mal zusammen Playstation spielen. Ihm sei langweilig.

Wie wäre es, wenn sie morgen zusammen ins Freibad gingen, schlug Guido S. vor. Noch besser, dachte Murat.

Wie verabredet wartete Guido am nächsten Tag mit Rucksack und Fahrrad an der Haltestelle. Er hatte Bier und Zigaretten dabei. Im Freibad legten sie sich auf eine Wiese. Guido wies auf ein Mädchen. Murat solle ihr zwischen die Beine schauen, auf die Schamhaare, wie die rausguckten. Immer wieder ging es darum. Murat war gewohnt, Brüste und Hintern zu kommentieren. Aber das? Er war angewidert. »Ja, sieht geil aus«, sagte er trotzdem.

Am Abend radelten sie zurück zur Haltestelle. Murat spürte, dass Guido ihn mochte. Sie setzten sich auf eine Bank und tranken noch ein Bier. Guido kramte einen Joint aus seinem Rucksack, zündete ihn an und reichte ihn Murat. Er nahm einen tiefen Zug und gab den Joint wieder zurück.

Als Sonja und Frank wenig später nach Zündorf kamen, um mit Murat über seine Fortschritte zu sprechen, waren sie begeistert. Murat saß auf der Rückbank ihres Dienstwagens. Die beiden Polizisten schrieben emsig in ihre Notizblöcke. Murat erzähle jedes Detail. Den Joint ließ er weg.

In den folgenden Wochen suchte Murat Guidos Nähe. Er kaufte

einen Ball und zog damit jeden Nachmittag auf einen kleinen Platz, der direkt an der Straßenbahntrasse lag. Schnell hatte er ein paar Jugendliche gefunden, die gerne mit ihm kickten. Murat wusste, dass Guido auf dem Nachhauseweg hier vorbeikam. So sah Guido ihn, gewöhnte sich an Murat, ohne dass es aufdringlich wirkte. Manchmal winkten sie sich zu. Murat mit dem Ball und den Jugendlichen, Guido in der Bahn, dazwischen die Glasscheibe.

Dann begann Murat, wie zufällig an der Endhaltestelle aufzutauchen, an der Guido für gewöhnlich aus der Bahn stieg. Erst nur jeden zweiten oder dritten Tag, dann öfter, sie unterhielten sich nun regelmäßig. So wurden sie Freunde.

Eines Nachmittags stieg Guido dort aus, wo Murat Fußball spielte. Sie alberten herum, andere Jungs kamen hinzu und gingen wieder, auch Mädchen ließen sich blicken. Ein Mädchen mit langen, dunklen Locken schien es Guido angetan zu haben. Die beiden saßen dicht beieinander, sie lachten. Es wurde Abend, und das Mädchen wollte nach Hause. Er könne sie bringen, hörte Murat Guido sagen. Murat schluckte. Er ging dazwischen. »Nein, nein. Ich bringe dich«, sagte er nervös, »ich habe ja das Fahrrad.« Guido sagte nichts. Das Mädchen stieg auf Murats Gepäckträger und ließ sich von ihm nach Hause fahren.

Der Zwischenfall war bedeutungslos. Eigentlich. Doch für Murat war es einer jener Augenblicke, in denen ihm klar wurde: Guido war nicht sein Freund, er war eine Zielperson. Ein Mädchen wollte er mit dem mutmaßlichen Mörder lieber nicht alleine lassen.

Nach jedem Zusammentreffen mit Guido musste Murat seinen VP-Führern Bericht erstatten. Sie trafen sich an wechselnden Orten, im Auto der Polizisten oder in der Kantine des nächsten Krankenhauses. Doch lange hatte Murat nur Banalitäten zu berichten.

Bis Murat eines Tages Guido wieder einmal an der Straßenbahnhaltestelle abfing. Murat hatte Bier dabei, die beiden setzten sich auf eine Bank und rauchten. Guido schien bedrückt. Im Auto eines Freundes habe die Polizei Spuren gesichert, sagte er. »Warum das denn?«, fragte Murat. Wegen der Sache mit Rebecca. Die Polizei denke, er sei das gewesen, sagte Guido.

Ob er sie denn umgebracht habe, fragte Murat. Nein, habe er nicht, sagte Guido. Dann sei es doch egal, was die Polizei am Auto suche, sagte Murat. »Lass die doch ruhig.«

Keine Straftaten, nicht schieben, nicht drängen, dachte Murat. Er wechselte das Thema. Er hatte plötzlich eine Idee.

Ob Guido Lust habe, mit ihm am Wochenende ins Zentrum zu fahren, fragte er. Sie könnten doch ein bisschen Spaß haben. Er gebe eine Runde im »Pascha« aus, sagte Murat, dem Großbordell im Kölner Norden. Guido war begeistert.

In einem weißen, gebügelten Hemd stand er Tage später an der Haltestelle. Er trug eine Jeans und Lederschuhe. Es war ein ungewöhnlicher Anblick, ein Teenager in diesem Aufzug. Doch der Ausflug schien Guido etwas zu bedeuten. Auf der Fahrt redete er ungewöhnlich viel, wahrscheinlich war er aufgeregt.

Vor dem Eingang des Bordells gab Murat seinem Begleiter ein paar Scheine des Einsatzgeldes, das er von der Polizei bekommen hatte. Sie verabredeten, sich später wieder vor der Tür zu treffen.

Das »Pascha« hatte über 100 Zimmer, verteilt auf elf Etagen. Auf den Gängen saßen Frauen in Unterwäsche auf Barhockern vor ihren Räumen. Auch Murat ging hinein.

Später wartete er auf dem Bürgersteig. Es dauerte eine Weile, bis Guido erschien. Er schwitzte. »Wie war es?«, fragte Murat.

Es sprudelte nur so aus Guido heraus. In allen Details schilderte er seine Zeit mit der Prostituierten. Was, wann, wie und wo er alles gemacht hätte. Guido hörte gar nicht mehr auf zu reden, dabei grinste er.

Die beiden machten sich auf den Weg zur S-Bahn. Es war spät geworden. In einer schlecht beleuchteten Gasse, so erinnert sich Murat, sprach ihn Guido plötzlich ganz leise an. Er könne ihm doch vertrauen, fragte er. Klar, sagte Murat. Er fürchtete, was nun kommen würde. »Ich habe Rebecca umgebracht«, sagte Guido.

Murat blieb die Luft weg. Sein Hals schnürte sich zu.

»Warum hast du das gemacht?«, fragte er Guido. Sein Herz hämmerte in der Brust.

Guido erzählte. Er sei mit Rebecca im Wald gewesen. Sie hätten sich auf einen Baumstamm gesetzt und einen Joint geraucht. Er habe Sex gewollt. Sie aber nicht. Da habe er ein Messer aus seinem Rucksack genommen und es Rebecca in den Rücken gestoßen, sagte Guido. Das Blut sei nur so aus ihr herausgeströmt. Er habe sie liegen lassen.

Wenn er das jemandem erzähle, sei er auch dran, sagte Guido zu Murat. Es sollte wie ein Scherz klingen.

Murat gab sich cool. Wem er das denn erzählen solle, fragte er. Innerlich aber stieg die Angst in ihm hoch. Seine Schritte wurden länger, er wollte weg, zumindest dorthin, wo mehr Licht war und andere Menschen, weg aus dieser Gasse in Gesellschaft eines Mörders.

Auf der Bahnfahrt schwiegen die beiden. Es gab nichts mehr zu reden.

Als Murat nach Mitternacht wieder seine Wohnung in Zündorf betrat, schloss er die Tür zweimal hinter sich ab. Er kontrollierte, ob jedes Fenster geschlossen war. Dann rief er Sonja an: »Er hat gestanden.«

Die Beamtin konnte ihre Freude nicht verbergen. Das sei unglaublich, tolle Arbeit, ganz großartig. Was genau Guido S. erzählt habe, wollte die Polizistin wissen. Murat sagte es ihr. Später legte er sich ins Bett. »Er hat sie wirklich umgebracht«, dachte er. Schlafen konnte Murat nicht.

Am nächsten Tag traf er die Polizisten in einem Café in der Kölner Innenstadt: Sonja, Frank und zwei Kollegen aus der Mordkommission waren bester Laune. Murat widerte das an.

Sonja schrieb Murats Aussage über den Ausflug ins »Pascha« und das anschließende Geständnis Wort für Wort mit. Es war der Durchbruch.

Murat konnte es kaum erwarten, endlich aus Zündorf zu verschwinden. Er musste dringend nachdenken. Wie hatte er sich mit einem Mörder anfreunden können? Und was sagte das über ihn selbst? Seine Gedanken schweiften ab.

Irgendwann rissen ihn die Ermittler zurück in die Realität. Sie bräuchten das Geständnis von Guido S. auch auf Band, sagte einer. Murat schreckte hoch. »Wie auf Band?«

Sie bräuchten den Beweis, dass Guido S. das so gesagt habe, sagte der Polizist. Ob Murat das noch einmal hinbekäme, vielleicht?

Murat war sauer. Wie stellten diese Bullen sich das vor? Wie sollte er Guido ein zweites Mal dazu bringen, ihm einen Mord zu gestehen. Und warum? »Wisst ihr, wie ich mich fühle? Der hat die umgebracht«, schnappte Murat.

Er müsse überhaupt keine Angst haben, sie würden ganz in seiner Nähe sein, wenn er das Geständnis aufnehme, beschwichtigten ihn die Beamten. Murat solle es bitte noch mal versuchen. Bitte.

Für die Wiederholung des Geständnisses ersannen die Polizisten ein Theaterstück, das seinen Schlussakt in Murats Wohnung finden sollte. Dafür verwanzten die Beamten Murats Bleibe. Dann gaben sie ihm eine Gaspistole, eine Platte Haschisch und einige Artikel über die PKK aus türkischen Zeitungen. Die Sachen hätten sie gerne wieder, scherzte einer von ihnen.

Der Plan ging so: Murat sollte sich mit Guido treffen. Dann würde ein Streifenwagen kommen, Murat kontrollieren und dabei Gaspistole, Drogen und PKK-Artikel finden. Die Polizei würde Murat in Handschellen abführen. Murat würde Guido einen Wohnungsschlüssel geben und ihn bitten, in seiner Wohnung auf ihn zu warten. Dort würde Guido, nun im Glauben, dass auch Murat ein Krimineller war, sein Geständnis wiederholen, und die Polizei könnte es mittels ihrer Wanzen aufzeichnen.

Es klang ziemlich aberwitzig. »Auf so eine bescheuerte Idee können nur Bullen kommen«, dachte Murat. Trotzdem ließ er sich darauf ein.

Murat trug Waffe, Drogen und Zeitungen in seinem Rucksack, als er an der Straßenbahn auf Guido S. wartete. Es war Samstag, der 24. August 2002.

Die Beamten hatten Murat gesagt, wann ungefähr mit der Ankunft seiner Zielperson zu rechnen sei. Guido konnte zu diesem Zeitpunkt keinen Schritt mehr tun, ohne dass es die Polizei mitbekam. Er wurde rund um die Uhr observiert.

Murat und Guido wechselten gerade die ersten Sätze, als neben ihnen ein Streifenwagen hielt. »Allgemeine Personenkontrolle. Die Ausweise bitte«, sagten die Polizisten.

Er habe keinen dabei, blaffte Murat den Beamten an. »Was willst du jetzt machen?« Er sollte patzig sein und dadurch weitere Kontrollen provozieren, hatten Sonja und Frank ihm eingeschärft. »Öffnen Sie bitte Ihren Rucksack, junger Mann!«, gab der Beamte zurück, wie Murat sich erinnert.

Dann drapierte er den Inhalt des Rucksacks gut sichtbar auf der Motorhaube: Waffe, Haschplatte, Zeitungsausschnitte. Gaffer umkreisten das Polizeiauto. Und auch Guido konnte alles sehen.

Murat müsse mit auf die Wache kommen, sagten die Polizisten. Murat gab Guido seinen Schlüssel. Er solle schon mal in die Wohnung gehen und dort auf ihn warten. Er komme nach Hause, sobald er mit den Bullen fertig sei, dann würden sie miteinander reden, sagte Murat.

Auf der Wache bekam Murat ein Protokoll in die Hand gedrückt, darauf standen die Sachen, die ihm die Polizisten angeblich abgenommen hätten. Das Papier sollte er Guido S. zeigen, zur Erhöhung der Glaubwürdigkeit.

Dann musste Murat warten. Er dürfe nicht zu früh zurück nach Hause kommen, sagten die Polizisten. Während er also wartete, erzählten ihm die Beamten, dass Guido in der Wohnung sei. Aus den Geräuschen, die sie über ihre Wanzen hören konnten, schlossen sie, dass Guido S. Schränke und Schubladen öffnete. Er solle keine Angst haben, sagten die Beamten Murat, sie hätten sogar das Besteck aus Metall durch welches aus Plastik ersetzt.

Nach zwei Stunden fuhren die Polizisten Murat zurück zur Haltestelle. Zu Fuß ging er zu seiner Wohnung. Vor dem Haus stand jetzt ein weißer Lieferwagen: die Abhörzentrale der Polizei. Drinnen saß Guido auf der Couch und spielte mit Murats Playstation. »Scheißbullen«, schimpfte Murat zur Begrüßung und warf das Protokoll auf den Tisch. Die brächten ihn mit der PKK in Verbindung, und er habe jetzt eine Anzeige am Hals, meckerte er.

Er habe überall in der Wohnung nachgeschaut, gab Guido beflissen zurück, damit die Polizei nichts finden könne, sollte sie durchsuchen. Es bestand nun kein Zweifel mehr – Guido S. hegte keinerlei Verdacht gegen Murat.

»Zum Glück hat er die Wanzen nicht gefunden«, dachte Murat.

Er setzte sich zu Guido auf die Couch. Sie zockten zusammen Playstation. Er mache halt manchmal was für die PKK, log Murat.

Doch Guido, das spürte er, wusste mit der als Terrororganisation eingestuften kurdischen Arbeiterpartei nichts anzufangen. Also wurde Murat deutlicher. Die brächten halt auch manchmal Leute um, sagte er. Er helfe ihnen ab und zu mit ein paar Sachen. Alles nicht so schlimm. Was Guido S. mit Rebecca gemacht habe, sei ja eigentlich nicht so schlimm, sagte Murat.

Sie spielten weiter. Sie schwiegen. Dann setzte Murat nach.

»Du hast das echt eiskalt gemacht, ne?«, fragte er. Das habe er doch schon erzählt, sagte S. Ja, aber er solle es noch mal erzählen, darauf komme es doch jetzt nicht an, sagte Murat.

Also erzählte Guido von Neuem. Dass er mit Rebecca geraucht hatte. Dass er Sex mit ihr wollte, sie aber nicht. Im Vergleich zum Abend vor dem »Pascha« ging er nun ins Detail, als er den Mord schilderte. Er habe zunächst versucht, Rebecca mit einem Seil zu erwürgen. Er habe sie mit Klebeband gefesselt. Er habe ihr die Augen und auch den Mund zugeklebt. Er habe sich an ihr vergangen, als sie noch gelebt habe. Und »dann mit dem Messer – zapp«, sagte Guido. So war es später auf dem Band des aufgezeichneten Gesprächs zu hören.

Guido stand auf und ging in die Küche. Er wolle sich etwas zu essen aus dem Kühlschrank holen, sagte er. Murat fragte sich, wie gefährlich das Plastikbesteck sein könnte. Er sorgte sich, was Guido mit ihm machen und wie er sich wehren würde. Die Polizei bräuchte nicht lange, um die Wohnung zu stürmen, das hatten ihm die Beamten versichert. Aber auch wenige Augenblicke könnten sehr lange sein. Er müsse mal kurz seinen alten Chef anrufen, sagte Murat.

Er rief Sonja an. Sie hätten alles gehört, sagte sie. Er solle jetzt mit Guido die Wohnung verlassen. Aber wie sollte er das anstellen? Er griff nach der Idee, die ihm als Erste durch den Kopf schoss.

Sie könnten doch nach dem ganzen Stress noch mal ins Pascha gehen, sagte Murat. Guido hatte noch vor ihm die Schuhe an.

Es war fast 19 Uhr, ein Samstagabend im August. Es war noch warm. Vor der Haustür bogen Murat und Guido links ab auf den kleinen Weg, der zur Straße führte. Auf dem Bürgersteig hielten sie sich wieder links, Richtung Straßenbahn.

Was dann kam, erschien Murat später wie die Sequenz eines Actionfilms. Von hinten raste ein Auto heran. Zwei Polizisten sprangen mit gezückten Waffen heraus. »Polizei, keine Bewegung«, brüllten sie und stürzten sich auf Guido. Der ging zu Boden, mit weit aufgerissenen Augen. Die Beamten bogen ihm die Arme auf den Rücken, fesselten ihn mit Handschellen.

»Du Schwein, du Hurensohn«, schrie Murat Guido an. Dann trat er Guido mit dem Fuß ins Gesicht. Jemand riss Murat weg.

Auf der Wache gestand Guido S. den Mord zum dritten Mal.

»Kölner Stadtanzeiger«, 26.08.2002
Mitschüler gesteht Mord an Rebecca
(…)
Nach Informationen dieser Zeitung spielten die Beamten der Mordkommission außerdem einen Lockvogel an den Hauptverdächtigen heran. Dieser sollte versuchen, dem inzwischen in einen Lehrberuf übergewechselten Jugendlichen ein Geständnis zu entlocken. Dem

Spitzel gegenüber soll er dann auch Andeutungen über seine Tatbeteiligung gemacht haben.

Murat lacht. »Andeutungen ist gut«, grinst er, »das gefällt mir.«

Es ist wieder Sommer. Der Mord an Rebecca liegt 17 Jahre zurück. Murat steht auf dem Bürgersteig vor seiner alten Tarnwohnung in Köln-Zündorf.

Der Nachmittag ist angebrochen. In den vergangenen Stunden hat er versucht, den Kiosk zu finden, an dem er Guido S. zum ersten Mal traf. Er hat den Platz an der Bahnlinie in Porz entdeckt, auf dem er damals Fußball spielte. Er hat die Szenerie an der Straßenbahnhaltestelle beschrieben, an der er mit Guido stand. Und er weiß noch, woher der Streifenwagen kam, als sie die Scharade aufführten, mit der sie Guido S. zu dem aufgezeichneten Geständnis verleiteten.

Jetzt ist er von der Haltestelle zu seiner alten Tarnwohnung gegangen. Murat will alles ganz genau zeigen, beschreiben. Kein Detail darf fehlen. Er macht das, wie er es auch für die Polizei immer getan hat: Nichts darf er aussparen, auch wenn es ihm unwichtig erscheint. Das haben sie ihm jahrelang eingebläut, er hat es verinnerlicht.

Auf seiner Stirn haben sich Schweißperlen gebildet. Murat strahlt, weil er alles so viele Jahre danach noch so genau erzählen kann.

»Von da oben kam dann das Auto, die müssen ganz in der Nähe gewesen sein«, sagt er. Er blickt auf den Boden vor sich. »Und hier lag er dann.«

Er hält kurz inne. »Und dann hab ich«, er macht eine Bewegung mit dem Fuß, als schieße er einen Fußball. »Es war so ein Reflex, ich habe nicht darüber nachgedacht.«

Murat blickt noch einmal hinüber zur Bahnlinie. »Komm, lass uns gehen«, sagt er. »Andeutungen. Arschlecken.«

Nach Guidos Festnahme fuhren Polizisten Murat in ein Hotel. Es kam ihm wie ein Luxushotel vor. Sein Zimmer roch sauber, das Bett war akkurat gemacht, die Laken strahlten in makellosem Weiß. Es gab sogar einen Zimmerservice. Er könne bestellen, was er wolle, sagten Sonja und Frank. Sie kämen dann morgen früh zum Frühstück.

Bevor er ins Bett ging, rief Murat seine Mutter an. Er hatte sie seit Wochen nicht gesehen. »Wie geht es dir?«, fragte sie. Wann er nach Hause komme, ob alles in Ordnung sei? Es gehe ihm gut, sie möge sich keine Sorgen machen, er komme bald, sagte Murat. Sie stellte keine weiteren Fragen. Für Mevlüde war Murat noch immer unterwegs mit dem Polizisten Ostermann. Mehr wollte sie nicht wissen.

Am nächsten Morgen wartete im Frühstücksraum des Hotels ein ganzer Trupp Ermittler. Als Murat den Raum betrat, standen sie auf und klatschten. Sie klopften ihm auf die Schulter. Er sei der Beste, »Super-Bulle«, sagten sie.

Als Murat nach Hause kam, schaltete er den Fernseher an. »Festnahme im Mordfall Rebecca«, »Mord an Rebecca ist aufgeklärt«, die Sender berichteten über den Fahndungserfolg. Er klebte vor dem Bildschirm, sog jeden Schnipsel in sich auf, las im Videotext, bis seine Augen brannten.

Murat hätte am liebsten allen davon erzählt. Doch das durfte er nicht. Nicht einmal seiner Schwester oder seiner Mutter konnte er etwas sagen.

Diese Elemente sollten Murats Leben auf Jahre hinaus bestimmen und sich zu einer für ihn sehr verführerischen Mischung verbinden: der Nervenkitzel, die Action, die Bestätigung und das Lob durch die Polizei, die Geheimhaltung, die Berichte in den Medien. All das sagte ihm, dass er etwas von Belang tat, dass es wichtig und richtig war, was er machte.

Und dann gab es auch noch das Geld. Als Frank ihm eröffnete, dass er von der Polizei eine Belohnung erhalten sollte, malte er die Ziffern 1 2 0 0 auf einen Zettel und schaute ihn an. Dann malte er eine weitere Null dahinter. Murat jubelte: 12 000 Euro. Später sollten sogar noch einmal 5000 Euro hinzukommen.

Über Nacht war Murat süchtig geworden. Süchtig nach Adrenalin, Anerkennung, Geld und der Zugehörigkeit zu einer exklusiven Gemeinschaft. Über die Zeit würde er seinen Drogenkonsum einstellen und dem Alkohol entsagen. Seine einzige Droge sollte die Arbeit als Spitzel werden. Nur die Polizei konnte ihm diese Droge liefern. Und Murat würde ihr dafür alles geben: sein ganzes Leben.

2

EINE, DIE DICH VERSTEHT

Als Murat nach seinem Einsatz im Fall Rebecca wieder bei seiner Mutter Mevlüde einzog, tat er erst einmal – nichts. Die 12 000 Euro Belohnung gab er ihr. Er habe gespart, sagte er.

Morgens stand er auf, wann es ihm beliebte. Er spielte Playstation oder streifte ziellos durch die Gegend, hielt einen Schwatz hier und einen Schwatz dort. Seine Mutter wusch seine Wäsche, machte sein Bett und kochte für ihn.

Sie sprachen nicht viel. Mevlüde hatte zwei Themen, die ihr wichtig waren, ihm aber gar nicht gefielen. »Du solltest dir eine Arbeit suchen«, mahnte sie. »Es ist nichts für einen Mann, den ganzen Tag zu Hause zu sitzen.« Das war das eine.

Das andere war die Sache mit der Ehe. Murats Mutter hielt nicht viel von Integration. Es sei besser, dozierte sie, wenn Deutsche und Türken sich nicht mischten. Die kulturellen Unterschiede seien zu groß, die Mentalitäten zu verschieden. Getrennt zu leben sei »besser für uns Türken und für die Deutschen«, sagte sie. Bezogen auf Murat bedeutete das: Er brauchte eine Frau, die ihn verstand, eine Türkin.

»Stell dir nur vor, sie kocht dir etwas zu essen und dann schmeckt es dir nicht«, sagte die Mutter immer wieder. »Dann ist es doch klar, dass man sich nicht versteht.«

Sie sprach es nicht immer direkt aus, aber sie meinte: Ein Mann müsse nicht nur arbeiten, er müsse auch heiraten. Und Murat müsse eine Türkin heiraten.

Er war Mitte 20. Im »Tal der langen Messer« war man in diesem Alter entweder endgültig auf der schiefen Bahn gelandet oder man hatte geheiratet. Zunächst ließ Murat die Ermahnungen seiner Mutter widerwillig über sich ergehen. Mit der Zeit aber, ohne es zu merken, änderte sich etwas: Murat begann, übers Heiraten nachzudenken. Die Beziehung zu Anna war gescheitert. Er hatte eine uneheliche Tochter, die er nie sah. Er hatte dem Drogenhandel entsagt. Natürlich brauchte man zum Heiraten Geld – aber zumindest das hatte er ja gerade.

Eines Tages, es war im Januar, ging er zu seiner Mutter und sagte: »Ich will heiraten. Auf traditionelle Art.«

Mevlüde umarmte Murat. Der Onkel vollführte einen Freudentanz, daran erinnert sich Murat noch genau.

Nur eine Woche später flogen Mutter, Onkel und Murat nach Ankara. Dort stiegen sie in den Bus und machten sich auf den Weg in die Heimat von Murats Eltern. Elbistan, eine Stadt mit mehr als 100 000 Einwohnern im Süden Anatoliens, lag 560 Kilometer entfernt von der Hauptstadt. Sie mussten über die Berge, im Winter, auf schlechten Straßen.

So viel Schnee hatte Murat in Deutschland noch nie gesehen. Es war so kalt, dass die Scheiben der Geschäfte vereist waren. Immer wieder hielt der Fahrer an, stieg aus und verbrannte Zeitungen unter dem Bus. Er fürchtete, der Diesel friere sonst ein. Die Reise dauerte mehr als zwölf Stunden. Als sie ankamen, ging der Onkel in die Moschee. Sein Neffe wolle heiraten, verkündete er dort. Die Väter von Kandidatinnen sollten sich bei ihm melden. Auch im 21. Jahrhundert wurden in Elbistan Ehen noch auf diese Weise geschlossen.

Der Junggeselle, pries der Onkel, stamme aus einer alteingesessenen Familie. Als Chemiefacharbeiter mit gesichertem Einkommen sei Murat eine gute Partie. Was sollte der Onkel auch sonst sagen? Ein verurteilter Drogendealer, bereits Vater einer unehelichen Tochter, ständig unterwegs und mit unerklärlichen Einkünften suchte eine Braut?

Die Leute in Elbistan wussten natürlich, dass ein Mann auf Brautschau ein schöneres Bild von sich zeichnet, als es die Realität bestätigen würde. Nur wie groß der Unterschied zwischen Werbung und Wirklichkeit war, ahnten sie nicht.

Murats Eltern hatten noch als selbstversorgende Bauern in der Gegend gelebt, mit eigenen Ziegen und Hühnern. Verglichen damit war ihr Sohn ein Aufsteiger.

Die Nachricht von dem freundlichen jungen Mann aus Deutschland, der eine Braut suchte, machte schnell die Runde. Elbistan war eine strukturschwache Region. Viele Familien meldeten sich.

Zunächst unterhielten sich die Eltern der heiratswilligen Frauen mit Murats Mutter und seinem Onkel. Dann durfte Murat mit jeder Bewerberin sprechen. Die Gespräche fanden immer unter Aufsicht statt. Es war eine Brautschau mit Anstandsdamen.

Das erste Mädchen war schön und klug. Sie studierte Kunstgeschichte. Ob sie sich vorstellen könne, mit ihm nach Deutschland zu ziehen, fragte Murat. Wenn es Deutschland sei, dann schon, sagte sie.

Vielleicht meinte das Mädchen, dass sie gerne mit ihm in ein Land wie Deutschland gehen wolle, aber eben nicht in jedes Land der Welt. Murat aber verstand sie so, als sei ihr vor allem die Zukunft in Deutschland wichtig – und nicht er als Mann. Er machte seiner Mutter ein Zeichen. Nein, die wollte er nicht. Sie gingen.

Ein Mädchen gefiel Murat gut. Doch seine Mutter fand heraus, dass sie schon einmal verlobt gewesen war und in Wahrheit einen anderen liebte. »Warum sollte sie dann mich heiraten?«, fragte Murat.

Sie sprachen noch mit drei weiteren Familien und deren Töchtern, vergeblich. Die Brautsuche gestaltete sich schwieriger als gedacht.

Doch dann besuchte eine Frau, die hinter Murats Elternhaus wohnte, Murats Mutter. Ihre Schwester habe eine sehr hübsche Tochter, sagte sie. Gülcan sei 17 Jahre alt. Murat war fast 26. Vielleicht sei sie die Richtige? Ob Murat und seine Familie sie nicht besuchen wollten? Murats Mutter zögerte nicht lange. Das sei möglich, sagte sie.

Die üblichen Recherchen im Vorfeld eines solchen Treffens ergaben, dass Murats Onkel den Vater des Mädchens kannte. Der Schwiegervater in spe war Imam. Seinen Sohn kannte der Onkel auch. Die Familie sei in Ordnung, beschied er.

Gülcan wohnte in einem Dorf, 40 Kilometer entfernt, in einem Haus mit großem Garten und Obstbäumen darin. Als Murat, seine Mutter und sein Onkel mit Gülcans Tante dort eintrafen, wurden sie von der Familie begrüßt und ins Wohnzimmer geführt. Murat war mulmig zumute. Die anderen sprachen. Er schwieg.

Gülcan kam kurz ins Zimmer und ging wieder. Ihre Tante knuffte Murat mit dem Ellbogen mehrfach in die Seite. »Was will die?«, dachte Murat.

Dann kam Gülcan erneut ins Zimmer und bot allen Tee an. Sie hatte eine schmale, leicht gebogene Nase, hochstehende Wangenknochen und schwarze Augen. Sie kam ihm nicht wie 17 vor, eher wie 20. Er sah eine Frau, kein Mädchen. »Ich kann mir das mit ihr vorstellen«, sagte Murat, als Gülcan den Raum wieder verlassen hatte.

Nachdem Gülcans Familie Murat begutachtet hatte, trafen sich die beiden unter Aufsicht ihrer Tante in einem Zimmer. Sie sprachen eine halbe Stunde lang.

Dann nahm Gülcans Vater, der Imam, Murat ins Gebet. Er wollte wissen, wie er sich die Ehe vorstelle und was für ein Verständnis von Familie er habe. Er wollte wissen, ob Murat spielsüchtig sei und ob er Drogen nehme, ob er ein geregeltes Einkommen habe. Murat sagte, er sei nicht spielsüchtig, habe mit Drogen nichts zu tun und arbeite für eine Tochterfirma des Waschmittelherstellers Henkel.

»Willst du meine Tochter heiraten?«, fragte der Vater, wie Murat sich erinnert. Er könne sich das vorstellen, antwortete Murat. Der Vater versprach, Murat seine Tochter zur Frau zu geben. Am Ende des Tages war die Hochzeit zwischen Murat und Gülcan beschlossene Sache. Sie durften sich nun kennenlernen.

Murat war in Deutschland geboren. Er hatte sein ganzes Leben dort verbracht. Trotzdem kam es ihm nicht seltsam vor, sich auf diese Weise zu verloben. So war es Tradition.

In den kommenden Monaten traf er sich häufig mit Gülcan. Sie besuchten sich gegenseitig. Sie gingen ins Fischrestaurant und auf den Rummel. Bald nahm er sie an der Hand. Im August, keine acht Monate, nachdem Murat den Entschluss zu einer Brautschau nach traditioneller Art gefasst hatte, heirateten sie.

Murat und seine Familie besorgten eine Goldkette für die Braut, ein Hochzeitsauto und ein weißes Brautkleid. Murat trug einen schwarzen Anzug und ein weißes Hemd. Das offizielle Hochzeitsfoto zeigt ein lächelndes Paar, auch wenn Murat und Gülcan etwas bemüht wirken.

Das Fest fand unter freiem Himmel statt. Es kamen sehr viele Menschen. Sie holten die Gäste aus den umliegenden Dörfern mit Bussen ab. Murat glaubt, es müssten an die 1000 Besucher gewesen sein. Die meisten von ihnen kannte er nicht.

Während der Feier hatte Murat Schweißausbrüche. Er fühlte sich fremd. Bei allem, was er tat, glaubte er einen Fehler zu machen. Da er die Schritte für den Hochzeitstanz nicht kannte, spielten sie ein langsames, ruhiges Lied. Gülcan führte Murat.

Einige Zeit später fuhr das Hochzeitspaar nach Ankara. Drei Tage lang warteten sie in der Schlange vor der deutschen Botschaft, um ein Visum für Gülcan zu bekommen. Wer Geld hatte, konnte jemanden bezahlen, der für ihn wartete. An jene, die selbst ausharren mussten, verliehen Geschäftstüchtige nachts Decken. Sie verlangten drei türkische Lira dafür und holten die Decken morgens wieder ab.

Als Murat und Gülcan an der Reihe waren, sagte ihnen ein Konsularbeamter, dass Gülcan kein Visum bekäme. Murat müsse dafür eine Arbeitsstelle nachweisen können. Die hatte er natürlich nicht.

Murat versprach seiner frisch angetrauten Frau, die Sache mit ihrem Visum von Deutschland aus zu regeln, und flog zunächst alleine zurück. Bei der Ausländerbehörde sagte man ihm, dass es schwierig würde, seine Frau nach Deutschland zu holen. Er hätte zahlreiche Vorstrafen und keine Arbeit. Und deutscher Staatsbürger wäre er auch nicht.

Murat rief Elspe und Ralle an, seine VP-Führer von der Polizei. Er hatte ihnen geholfen, konnten sie jetzt ihm helfen?

Gemeinsam fuhren sie erneut zum Ausländeramt. Elspe und Ralle hatten Aktenkoffer dabei. Sie gingen hinein, Murat wartete im Wagen. Sie hätten die Sache geregelt, sagte Elspe, als er wieder im Wagen saß. Kurze Zeit später konnte Gülcan ihre Papiere in der deutschen Botschaft in Ankara abholen.

Die anderen Familien im »Tal der langen Messer« tuschelten. Wie konnte es sein, dass Murat so schnell ein Visum für seine Frau bekommen hatte? Er hatte keine Arbeit. Er war vorbestraft. Einige von ihnen versuchten seit Jahren, Visa für Verwandte aus der Türkei zu bekommen, manche sogar mit Bestechung – was jedoch meist ohne Erfolg blieb. Und jetzt gelang es Murat innerhalb weniger Tage, für seine Frau ein Visum zu organisieren. Das konnte nicht mit rechten Dingen zugegangen sein.

Murat war seinen neuen Freunden dankbar. Das würde er ihnen nicht vergessen. Die Polizei bot nicht nur Anerkennung, Geld, ein spannendes Leben und das Gefühl, das Richtige zu tun. Sie konnte auch Probleme lösen, sogar solche, die für andere unlösbar waren. Wenn man die Polizei an seiner Seite hatte, verlieh einem das vielleicht nicht gerade Macht, aber doch so etwas wie Einfluss, Bedeutung. Murat war dann nicht irgendjemand.

Natürlich nahm er den Auftrag an, den Sonja und Frank ihm kurze Zeit später an der Autobahnraststätte Nievenheim gaben. Sie hätten eine Sache im Kölner Drogenmilieu, bei der er ihnen helfen könnte, sagten sie. Drei türkische Brüder aus Kalk brächten große Mengen Kokain aus Südamerika nach Deutschland, so die Beamten. Das Bundeskriminalamt sei involviert. Das Koks der Brüder sei von einem Reinheitsgrad, wie er sonst auf Deutschlands Straßen nicht angeboten würde. Aber er könne dieses Mal nicht Murat Cem heißen. Einer der Verdächtigen heiße auch Murat.

Murat hatte ein ungutes Gefühl. Er verband mit seinem Tarnnamen Erfolg, Geld und den Wechsel zu den Guten. Er hatte begonnen, sich seine zweite Identität zu eigen zu machen, er fühlte sich als Murat. Aber er ließ sich seine Zweifel nicht anmerken. Kein Problem, sagte er, dann sei er dieses Mal eben Ali.

3
ANFÄNGERFEHLER

Ihre Autos für verdeckte Einsätze mietete die Polizei von einem Klein-unternehmer in Köln. Der Mann hatte sein Büro im Erdgeschoss. Die Wagen, von exquisiten Edelkarossen bis zu angerosteten Kleinwa-gen, standen auf einem von Bäumen gesäumten Parkplatz vor dem Haus. Den Autos war nicht anzusehen, dass es Mietwagen waren.

Aus diesem Fuhrpark stammte der kleine Suzuki-Jeep mit Plastik-verdeck, mit dem Murat sich auf den Weg nach Köln-Kalk machte. Kalk ist ein Stadtteil, in dem viele Türken leben. Auch Murats neue Zielpersonen waren Türken. Es sollte wieder um Drogen gehen. Der Auftrag schien wie maßgeschneidert für Murat. Er war auf einmal doch optimistisch. Auch der Wagen gefiel ihm.

Die drei Brüder, die ins Visier der Polizei geraten waren, hießen Mehmet, Muhammed und Murat. Mehmet war der älteste der drei, Murat der mittlere, Muhammed der jüngste. Muhammed galt als Drahtzieher, für ihn interessierten sich die Ermittler besonders, Ziel-person Nummer eins, kurz ZP1.

Das Trio aus Köln hatte gute Verbindungen in Venezuelas Haupt-stadt Caracas geknüpft. Es organisierte, wie das von dort nach

Europa geschmuggelte Kokain in Deutschland verteilt wurde. So hatten es Sonja und Frank ihrem Spitzen-Spitzel Murat berichtet. Die Fäden im Hintergrund zöge ein Pole, ausgerechnet aus dem Gefängnis heraus, in dem er gerade eine Haftstrafe verbüße.

Es war wie immer: Murat sollte die Brüder kennenlernen, sich mit ihnen anfreunden und schließlich zum Schein Drogen von ihnen kaufen. Der Standardablauf, irgendwann beherrschte Murat ihn im Schlaf. Doch diesmal sollte es nicht so glatt gehen.

Die Brüder besuchten fast jeden Tag ein türkisches Café in Kalk. Murat wusste, wie sie aussahen, Sonja und Frank hatten ihm Bilder gezeigt. Das reichte ihm, um loszulegen.

Er parkte in der Nähe des Cafés und ging hinein. Es war schlicht eingerichtet, wie fast alle türkischen Cafés, die Murat kannte: ein Tresen, Tische, Stühle und Spielautomaten. Die Kunden waren Türken aus der Nachbarschaft. Die älteren Gäste schauten auf, als Murat das Lokal betrat. Er fragte nach einem Tee und griff sich eine »Hürriyet«, die auflagenstärkste türkische Boulevardzeitung. Woher er komme, fragte der Kellner. Ursprünglich stamme er aus Krefeld, spulte Murat seine Legende ab, aber jetzt lebe er in Meschenich. Gerade sei er in Kalk zu Besuch mit seinen Eltern.

Krefeld war weit genug weg, Meschenich ein Problemstadtteil im Kölner Süden, bekannt für eine anonyme Hochhaussiedlung, den berüchtigten »Köln Berg«. Dort hatte die Kölner Polizei Murat eine Tarnwohnung angemietet. Seine Geschichte sollte passen, wo sie passend zu machen war.

An einem Spielautomaten saß ein Mann. Er sah wie Mehmet aus, der älteste der drei Brüder. Murat ging hinüber und warf Münzen in den Automaten neben ihm. Mehmet verlor Geld. Er fluchte. Als sein Automat ebenfalls nichts ausspuckte, fluchte auch Murat. So kamen sie ins Gespräch. Ali heiße er, stellte sich Murat vor. »Wo kommst du denn her aus der Türkei?«, wollte Mehmet wissen.

Murat begann eine Erzählung in epischer Breite. Sie reichte von der Heimat seiner Eltern in der Türkei über Krefeld, seine Wohnung

in Meschenich bis hin zum Besuch der Eltern in Kalk. Eltern zu er-
wähnen, war immer gut, fand Murat.

Nach diesem ersten Kontakt kam Murat regelmäßig in das Café.
Bald blickte niemand mehr auf, wenn er das Lokal betrat. Er trank
sehr viel Tee, er unterhielt sich mit dem Kellner und mit anderen
Gästen. Und immer wieder sprach er mit Mehmet.

Mehmet trug eine Bauchtasche, immer. Ab und an verließ er das
Café, nur um wenige Minuten später zurückzukehren. Murat ging
ebenfalls vor die Tür, rauchte. Mehmet kramte in seiner Tasche und
steckte jemandem etwas zu.

Was er dem gegeben habe, fragte Murat.

Nur ein bisschen Zeug, antwortete Mehmet.

Das war – rückblickend betrachtet – die falsche Antwort. Ob
Mehmet an so etwas drankomme, fragte Murat arglos. Er habe Kontakte, prahlte Mehmet. Wenn er etwas brauche, werde er auf Mehmet
zukommen, kündigte Murat an. Mehmet hatte nichts dagegen.

Doch zunächst ließ Murat Mehmet in Ruhe. Er ging weiter in das
Café, doch er sprach Mehmet nicht auf Drogen an. Er wollte ihn in
Sicherheit wiegen, Timing war wichtig.

Erst nach einigen Tagen startete Murat seinen Versuch. Er kenne
da jemanden aus Krefeld, sagte er, der wolle Kokain kaufen. Könne
Mehmet helfen?

Er müsse mit seinem jüngeren Bruder Muhammed reden, sagte
Mehmet. Muhammed, das war Murats ZP1, der wichtigste Mann für
die Polizei. »Klar«, sagte Murat.

Abends kam Muhammed ins Café. Ein kleiner Mann mit wachen
Augen. Schnell im Kopf ist der, dachte Murat sich. Muhammed war
gefährlicher als Mehmet, glaubte er.

Sie wechselten ein paar Worte am Tisch. Dann wollte Muhammed
spazieren gehen, um über das Geschäft zu reden.

Murat sollte einen kleineren Testkauf einfädeln, hatten sich Sonja
und Frank im Vorfeld überlegt. Das war weniger auffällig, als gleich
mehrere Kilo zu bestellen.

200 Gramm Kokain für einen Freund suche er, sagte Murat. Das könne er besorgen, erwiderte Muhammed. 200 Gramm kosteten 8000 Euro, sagte der Dealer. Ziemlich teuer. Sie könnten ja gemeinsam ausgehen, schlug er vor. Dabei könne Murat sich selbst von der Qualität des Kokains überzeugen.

Das Geschäft sollte in einer Kalker Kneipe in der Nähe des Cafés stattfinden. Murat gefiel die Idee, seine Arbeit mit ein bisschen Vergnügen zu verbinden. Muhammed, Mehmet und er setzten sich an den Tresen und tranken Bier. Murat zählte nicht, wie viele es waren.

Das Geld für das Kokain hatten ihm Sonja und Frank in einem weißen Briefumschlag mitgegeben. Er steckte gefaltet in seiner Hosentasche.

Muhammed gab Murat ein Zeichen. Er solle mitkommen. Auf der Toilette nahm Muhammed einen in Alufolie gewickelten Klumpen aus der Tasche. Er war etwas breiter als ein Zwei-Euro-Stück, ein Brocken gepresstes Kokain. Wollte Murat es probieren?

Murat erinnerte sich an das Theater wegen des Haschischs im Fall Rebecca. Im Einsatz keine Straftaten begehen, das hatte er verstanden. Aber Muhammeds Angebot konnte auch ein Test sein, um zu sehen, ob er für die Polizei arbeitete. Ein verdeckter Ermittler, ein echter Polizist, nähme niemals Kokain, da war sich Murat sicher. Was sollte er tun?

Er entschied sich für ein Zwischending, eine Adaption von Bill Clintons »einen Joint mitgeraucht, aber nicht inhaliert«. Anstatt das Kokain durch die Nase zu ziehen, rieb er seinen Zeigefinger über den Brocken, bis die Fingerkuppe weiß war. Dann strich er sich das Pulver auf sein Zahnfleisch, wie er sich erinnert.

Sein Mund wurde taub. Zunächst glaubte er, seine Oberlippe schwelle an. Dann spürte er auch die nicht mehr. Muhammed hatte nicht gelogen. Das Kokain war wirklich stark.

Das Reden fiel Murat nach dem Bier ohnehin schon schwer. Jetzt verlor er auch noch die Kontrolle über seine Lippen. Ihm wurde schlecht. Er fragte sich, ob die Brüder ihm etwas Kokain ins Bier gemischt hatten. Murat schwankte. In diesem Zustand konnte er den Testkauf nicht seriös beenden.

Er könne nicht mehr fahren, sagte Murat. Muhammed bot an, ihn nach Hause zu bringen. Er solle ihm seinen Autoschlüssel geben. Widerstandslos rückte Murat den Schlüssel heraus. Die Brüder fuhren Murat in einem Mercedes nach Meschenich. Murats Jeep ließen sie vor der Kneipe stehen.

Am nächsten Morgen wachte Murat in seiner Tarnwohnung auf. Er lag in Hemd, Hose und Schuhen auf dem Bett. Sein Kopf schmerzte. Er griff sich an die Gesäßtasche. Der Umschlag war noch da. Er zog ihn heraus. Das Geld war noch da. Gott sei Dank, dachte er.

Dann erinnerte er sich an den Autoschlüssel. Im Kofferraum des Jeeps lag eine Sporttasche mit Wechselkleidung. Und entgegen aller Anweisungen war in dieser Tasche ein echtes Ausweispapier: sein Führerschein. Ein Dokument, in dem er nicht »Ali« hieß. Das stattdessen seinen richtigen Namen und sein Geburtsdatum offenbarte. Wenn Muhammed und Mehmet den Führerschein fänden, wäre alles vorbei. Bestenfalls seine Karriere als V-Mann. Im schlechtesten Fall sein Leben … Er dachte diesen Gedanken nicht zu Ende.

Wut und Angst mischten sich mit der Hoffnung, dass die Brüder seine Sporttasche nicht durchsucht hätten. Er rief Elspe an. Er habe Scheiße gebaut, sagte er ohne Umschweife. Dann erzählte er von seinem Absturz am Abend zuvor. Er solle zunächst in der Wohnung bleiben, riet Elspe. Er übernehme den Anruf bei Sonja und Frank. Alles müsse jetzt schnell gehen.

Kurz darauf klingelte Murats Handy. Er müsse sofort verschwinden, sagte Elspe. Die Kölner Ermittler hätten an den überwachten Telefonen der Brüder gehört: Murat sei aufgeflogen. Er packte seine Sachen, nahm den Aufzug nach unten und trat vor die Haustür. Als er den Mercedes sah, war es schon zu spät.

Sie hatten vor der Tür auf ihn gewartet, die drei Brüder und noch ein weiterer Mann. Muhammed stieg lächelnd aus dem Wagen. Man wolle ihn zurück zu seinem Auto bringen, sagte er freundlich. Murat hatte keine Wahl. Er konnte weder fliehen noch telefonieren. Wenn er um Hilfe riefe, würden sie ihn töten, dachte er.

Es komme jetzt, wie es eben komme, sagte er sich. Er quetschte sich zwischen Murat, den mittleren Bruder, und den anderen Kerl auf den Rücksitz.

Dann begannen die Fragen. Wen er in Krefeld alles kenne? Was er hier mache? Wer er sei? Murat wusste, auf was sie hinauswollten. Aber niemand sprach den Führerschein direkt an.

Er würde sterben, davon war Murat überzeugt. Wer Kokain aus Venezuela nach Deutschland bringen konnte, der konnte auch einen Menschen verschwinden lassen.

Doch die vier Männer brachten ihn nicht in ein abgelegenes Waldstück. Sie fuhren zurück nach Köln-Kalk. Neben seinem Jeep hielten sie an.

Er solle aussteigen, sagten sie ihm. Dann drückten sie ihm seinen Schlüssel in die Hand. Murat streckte die Hand aus, um sich zu verabschieden. Niemand nahm sie. Wortlos stiegen die Brüder und ihr Begleiter in den Mercedes und fuhren davon. Murat ging zum Kofferraum und öffnete die Sporttasche. Alles lag dort wie zuvor. Der Führerschein war noch da.

Zum Krisentreffen in der Lobby eines Kölner Hotels kamen alle VP-Führer: Elspe, Ralle, Sonja, Frank. Das Wichtigste sei, dass es ihm gut gehe, sagten die Beamten. Der Einsatz sei beendet. Niemals würden die Brüder noch ein Kokain-Geschäft mit ihm machen. Murat schämte sich. Er hatte versagt. Er hatte seine Freunde hängen lassen – vielleicht sogar: verraten.

4
JUNGES GLÜCK

Gülcan war 17 Jahre alt, als sie zum ersten Mal in ihrem Leben deutschen Boden betrat. Sie landete auf dem Flughafen Düsseldorf. Es war der Herbst 2003, und sie war schwanger.

Doch der Mann, ihr Mann, der sie nach Deutschland gebracht hatte, wartete nicht am Flughafen auf sie. Keiner wartete auf sie. Sie kannte in Deutschland niemanden. Sie sprach die Sprache nicht. Sie hatte kein Mobiltelefon. Sie war ganz allein.

Vielleicht war es ein Glück, dass Gülcan keinerlei Erfahrung mit deutscher Pünktlichkeit hatte. Denn so wartete sie einfach, ohne sich Gedanken zu machen, was passiert sein könnte und warum sie keiner abholte.

Murat war, als seine Frau in Düsseldorf ankam, noch mit den Brüdern aus Köln-Kalk und deren Kokain aus Venezuela beschäftigt. Aber das wusste Gülcan nicht.

Mit sechs Stunden Verspätung tauchte er am Flughafen auf. Er habe noch etwas Wichtiges zu tun gehabt, sagte er. Das musste genügen, fand Murat. Er lud ihren Koffer in seinen Suzuki-Jeep, dann fuhren sie los. Was Gülcan von diesem Tag besonders in Erinnerung bleiben sollte, waren Murats Verspätung und die Polizeikontrolle, in die sie kurz nach der Abfahrt gerieten.

Die Kontrolle dauerte nicht lange. Aber im Nachhinein dachte Gülcan oft an die Beamten, die den Jeep an die Seite gewunken hatten. Das Ereignis gewann an Symbolkraft für sie: Ihr vermeintlicher Ritter kam in einem zugigen Auto mit Plastikverdeck, war viel zu spät und dann stoppte auch noch die Polizei die gemeinsame Fahrt ins Familienglück. Überhaupt die Polizei, was hatte die ihr nicht für Ärger gebracht …

Im »Tal der langen Messer« zogen die beiden in eine Wohnung in dem Hochhaus, in dem Murats Familie seit Jahrzehnten lebte. Gülcan verließ die Wohnung in den ersten Wochen nicht. Sie ging nicht einkaufen und nicht zum Friseur. Sie traf sich mit niemandem. Wenn Murat nicht zu Hause war, schob sie ein Sofa vor die Tür. Sie hatte Angst. Deutschland war ihr nicht geheuer.

Murat war nicht oft zu Hause. Schnell wurde ihr klar, dass er kein Chemiefacharbeiter war. Murats Mutter, zu der sie Vertrauen fasste, erklärte ihr, dass er für den Polizisten Ostermann arbeitete. Das sei ein dicker Mann, der gerne Baklava esse.

Zur Geburt ihrer gemeinsamen Tochter kam Murat im Frühjahr 2004 ins Krankenhaus. Immerhin. Er blieb auch ein paar Tage zu Hause. Doch ansonsten bestimmte die Arbeit für die Polizei sein Leben, nicht seine neue Familie.

Es ist ein wolkiger Herbsttag im Jahr 2019. Gülcan sitzt auf der Couch im Wohnzimmer ihrer Drei-Zimmer-Wohnung, Murat, die Kinder und sie leben nun in einem kleinen Ort, ohne Freunde, ohne Bekannte.

Das Wohnzimmer ist spärlich eingerichtet. Aus einem Loch in der Decke hängt ein Kabel. Sie haben sich nicht die Mühe gemacht, eine Lampe aufzuhängen. Sie rechnen nicht damit, lange hierzubleiben. Oder eher: Sie wollen nicht lange an diesem Ort bleiben. Aber für den Moment sind sie dort gefangen, miteinander leben sie im Zeu-

genschutz des nordrhein-westfälischen Landeskriminalamts (LKA). Jeden Tag aufs Neue bedrückt von dem Scherbenhaufen, den Murats Karriere als V-Mann ihnen hinterlassen hat.

Vom Balkon zwitschern zwei Wellensittiche aus ihrem Käfig. Gülcan hat Kaffee mit Kardamom zubereitet und sich die Haare hinter dem Kopf zu einem Dutt gebunden. Ihren linken Arm ziert eine Tätowierung. Es ist eine Blume.

Es ist wahrscheinlich das erste Mal überhaupt, dass jemand gekommen ist, um sie zu fragen, wie es ihr in all den Jahren ergangen ist. Wie sie sich jetzt fühlt, wo alles vorbei ist.

Gülcan Cem ist zurückhaltend, vielleicht ein bisschen schüchtern. Sie wählt ihre Worte mit Bedacht. Sie hört sich die Fragen auf Deutsch an. Aber antworten mag sie nur auf Türkisch – nach mehr als 15 Jahren in Deutschland.

Wie war es, als sie als 17-Jährige nach Deutschland kam und Murat nie zu Hause war? Gülcan wartet einen Moment, bevor sie antwortet. Dann sagt sie: »Ich hatte ihn schon geheiratet.« Es gab kein Zurück mehr. Sie war schwanger, sie war verheiratet. Wohin sollte sie gehen?

Wenn Gülcan Cem ihrem Mann für all die Jahre böse ist, so will sie sich das an diesem Nachmittag nicht anmerken lassen. »Er war die ganzen Jahre so gut wie nie da«, sagt sie. Pause. »Immerhin weiß ich jetzt, warum.«

Sie weiß das noch nicht sehr lange. Ein Beamter des LKA hat es ihr erklärt, als alles zu Ende war und sie sehr eilig umziehen mussten.

»Ich weiß jetzt aber nicht nur warum, sondern auch wofür«, sagt Gülcan. Sie macht eine Geste mit der rechten Hand, als präsentiere sie das Wohnzimmer. »Es war für nichts.«

Das Geld, das Murat für seine Einsätze bekam, war mal mehr, mal weniger. Einiges davon lieferte er zu Hause ab, vieles nicht. »Es war nicht so, als dass wir immer genügend gehabt hätten«, sagt Gülcan, »nicht so, als wenn er richtig gearbeitet hätte.«

Gülcan Cem wünscht sich, dass ihr Mann jetzt eine geregelte Arbeit annimmt. Er hat es auch schon versucht, in den Jahren seit es vorbei ist. Es hat nie lange funktioniert. Sie weiß, dass ihr Wunsch wenig mit der Wirklichkeit zu tun hat. »Er ist zu einer normalen Arbeit nicht fähig«, sagt Gülcan, »Ich weiß nicht, ob er das je war. Aber die Polizei hat ihn ein für alle Mal versaut.«

Murats Arbeit als V-Mann war eine Arbeit im Graubereich. Er liebte sie.

Polizisten, ob sie nun in Uniform oder Zivil auftreten, haben viel weniger Spielraum als er: Begehen sie Straftaten oder stiften sie ihre Zielpersonen zu Straftaten an – ihre Beamtenlaufbahn ist gefährdet, die Ermittlungsarbeit womöglich nutzlos.

Anders sieht das mit den Vertrauenspersonen der Polizei aus, mit Männern wie Murat. Zwar dürfen auch sie keine Straftaten begehen. In der Theorie. Doch in der Praxis ist es oft schwierig, ihnen Fehlverhalten nachzuweisen. Sie müssen in Prozessen nicht als Zeugen auftreten. Sie verrichten ihre Arbeit im Verborgenen.

Einer V-Person ist Vertraulichkeit zugesichert worden als Gegenleistung für die Informationen, die sie liefert. Das ist der Deal. Nur anonymisiert taucht sie in Ermittlungsakten auf. Sehr praktisch.

Jemand wie Murat bewegte sich im Drogenmilieu, als sei er dort zu Hause. Und er war es ja auch. Er konnte sich dort viel freier umtun als ein eingeschleuster Beamter. Und er war für den Staat sehr viel billiger: Murat wurde pro Einsatz bezahlt, erfolgsabhängig, er erwarb keine Pensionsansprüche, und die Polizei führte auch keine Sozialabgaben für ihn ab. Entsprechend rangieren V-Leute in der polizeiinternen Hackordnung meist auf der untersten Stufe. Doch Murat focht das nicht an. Er arbeitete weniger für das Geld als vielmehr für die Anerkennung und aus Freude am Nervenkitzel.

Die Polizei hatte ihre Zielpersonen meist schon länger im Visier, wenn sie Murat einsetzte. Manchmal fehlte aber ein gerichtsfester Grund, um Ermittlungen offiziell beginnen zu können. Die protokollierten Angaben einer V-Person konnten einen solchen Anlass liefern: Berichtete der V-Mann von illegalen Geschäften der Verdächtigen, ließ sich ein Verfahren beginnen.

»Die Beschuldigten gerieten durch die Quellenvernehmung einer Vertrauensperson in den Verdacht, gemeinschaftlich einen Handel mit Betäubungsmitteln in nicht geringer Menge zu betreiben«, solche Formulierungen finden sich in den Urteilen gegen Kriminelle, die Murat in den Knast gebracht hat.

Was Murat während seiner Nachforschungen herausfand und den Polizisten in die Blöcke diktierte, war eine Sache. Wie die Beamten diese Schilderungen in einem zweiten Schritt in die Akte aufnahmen, womöglich manchmal eine andere. Murat durfte nicht »schieben«, also seine Zielpersonen nicht zu Taten drängen, das schärften sie ihm immer wieder ein.

Aber was war, wenn eine Zielperson doch einmal etwas zögerlich war und nur ein bisschen Überzeugungsarbeit nötig war? Wo endete ein legaler Kontaktaufbau, wo genau begann das »Schieben«? Klare Verhaltensvorschriften gab es und gibt es nicht, eine Ausbildung oder einen Lehrgang für V-Personen erst recht nicht. Auch juristische Beratung oder psychologische Betreuung war weder für Murat noch für andere V-Personen vorgesehen. Er war ja kein Polizist.

In den Einsätzen kamen verbeamtete Undercover-Ermittler der Polizei meist erst dann hinzu, wenn das Drogen- oder Waffengeschäft abgewickelt werden sollte. Da hatte Murat den Deal schon eingefädelt – wie auch immer. Ansonsten war Murat oft auf sich alleine gestellt. Er genoss das, so lange er die Lorbeeren für seine Arbeit bekam.

Murat hatte Talent, das hatten seine ersten Einsätze bereits gezeigt. Letztlich sollte er sogar so gut werden, dass seine VP-Führer Kollegen aus anderen Bundesländern von ihm erzählten. Murat wurde die Schlüsselfigur in einem der wichtigsten Terrorverfahren, das der deutsche Staat gegen Islamisten je führte. Doch all das konnte Murat zu dieser Zeit noch nicht ahnen.

Im Moment interessierte ihn auch nicht, wie die Arbeit, die er für die Polizei verrichtete, juristisch zu betrachten war. Er fand es praktisch, dass er vor Gericht nicht als Zeuge auftreten musste, dass kein Untersuchungsausschuss ihn vernehmen konnte.

Doch was genau ist eine V-Person? Jemand, der über Umtriebe in einer Szene berichtet, in der er sich ohnehin bewegt? Oder jemand, der wie Murat wie ein verdeckter Ermittler an einen Verdächtigen herangespielt wird, nur dass der Informant nicht verbeamtet ist und daher mehr Beinfreiheit hat? »Kalteinsatz« nennt die Polizei dieses Vorgehen übrigens.

Der 2016 verstorbene Rechtswissenschaftler Klaus Lüderssen sagte einmal, V-Leute seien weniger definiert durch das, was sie täten, als durch die Probleme, die sie aufwürfen. Der Einsatz verpflichteter Informanten wie Murat war schon immer ein wenig reguliertes Ermittlungsinstrument. Zwielichtige Personen übernehmen mitunter die Drecksarbeit der Strafverfolger. Man stritt und streitet sich trefflich darüber, ob sie ein notwendiges Übel im Kampf gegen Schwerkriminelle und Terroristen sind.

Oft sind V-Personen die einzige Möglichkeit, in abgeschottete Gruppen von Verbrechern vorzudringen. Aber eine gesetzliche Regelung, die den Einsatz der Spitzel normiert, gibt es bislang nur für die Verfassungsschutzbehörden – eine Konsequenz aus dem Versagen der Dienste im Fall der rassistischen Mordbande »Nationalsozialistischer Untergrund« (NSU) und der dubiosen Rolle, die V-Leute der Verfassungsschutzämter dabei spielten.

Für die Polizei gibt es solche Gesetze bis heute nicht. Die Ermittler stützen sich auf Gerichtsurteile und Erlasse, die den Einsatz »freier Mitarbeiter« in der Strafverfolgung grundsätzlich erlauben, wenn es um besonders schwere Straftaten geht. So heißt es in den »gemeinsamen Richtlinien« der Bundesländer zum Beispiel zur Vertraulichkeit der Identität eines Spitzels: Diese entfalle, wenn »die V-Person sich bei ihrer Tätigkeit für Strafverfolgungsbehörden strafbar macht«.

Ein Drogenkauf im Einsatz, der nicht abgesprochen ist? Eigentlich das Ende der Zusammenarbeit. Doch was, wenn die jahrelange Kooperation von Informant und VP-Führer zu einem Verhältnis führt, das enger ist, als es sein sollte? Was, wenn die Polizisten die Arbeit ihrer V-Person prinzipiell als so wertvoll ansehen, dass sie ein oder zwei Augen zudrücken, wenn der Informant über die Stränge schlägt? Und was bedeutet das jahrelange Doppelleben in der Unterwelt eigentlich für die V-Person?

All dies sind keine abstrakten Fragen. Mit Murats Geschichte werden sie konkret. Kontrollmechanismen – etwa eine Begrenzung der VP-Einsätze oder eine häufige Rotation der VP-Führer – sind der Polizei bis heute nicht gesetzlich vorgeschrieben.

Im Laufe der Jahre sollte »VP01«, wie Murat seit den Ermittlungen gegen den Breitscheidplatz-Attentäter Anis Amri und den Hassprediger Abu Walaa genannt wird, zu einem Beispiel für die verlorene Unschuld der Strafverfolgung werden.

Kriminalwissenschaftler und Juristen sehen für den polizeilichen Einsatz von V-Personen schon lange gesetzlichen Handlungsbedarf. Allerdings weniger, weil sie sich um die Gesundheit und das Lebensglück viel beanspruchter Spitzel sorgen, sondern vor allem wegen der erheblichen Eingriffe in die Grundrechte von Zielpersonen, zu denen es in den Einsätzen kommt: Verdächtige werden von Zuträgern wie Murat ausgehorcht, verführt und verraten.

Zudem sind die mit derartigen Befugnissen ausgestatteten V-Leute eher selten besonders ehrbare Charaktere. »Gehen Sie davon aus: Pfadfinder sind nicht darunter«, sagt ein Kriminalbeamter, der es wissen muss. Nordrhein-Westfalens Innenminister Herbert Reul (CDU) sagt, man habe es nicht mit »Klosterschülern« zu tun.

In ihrer Doktorarbeit aus dem Jahr 2018 analysiert die Richterin Anna Luise Decker die fehlenden rechtlichen Grundlagen der Ermittlungsmethode und kommt zu dem Schluss: Der Einsatz von V-Personen in der Strafverfolgung sei aufgrund fehlender gesetzlicher Regeln verfassungswidrig.

Es brauche dringend eine öffentliche Debatte. Der gesetzgeberische Stillstand trage nicht dazu bei, die erheblichen Bedenken gegen VP-Einsätze zu beseitigen. »Um für Akzeptanz des V-Mann-Einsatzes von Seiten der Wissenschaft, der Strafverteidiger und der Gesellschaft zu sorgen, wäre mindestens ein politischer Diskurs wünschenswert, der dazu beiträgt, die zwingende Erforderlichkeit der Methode zu betonen und die mit ihr einhergehenden Vorteile und Erfolge aufzeigt«, schreibt Decker.

Eines der zahlreichen rechtlichen Probleme, die die Richterin in ihrer Arbeit nachweist, ist die Intransparenz der VP-Einsätze. Wie ein Strafverfahren genau begann, sei für einen Verteidiger oft nicht ersichtlich – weil bestimmte Aspekte der Ermittlung geheim gehalten würden und nicht in der Akte auftauchten. Das führe, so Decker, »zu einer Einschränkung des Grundsatzes der Aktenwahrheit und Aktenklarheit«. Die Möglichkeit von Rechtsanwälten, ihre Mandanten angemessen zu verteidigen, sei dadurch eingeschränkt.

Im Klartext: Im Moment wurschteln sich Polizei und Staatsanwaltschaften durch – immer noch. Und das ausgerechnet bei der brisantesten Methode in der Strafverfolgung. Es geht um Spione, die sich auf Geheiß des Staates in das Leben von Verdächtigen schleichen – und somit in das Leben von Menschen, die bis zum Beweis des Gegenteils als unschuldig gelten. Einblicke in Murats Arbeit als V-Mann hätten der Richterin, als sie ihre Doktorarbeit verfasste, wahrscheinlich Schnappatmung beschert.

Auch wenn V-Leute sich an einige Grundregeln halten müssen, findet ein Großteil ihrer Arbeit doch in einem toten Winkel statt. Ihr Spielraum ist groß, ihre Tätigkeit für die Justiz eine Blackbox. Zur Wahrheit wird das, was in den Akten landet. Doch diese Akten bekommt ein V-Mann nicht zu Gesicht. Und die Verteidiger wiederum nicht den V-Mann.

Gerade in Murats Anfangsjahren ließ sich kein Muster erkennen, wie die Polizei ihn einsetzte. Mal verpassten sie ihm für Monate eine

Legende, gaben ihm zur Tarnung ein Auto und eine Wohnung. Mal buchten sie ihn für Kurzeinsätze. Murat war ein Hilfsarbeiter mit besonderen Fähigkeiten, die nicht immer vollständig zur Entfaltung kommen mussten.

Als die Polizei in Krefeld wegen des Verdachts auf Menschenhandel, Steuerhinterziehung und illegale Prostitution gegen eine Gruppe Vietnamesen vorging, bat sie Murat, eines Abends an einem bestimmten Haus zu klingeln. Murat tat es. Im Hausflur traf er eine Frau aus Vietnam, die ihm gegen Geld Sex anbot. Er verließ das Haus wieder und berichtete seinen VP-Führern von den Geschehnissen. Damit war sein Einsatz beendet.

Ein anderes Mal verdächtigten die Ermittler einen Mann des Mordes. Doch der Mann machte keinen Fehler. Also beschlossen sie, seine Frau unter Druck zu setzen, in der Hoffnung, dass der Verdächtige im Gespräch mit ihr gestehen würde. Murat besuchte die Frau. »Ich weiß, dass dein Mann es war«, schleuderte er ihr entgegen. Dann ging er wieder. Die verdutzte Frau hatte keine Ahnung, was der Fremde an ihrer Tür von ihr wollte. Ihr Mann war wohl, wie sich später herausstellte, unschuldig.

In Mönchengladbach versuchte die Polizei, einen Raubmord aufzuklären. Sie hoffte, die Lebensgefährtin eines der Verdächtigen, die in ihrer Wohnung als Prostituierte arbeitete, könnte Informationen haben. Im Auftrag der Polizei stattete Murat der Frau einen Besuch ab. Er bezahlte sie und hatte Sex mit ihr. Dabei bemerkte er, dass sie einen Ring trug, der dem Opfer des Raubmords gehört hatte.

Nach diesem Einsatz beschwerte sich Murat bei seinem VP-Führer. Er habe mit der Frau schlafen müssen, obwohl sie ihm nicht gefallen habe. Sein VP-Führer lachte. »Das war fürs Vaterland«, sagte er. Als Murat nach Hause kam, ging er wortlos ins Badezimmer und duschte. Gülcan erzählte er nichts.

Nach solchen Kurzeinsätzen bekam Murat oft nicht einmal mit, wie die Ermittlungen ausgingen. Er interessierte sich auch nicht sonderlich dafür. Er machte seine Arbeit, meistens machte sie ihm Spaß. Dann war es vorbei.

Schon während seines ersten Treffens mit Elspe hatte Murat behauptet, er kenne sich mit Waffen aus. Das war zwar keine Lüge gewesen, aber eine mutige Behauptung. Mit Waffenhandel hatte Murat in seinem Leben nie etwas zu tun gehabt. Streitigkeiten hatten er und seine Dealer-Kollegen immer mit den Fäusten geklärt.

Schusswaffen kannte Murat aus seinen Kinder- und Jugendtagen, aus Urlauben in der Türkei. Wie früher in den ländlichen Regionen Anatoliens üblich, gab es auch im Elternhaus seiner Mutter eine Pistole. Als Junge durfte er die Waffe reinigen: auseinanderbauen, säubern, ölen, wieder zusammensetzen. Über die Handgriffe musste er irgendwann nicht mehr nachdenken.

Auch großkalibrige Gewehre waren in der Heimat seiner Eltern weitverbreitet. Ein Cousin besaß eine Kalaschnikow. Er nahm Murat manchmal mit in die Berge. Der Rückstoß des Gewehres brachte ihn aus dem Gleichgewicht. Aber Murat hatte schon als Teenager Freude daran, mit der AK 47 um sich zu schießen. Das sollte ihm im Herbst 2005 zugutekommen.

Elspe hatte um ein Gespräch gebeten, Murat und er trafen sich an der Raststätte Geismühle an der Autobahn 57. Die Shell-Tankstelle hatte ihren Namen von einer alten Windmühle. Murat sollte dort noch viele VP-Führer treffen, drinnen im Restaurant oder draußen, unter den Bäumen auf den Bänken. Geismühle wurde sein Büro.

Wie Elspe berichtete, hatte ein anderer V-Mann die Polizei auf einen Waffenhändler im Kreis Kleve am Niederrhein hingewiesen. Doch die Ermittlungen stockten seit Monaten. Die Fahnder wollten nun Murat einsetzen, auch um den ersten Tippgeber nicht zu enttarnen.

Seine Zielperson hieß Umut, war 29 Jahre alt, türkischer Herkunft und arbeitslos. An Waffen, so ließ Elspe durchblicken, beschaffe Umut so ziemlich alles, was Murat sich vorstellen könne: Pistolen, Gewehre, Handgranaten. Elspe brachte Fotos der Zielperson, Geld, ein Mobiltelefon inklusive Sim-Karte. Und er hatte die Schlüssel zu dem Suzuki-Jeep dabei, der Murat so gut gefiel.

Umut, so gab Elspe ihm mit auf den Weg, verkehrte häufiger in einem Café in Goch, einem Städtchen an der Grenze zu den Niederlanden. Es war nur wenige Monate zuvor zu einem katholischen Wallfahrtsort erklärt worden. Murat besuchte ein paarmal das Café, Umut, der Stammgast, sollte sich an seine Gegenwart gewöhnen, ihn wahrnehmen, ohne dass Murat direkt in Kontakt mit ihm trat. So hatten die Polizisten ihn instruiert. Doch Murat änderte den Plan.

Als Umut das Café alleine verließ und zurück zu seinem Auto ging, sprach Murat ihn an. Ob er ihm helfen könne, fragte er. Umut wisse schon, was er meine. Er suche jemanden, der ihm eine Pistole verkaufen könne, und habe gehört, Umut hätte gute Kontakte.

Es war eine riskante Taktik. Doch sie funktionierte, wie aus Ermittlungsakten hervorgeht. Umut zögerte nicht lange, er witterte ein Geschäft. Er könne Waffen besorgen, halb automatische Gewehre und Handgranaten aus ehemaligen NVA-Beständen zum Beispiel. Murat solle ihn begleiten.

Es ging zu Umut nach Hause. Er sei nur ein Mittelsmann, ließ er Murat wissen. Ein Bekannter aus dem Kosovo besorge die Waffen. Und der wiederum bekomme sie von einem Deutschen aus der Gegend, da sei er sich sicher. Binnen weniger Stunden hatte Murat einen ganzen Waffenschieberring aufgeklärt.

Am Abend berichtete Murat der Polizei von dem Gespräch. Umut, so viel schien nun klar, war ein kleiner Fisch. Murat sollte jetzt versuchen, über den Kosovaren an den deutschen Lieferanten heranzukommen. Die Aussicht auf einen großen Erfolg weckte Murats Ehrgeiz. Er sollte Glück haben, schon am nächsten Tag.

Umut und Murat kauften ein, in einem Supermarkt in Geldern, ganz in der Nähe. An der Kasse trafen sie zufällig den Kosovaren. Noch im Supermarkt sprach Murat ihn an: Er brauche eine Maschinenpistole samt Munition. Der Kosovare versprach Hilfe.

Eine Woche später, am Vormittag des 16. November, folgte Murat in seinem Suzuki dem Kosovaren über eine Landstraße. Etwas außerhalb Gochs hielten sie vor einem Bauernhof mit großer Scheune. Murat fiel die Stille in dieser ländlichen Gegend auf. Er hörte – nichts.

Als Murat aus dem Auto stieg, wurde er von einem freundlichen älteren Herrn begrüßt. Der Mann war 63 Jahre alt, ein ehemaliger Monteur, der als Jugendlicher aus der DDR in den Westen geflüchtet war. Nach einem schweren Bandscheibenvorfall war er nun Frührentner. So steht es im Urteil, das gegen den Mann gefällt werden sollte. Er hatte eine Leidenschaft für Kriegsgerät aller Art. In seiner Scheune fand die Polizei später genug Waffen und Sprengstoff, um einen blutigen Bandenkrieg auszutragen.

Der Mann war vorsichtig: Er hatte etwas zu verbergen und viel zu verlieren. In seiner Scheune hörte er mit einem Scanner den Polizeifunk ab. Doch mit einem Spitzel rechnete er nicht. Er habe Interesse an einer Maschinenpistole, sagte Murat. Da habe er leider gerade nichts Brauchbares vorrätig, sagte der Rentner. Aber wie wäre es mit einer anderen scharfen Waffe?

Der Mann präsentierte eine alte, umgebaute Signalpistole Modell Hebel, mit zwei Einsteckläufen zum Verschießen von Schrot. Murat kaufte die Pistole für 450 Euro, inklusive Munition. Doch der Waffenhändler hatte noch mehr auf Lager. Für einen geringen Aufpreis gäbe er ihm noch eine Handgranate mit, sagte er. Die Granate kam in einer alten Gemüsekiste, die zum Schutz vor Erschütterungen mit Stroh ausgekleidet war.

Nach dem erfolgreich abgeschlossenen Geschäft lenkte Murat seinen Jeep voller Euphorie auf die A 57 in Richtung Krefeld. Aus dem Auto heraus rief er seinen VP-Führer an. Alles habe wunderbar geklappt, sagte Murat stolz. Der Mann habe ihm eine Pistole verkauft. Und nicht nur das – er habe auch eine Handgranate im Kofferraum. Er sei unterwegs, bereit zur Übergabe. Doch vom anderen Ende der Leitung schlug ihm nicht die erwartete Begeisterung entgegen. Dort herrschte Entsetzen.

Der Beamte wurde laut. Ob er komplett wahnsinnig sei, brüllte er. Wie könne er mit einer Handgranate im Auto losfahren? Was würde passieren, wenn er einen Unfall hätte? Er dürfe nicht weiterfahren, keinen Meter. Sofort anhalten!

Murat stoppte auf einem Parkplatz, der passenderweise »Dong« hieß und kurz vor der Stadt Moers am Niederrhein lag. Die Polizei schickte einen Spezialtrupp. Sie luden die Granate in einen kleinen Bus und fuhren weg.

Rund einen Monat später, es war inzwischen kurz vor Weihnachten, kaufte Murat dem Rentner eine Maschinenpistole ab. Inklusive passender Munition gab es die Neun-Millimeter-Waffe, Marke Carl Gustaf, für 1800 Euro. Murats Dienstherren hatten damit Beweise genug. Sie nahmen Umut, den Rentner und den Kosovaren fest.

Auf dem Bauernhof und in der Wohnung eines Komplizen fanden die Ermittler anschließend fast 140 Schusswaffen, knapp 500 Gramm TNT, 400 Kilo Schwarzpulver und eine Artilleriegranate. Mehrere Zünder für Sprengsätze und 400 Gramm weißen Phosphor zur Herstellung von Brandbomben brachten Spezialkräfte auf dem Gelände des Bauernhofs zur Explosion.

Nach den Razzien hob der Pressesprecher der Staatsanwaltschaft Kleve die Arbeit der »verdeckten Ermittler« in dem Verfahren hervor. Von Murats Spritztour mit der Handgranate berichtete er nichts. Auch im Urteil gegen die Waffenhändler stand nichts von einer Handgranate und deren Transport in einer Obstkiste.

Vielleicht hatte sich später herausgestellt, dass es sich um einen legalen Gegenstand handelte. Zum Beispiel um eine Granate, die nur als Dekoration dienen sollte, also echt war, aber nicht funktionstüchtig?

Vielleicht hielten es die Ermittler aber auch für klüger, den Vorfall nicht in die Akte zu nehmen. Er hätte allerlei Nachfragen zur Folge gehabt – und womöglich schlechte Presse.

Es muss keineswegs so gewesen sein. Aber manchmal hilft es bei

der Einschätzung von Wahrscheinlichkeiten, sich vorzustellen, welche Schlagzeilen aus Murats Erlebnissen hätten entstehen können: »V-Mann raste mit Handgranate über die Autobahn.« Kein Ermittler hätte so etwas lesen wollen.

Auch Murats Einsatz im Fall Rebecca hätte in der Presse ganz anders klingen können: »Nach dem Puffbesuch auf Polizeikosten gestand Guido S. den Mord.« Das wäre natürlich viel zu lang für eine Überschrift. »Spitzel kiffte mit Rebeccas Mörder« wäre schon viel besser, kürzer, eigentlich bedeutungslos, aber trotzdem latent skandalisierend. Und sie enthält Reizwörter wie »kiffte«, »Spitzel« und »Mörder«. »V-Mann fuhr Terrorist Amri nach Berlin«, fällt in dieselbe Kategorie. Doch dazu später noch mehr.

Zunächst verkündete am 19. Juni 2007, fast zwei Jahre nach der Razzia auf dem Bauernhof, das Amtsgericht Kleve sein Urteil gegen die Waffenhändler. Trotz des sichergestellten Arsenals musste keiner von ihnen hinter Gitter. Sie hatten alles gestanden, das brachte ihnen mildernde Umstände.

Wegen Verstößen gegen das Kriegswaffenkontroll-, das Waffen- und das Sprengstoffgesetz verurteilte der Richter den Rentner zu einer Bewährungsstrafe von einem Jahr und sechs Monaten. Seine Vermittler Umut und der Kosovare kamen wegen Beihilfe ebenfalls mit Bewährungsstrafen davon. Murat erfuhr davon nie.

5

WIE FALSCHGELD

Oktay hieß der junge Mann aus Alsdorf bei Aachen, der Blüten in ganz besonderer Qualität besorgen konnte. Seine 50-Euro-Scheine seien so gut, dass sogar Banken sie entgegennähmen, erzählten die Polizisten Murat, als sie ihn auf seinen neuen Einsatz vorbereiteten.

Es war morgens gegen 10 Uhr. Sie hatten sich in einem Aachener Hotel getroffen. Die Polizisten gaben Murat 3000 Euro in bar. Er sollte sie bei Oktay in Falschgeld umtauschen. Ein gängiger Kurs seien drei falsche Euro für einen echten. Aber Oktays Material sei so gut, dass er womöglich auch einen Kurs von 1:2 akzeptieren müsse. Man werde sehen.

Sie gaben Murat die Schlüssel zu einem silbernen VW Golf und einen guten Rat: »Gib das Geld auf keinen Fall aus der Hand, bevor du das Falschgeld hast!« Sie wiederholten das ziemlich oft.

Es sollte ein kurzer Einsatz werden. Murat und sein VP-Führer hatten sich bis 18 Uhr Zeit gegeben, um einen ersten Kontakt zu Oktay herzustellen. Es waren nur ein paar Stunden, sonst hatte Murat Tage und Wochen Zeit, um mit einer Zielperson ins Geschäft zu kommen, aber so viel Aufwand lohnte Oktay dann wohl doch nicht.

Murat fuhr nach Alsdorf. Auf einer Bank sah er Oktay. Er setzte sich zu ihm. Schnell zeigte sich, dass die beiden Männer zwei Gemeinsamkeiten hatten: Sie waren freundlich und redeten gerne. Murat und Oktay verstanden sich auf Anhieb.

Er sei an einem Geschäft interessiert, sagte Murat. Oktay wurde hellhörig. Er wolle schnell viel Geld machen, setzte Murat nach. Er zeigte seine 3000 Euro. Daraus sollten mehr werden.

Oktay sagte, er könne ihm helfen. Er erklärte Murat, dass er für die 3000 Euro 9000 Euro Falschgeld besorgen könne, abzüglich einer Provision von 500 Euro für ihn.

Sie fuhren in den Kennedypark in Aachen. Oktay deutete auf eine Bank. »Warte hier auf mich«, sagte er. Murat sah ihn herumstreunen. Er suchte ganz offensichtlich jemanden. Als Oktay zurückkkam, wollte Murat das Geschäft abblasen. Ihm war nicht wohl. Er hatte Angst um die 3000 Euro. Er war es nicht gewohnt, selbst Geld im Einsatz bei sich zu haben. Normalerweise kam ein verdeckter Ermittler der Polizei hinzu, um den Deal abzuwickeln. Sie waren dann zu zweit, meistens war noch Verstärkung in der Nähe. In diesem Fall wähnte Murat sich alleine.

Er besorge die Ware schon, drängelte Oktay, er solle ihm das Geld geben. Murat zögerte. Er kannte den Typen nicht, das war ein Krimineller. »Vertrau mir«, sagte Oktay.

Murat wusste, dass er das Geld nicht hergeben durfte. Doch Oktay redete so lange auf ihn ein, bis er weich wurde. Er händigte ihm die 3000 Euro aus. Oktay verschwand. Nach 20 Minuten rief Murat seinen VP-Führer an. »Ich habe dem das Geld gegeben«, sagte Murat. Gleich komme Oktay mit dem Falschgeld zurück.

Der VP-Führer war weniger zuversichtlich. Er wurde heftig. Das sei ein Gauner, der komme niemals wieder. Murat sollte sich schon mal überlegen, wie er das später erklären werde. Murat legte auf und setzte sich wieder auf die Bank.

Nach einer Stunde war Oktay noch immer nicht zurück. Auch nach eineinhalb Stunden saß Murat alleine im Park. Dann, endlich, nach zwei Stunden erschien Oktay wie aus dem Nichts. Er gab Murat einen Umschlag mit 50-Euro-Scheinen. Murat berührte die Scheine nur mit den Fingerkuppen. Er wollte sie nicht richtig anfassen, um keine Fingerabdrücke darauf zu hinterlassen.

Er habe seine 500 Euro schon herausgenommen, sagte Oktay. Er musste Murats Erleichterung gespürt haben. »Du hast gedacht, ich komme nicht wieder, oder?«, fragte Oktay. Er kenne ihn ja nicht, sagte Murat, aber er hätte ihn gefunden.

Nun war es an Oktay, Murat eine Predigt zu halten. Vertrauen sei das Wichtigste, wenn man Geschäfte machen wollte, dozierte er. Er sei gekränkt. Wie konnte er ihm nur nicht vertrauen? Irgendwann entschuldigte sich Murat. Er kenne ihn ja jetzt, sagte er, vielleicht könnten sie noch ein Geschäft miteinander machen. Kein Problem, sagte Oktay, aber er müsse sich beeilen, die Blüten gingen rasend schnell weg.

Murat fuhr zum verabredeten Treffpunkt mit seinem VP-Führer. Schon aus einiger Entfernung sah er, wie der Beamte unruhig um sein Auto herumlief.

Sie stiegen in den Dienstwagen. Was denn jetzt sei, stieß der VP-Führer übellaunig hervor. Murat legte den Umschlag auf das Armaturenbrett. Der VP-Führer nahm ihn und schaute nach. Er strahlte.

Der Beamte schaute auf die Uhr. Es war früher Nachmittag, Murat hatte den Job in Rekordzeit erledigt. Sie brachten das Falschgeld den Aachener Polizisten. Dann kauften sie noch ein Ersatzteil für den geliebten Oldtimer des VP-Führers. Anschließend: Feierabend.

Wenn Murat nicht im Einsatz war, lag er zu Hause im »Tal der langen Messer« auf der Couch – wie Falschgeld. Im Haushalt half er nicht. Um die gemeinsame Tochter kümmerte sich Gülcan. Sie verstand sich gut mit Murats Mutter. Murat war der Auffassung, damit sei alles geregelt.

In Wahrheit aber fühlte Gülcan sich nicht wohl. Mit Murats ältester Schwester, dem heimlichen Familienoberhaupt, kam sie nicht zurecht. Das Türken-Ghetto, in dem sie lebten, hatte den Vorteil, dass man dort kein Deutsch sprechen musste. Aber es war beengt. Jeder kannte jeden. Die Häuser und die Wohnungen waren in einem schlechten Zustand. Es gab viele Kriminelle und Drogenabhängige. Gülcan wollte weg.

Im Jahr 2006, drei Jahre, nachdem sie zu Murat in das »Tal der langen Messer« gezogen war, präsentierte Gülcan ihrem Mann eine Wohnungsanzeige: drei Zimmer in einer nahen Kleinstadt. Sie schauten sich die Wohnung an. Sie lag in einem vierstöckigen Neubau. Die Straßen in der Gegend säumten Ulmen und Linden. Es war ruhig, friedlich und sauber. Murat willigte ein. Er war knapp 30 Jahre alt und zog nun wirklich von zu Hause aus.

Sie kauften eine neue Küche und neue Möbel. Gülcan richtete das neue Zuhause ein. Am Ende sollten sie fast zehn Jahre in dieser kleinen Stadt bleiben. Murat behielt insbesondere die ersten Jahre dort als ihre glücklichsten in Erinnerung.

Auch in der neuen Wohnung änderte Murat seine Gewohnheiten kaum. Wenn er keinen Einsatz hatte, trieb er sich herum. Oder er hing ab. Hartz IV und das Bargeld der Polizei sicherten der Familie ein Auskommen. Die Cems lebten über ihre Verhältnisse, wenn Geld da war. Wenn kein Geld da war, weil die Polizei Murat momentan nicht brauchte, bezahlte er seine Rechnungen nicht. Die Miete überwies das Amt.

Normale Arbeit hatte Murat nie lange. Einmal nahm er an einer Maßnahme des Arbeitsamts teil und arbeitete als Erntehelfer. Es machte ihm sogar Freude. Die Saisonarbeiter aus Osteuropa bemitleidete er. Er brachte sie jeden Morgen mit einem Bus von ihrer Unterkunft auf die Felder. Doch nach ein paar Monaten war Schluss.

Ein anderes Mal arbeitete Murat drei Wochen lang als Putzmann in einer Fernsehproduktionsfirma im Süden Kölns, aber nur, weil er dort einen mutmaßlichen Posträuber ausspähen sollte. Dann wieder war er in einer Spedition als Kommissionierer angestellt. Er suchte Fracht zusammen und verlud sie mit dem Gabelstapler auf Laster. Bald langweilte er sich.

Da traf es sich, dass die Polizei einen neuen Fall für ihn hatte: Ein in die Türkei abgeschobener Verbrecher hatte sich bei den Behörden gemeldet. Er wollte zurück nach Deutschland und versprach im Gegenzug Informationen über eine große Ladung Heroin, die per Schiff aus der Türkei nach Griechenland gebracht werden sollte. Murat sollte den Kontakt zu dem Mann übernehmen, per Telefon.

Er entschloss sich, den Job während seiner Arbeitszeit in der Spedition zu erledigen. Telefonieren würde er wohl nebenher können. Der VP-Führer gab Murat die Nummer des Türken und ein Handy. Ausnahmsweise dürfe er sich dieses Mal am Telefon als Kripobeamter ausgeben. Hauptsache, der Mann rede, sagte er.

Täglich verhandelte Murat nun mit dem Hinweisgeber in der Türkei. Er lief im Lager der Spedition umher, den Informanten immer in der Leitung. Er verpackte Fracht, bearbeitete Aufträge, schleppte Kisten, während er in seiner Rolle als Kommissar Cem über eine Schiffsladung Heroin sprach. Doch der Mann in der Türkei wollte ohne einen Aufenthaltstitel für die Bundesrepublik nichts von dem Schiff erzählen. Und Murat wollte und konnte ihm das nicht bieten.

Wenn der Mann darum bat, einmal mit einem Vorgesetzten sprechen zu dürfen, lehnte Murat barsch ab. Er alleine sei befugt, die Verhandlungen zu führen. »Erst musst du uns helfen, dann helfen wir dir«, blaffte er ins Telefon. Man könne jemanden wie den Informanten ja nicht einfach so ins Land lassen. Ohne die Informationen über die Heroinlieferung werde es keine Aufenthaltsberechtigung geben.

Es gefiel Murat, den Chef zu mimen. Seine Kommandos gab er in dem bestimmenden Tonfall, den er sich von den Polizisten abgeschaut hatte. Er trieb dieses Spiel tagelang, manchmal ging es sogar bis spät in die Nacht. Stundenlang palaverten die Männer miteinander, obwohl es eigentlich nichts zu verhandeln gab. Denn beide blufften wohl: Murat war kein Kommissar und der kriminelle Kontaktmann hatte sehr wahrscheinlich keine Informationen. Absurdes Theater. Nach einigen Wochen brach die Polizei die Sache ab.

Murat griff zum Telefon und stellte seinen Gesprächspartner ein letztes Mal zur Rede. Seine Geduld sei am Ende. »Dass du nach Deutschland kommst, kannst du dir abschminken«, raunte Murat. Das Heroin könne er sich sonstwohin schieben. Dann legte er auf. Es kam ihm nicht in den Sinn, dass er sich selbst irgendwann einmal um seinen Aufenthalt in Deutschland würde sorgen müssen.

Sein Vertrag als Gabelstaplerfahrer wurde nicht verlängert. Doch das kümmerte ihn nicht. Seine Familie war die Polizei. Sie konnte Probleme lösen und zahlte anständig. Er würde immer Informationen für seine Freunde haben, selbst wenn sie ihn nicht fragten. Er zog die Kriminellen magisch an. Er musste sich noch nicht einmal darum bemühen. Er dachte wie sie, er redete wie sie, er benahm sich wie sie. Er war einer von ihnen.

Eines Nachts schlug jemand in der Stadt, in der Murat lebte, die Schaufensterscheibe eines Juweliers ein. Am nächsten Tag fehlten Uhren und Schmuck im Wert von 20 000 Euro. Murats VP-Führer riefen am Morgen an. Eigentlich solle er ja nicht an seinem Wohnort eingesetzt werden, aber vielleicht wolle er sich umhören?

Noch am selben Tag saß Murat auf einer Bank im Stadtzentrum, als ein Jugendlicher zu ihm kam. Murat kannte ihn als Rädelsführer einer Gruppe Halbwüchsiger, der gerne andere schikanierte. Er hatte einen Turnbeutel dabei. Der Junge barst vor Stolz. Ob Murat wisse, was sie gemacht hätten, fragte er ihn. Murat wusste es nicht, aber er konnte sich seinen Teil denken. Trotzdem gab er sich ahnungslos. »Wir haben den Bastard da drüben gemacht«, sagte der Junge. Er nickte in Richtung Juweliergeschäft. Er und zwei andere Jugendliche. Sie hätten einen Hammer aus dem Dachdeckerbetrieb benutzt, in dem er seine Ausbildung mache.

Er kramte im Turnbeutel. Ob Murat etwas haben wolle von der Beute, fragte er ihn. »Vielleicht eine Uhr für meine Frau?«, sagte Murat.

Der Junge gab ihm eine Uhr. Sie gefiel Murat. Der Gedanke, sie einfach zu nehmen und seiner Frau zu schenken, kam ihm nicht abwegig vor. Er hielt die Uhr an sein Handgelenk. Der Sekundenzeiger bewegte sich nicht. »Die ist kaputt, gib mir eine andere«, sagte Murat.

Der Junge weigerte sich. Die müsse Murat bezahlen. Murat wollte das nicht. Sie stritten jetzt, dann winkte Murat ab. Er nehme die Uhr nicht mehr.

Er rief seine VP-Führer an und gab ihnen die Namen des Einbrechers und seiner Komplizen durch. Die Polizei nahm sie fest. Noch auf der Wache gestand einer von ihnen.

Warum hatte Murat das getan? Weil der Junge frech geworden war? Wahrscheinlich nicht. Eher weil seine VP-Führer ihn darum gebeten hatten. Sie waren seine Spielkameraden, seine Freunde, seine Brüder und Väter. Sie waren die, die das Adrenalin für ihn hatten.

Für Murat ist das ganze Leben ein großer Deal. Ich gebe dir, du gibst mir, das ist seine Philosophie. Und die Einbrecher hatten ihm nichts geben können oder wollen – im Unterschied zur Polizei.

V-Leute seien Dienstleister, sagten die Beamten immer. Wenn man sie brauche, rufe man sie. Dann kämen sie, erledigten ihren Auftrag und gingen wieder. Murat hatte diese Weltsicht verinnerlicht. Er war ein Meister seines Fachs geworden, ein Profi. Er folgte keiner Mission, er handelte nicht aus Überzeugung. Über die Jahre hatte er ein sehr pragmatisches Verhältnis zum Rechtsstaat entwickelt. Und auch zur Wahrheit.

Er fand es richtig, dass er dabei half, Großdealer und Waffenhändler, Schmuggler und Mörder dingfest zu machen. Aber er meldete nicht mehr jeden Dealer, wie zu Anfang, als er noch glaubte, seine eigenen Verbrechen wiedergutmachen zu müssen. Diesen Eifer hatte er nicht mehr nötig.

In Murats Welt gab es zu viele Straftaten, als dass er sich um alle kümmern konnte. Drogenhandel, Diebstahl, Versicherungsbetrug – das war in seinem Leben allgegenwärtig. Doch wegen solcher Lappalien hatte er keine schlaflosen Nächte. Allerdings gab es Verbrechen, die Murat nicht akzeptieren konnte, die »gar nicht gingen«. Vergewaltigungen gehörten dazu.

Es ist Frühling 2019. Die Vögel zwitschern. Im Schatten der Bäume ist es noch kühl, obwohl die Sonne scheint. Murat legt den Kopf in den Nacken. Er deutet auf das oberste Stockwerk in dem Gebäude mit der roten Klinkerfassade. Hier haben sie gelebt.

»Da oben links, das war unser Balkon«, sagt er. »Es war schön dort. Wir hatten Platz.«

Wie groß war die Wohnung?

Murat zuckt mit den Schultern. »Drei Zimmer.«

Er geht hinüber und schüttelt dem Inhaber der Pizzeria die Hand, für den er manchmal Essen ausgefahren hat. Der Mann ist Inder. »Wir haben uns jetzt lange nicht gesehen«, sagt Murat, »drei Jahre, oder?«

Der Wirt nickt. Er ist kein besonders gesprächiger Mann. Murat holt sich eine Cola aus dem Kühlschrank und blickt sich zufrieden um.

»Am Anfang, als der hier neu war, habe ich ihm geholfen, alles zu renovieren«, sagt er. Murat wendet sich an den Inder: »Wie läuft es bei dir?«

Gut, sagt der Wirt. Er suche eine Wohnung, aber er finde keine. In dem Haus, in dem Murat einst gelebt habe, sei eine Wohnung frei, sagt er. Aber er kenne den Besitzer des Hauses nicht. »Vielleicht habe ich seine Nummer noch, dann rufe ich ihn an«, sagt Murat.

Er wird ihn nicht anrufen. Weil er aus seinem alten Leben fast nichts behalten hat, auch keine Telefonnummern. Und weil er sich nirgends melden soll. Die Zeugenschützer des Landeskriminalamts wollen es so.

Murat geht an einer Pizzeria mit großen Fenstern vorbei. »Der Besitzer, das ist ein Albaner, der verkauft Drogen und wäscht Geld«, sagt er. Er deutet auf einen Mann, der drinnen alleine an einem Tisch sitzt. »Das ist er.«

Woher weiß Murat, dass der Mann ein Verbrecher ist?

»Ich weiß das«, gibt er zurück.

Vielleicht hat er über die Jahre ein Gefühl dafür entwickelt, wo Kriminelle am Werk sind. Vielleicht hat er auch viel über den Mann gehört, als er noch hier gewohnt hat. Murat hat diese Art, die Leute aus dem Milieu dazu bringt, ihm ihre Geschichten zu erzählen und ihm Geschäfte anzubieten. Es ist eine Mischung aus jugendlicher Leichtigkeit und der Abgeklärtheit des Mannes, der schon viel gesehen hat. Und Murat hat diesen Blick auf die Welt, der auch Polizisten häufig befällt: Er sieht überall Abgründe, das Dunkle und Böse.

Murat läuft weiter, zum Stadtpark, durch den ein fein geschotterter Weg führt. »Hier ist das Mädchen mit dem Fahrrad gefahren«, sagt er. Er deutet mit dem Arm in die Ferne. »Da hinten irgendwo muss das dann mit der Vergewaltigung gewesen sein.« Mehr als zehn Jahre ist es her.

Seinem Nachbarn, einem Kurden, gehörte damals eine Imbissbude in einer Nachbarstadt. Murat half dort manchmal aus. Eines Morgens, sie schnitten gerade Zwiebeln, Kraut, Gurken und Tomaten, prahlte einer der Kollegen damit, eine Frau vergewaltigt zu haben.

Das Schützenfest in der Stadt war gerade zu Ende gegangen. In der Nacht hatte der Kollege eine junge Frau auf dem Fahrrad gesehen. Sie sei vollkommen betrunken gewesen, sagte er Murat. Er habe sie mit seinem Opel Corsa angefahren. Dann habe er angehalten, ihr aufgeholfen und ihr angeboten, sie nach Hause zu fahren. Doch das war eine Falle. Der Mann fuhr sie in seine Wohnung. Sie habe keinen Widerstand geleistet. Dort, so erzählte er, habe er sich an ihr vergangen. In alle Löcher habe er die Schlampe gefickt, sagte er Murat.

Murat sagte nichts.

Später rief er Elspe an. Er brauchte Rat. Elspe sagte, er solle eine Anzeige erstatten, aber das gehe nicht anonym, sondern nur unter seinem richtigen Namen. Murat wusste, was ihm drohte. Er würde überall als Petze gelten. Es gäbe Ärger mit dem Nachbarn, dem der Imbiss gehörte, in dem der Mann und Murat arbeiteten. Es war ihm egal. Er war Vater zweier Töchter. Er ging zur Polizei.

Sein Nachbar war außer sich. »Aber du hast doch auch eine Tochter«, verteidigte sich Murat. Da sagte der Nachbar nichts mehr.

Die Freunde des Mannes passten Murat vor dem Supermarkt ab und bedrohten ihn. Er habe eine Familie, sagten sie, sie wüssten, wo er wohne. Die Männer drängten ihn in eine Ecke. Er solle seine Aussage zurücknehmen. Das sei besser für ihn und seine Familie. Sie seien zu allem bereit. Murat rief die Polizei. Die beiden drohten ihm nie wieder.

Der Mann musste wegen der Vergewaltigung nicht vor Gericht. Es hieß, seine Familie habe dem Mädchen viel Geld gegeben, damit es ihren Peiniger nicht beschuldigte. Aber für Murat hatte die Sache Konsequenzen.

Murats und Gülcans Verhältnis zu ihren Nachbarn war nie besonders gut gewesen. Die Nachbarn waren überzeugte Kurden, die der PKK nahestanden. Murat war das egal. Doch Gülcan war schon damals eine überzeugte Nationaltürkin. Immer wieder hatte es deswegen in der Vergangenheit Streit gegeben, jetzt wurde daraus Hass.

Auf dem Flur beschimpften sich Gülcan und die Nachbarn, brüllend und wütend. Und Gülcan spielte nun mit Vorliebe türkische Militärmusik, bei voller Lautstärke und geöffneter Tür, um die Kurden zu provozieren. Aus der Idylle ihres Zuhauses war ein Gefängnis der Feindseligkeit geworden. Und Murat war schuld daran – zumindest sah Gülcan das so.

6
ZUKUNFTSMUSIK

Im Herbst 2008 traf Murat seinen Bekannten Yussuf in einem Dönerlokal. Yussuf hatte zwei Halbwüchsige dabei. Sie sprachen vom Heiligen Krieg der Muslime gegen die Ungläubigen und davon, selbst in den Dschihad ziehen zu wollen.

Murat konnte damit nichts anfangen. Er war Muslim, aber was bedeutete das? In seiner Kindheit und Jugend war er in Moscheen gewesen, so wie christliche Kinder und Jugendliche in die Kirche gingen. Er aß kein Schweinefleisch, aber eher aus Gewohnheit. Zu Hause hatte es das nie gegeben. Er trank Alkohol. Er rauchte. Er kiffte manchmal. Er interessierte sich nicht für Religion.

»Komm doch mal mit nach Mönchengladbach, in die Moschee«, sagte Yussuf.

Murat rief Elspe an und erzählte von der Sache. Ein paar Tage später rief Elspe zurück. Er solle eine Weile in diese Moschee gehen, am besten freitags. Der Verfassungsschutz habe auch Interesse an dem, was Murat dort sehe und höre.

An einem Freitag um die Mittagszeit nahmen Yussuf und Murat also die Bahn nach Mönchengladbach. Vom Hauptbahnhof bis zur

Moschee an der Eickener Straße waren es nur wenige Minuten zu Fuß. In einem ungepflegten Haus neben einer verfallenen Tankstelle hatte der Verein »Masjid As-Sunnah« Quartier bezogen. Ein leer stehendes Ladenlokal im Erdgeschoss nutzten die Brüder als Gebetsraum. Der Raum war klein. Als Murat zum ersten Mal hineinging, standen etwa 50 Männer dicht gedrängt darin.

Vorne predigte ein schmächtiger Jüngling mit dünnem Bart. Murat war schockiert über das, was er zu hören bekam. Es waren radikale Thesen, strengste Verhaltensanweisungen. Es hatte nichts mit dem Islam zu tun, wie er ihn kannte. Über Monate sollte Murat nun hierher kommen und seinen VP-Führern berichten.

Jener junge Mann, den Murat schon am ersten Tag gesehen hatte, gehörte zum Vorstand des Vereins. Er war ein ehemaliger Feuerwehrmann aus Mönchengladbach und nannte sich Abu Adam. Seinen Verbindungsleuten bei der Polizei sagte Murat, der Mann sei nett im Umgang, aber radikal in seinen Gedanken. In seinem Kopf speicherte er den Vorbeter als »arme Wurst« ab.

Tatsächlich hieß der Mann mit bürgerlichem Namen Sven Lau. Er sollte bald zu einem der Superstars der deutschen Islamistenszene aufsteigen. Jahre später widmete ihm der »Focus« eine Titelgeschichte, Überschrift: »Staatsfeind Nr. 1« Der Grund: Im Jahr 2014 waren Lau und seine Anhänger in Warnwesten mit der Aufschrift »Scharia-Polizei« durch Wuppertal patrouilliert. Es gab einen bundesweiten Aufschrei. 2017 verurteilte das Oberlandesgericht Düsseldorf Lau wegen Unterstützung einer terroristischen Vereinigung zu fünfeinhalb Jahren Gefängnis.

In der Zeit, in der Murat in die Moschee in Mönchengladbach ging, hieß der wichtigste Mann unter den deutschen Hasspredigern noch Pierre Vogel, ein ehemaliger Boxer. Auch in Mönchengladbach war er immer wieder Stargast besonderer Veranstaltungen. Wenn Vogel seine wirren Thesen über die »wahre Religion« verbreitete, drängten sich noch mehr Menschen in dem viel zu kleinen Raum. Murat hielt Vogel für arrogant.

Überhaupt erschien ihm die ganze Sache mit den Islamisten ziemlich langweilig zu sein. Es passierte nichts, außer dass Männer, die sich gegenseitig mit »Abu« ansprachen, über den Koran und den Propheten redeten. Es gab keine Verbrechen aufzuklären, keine Drogen oder Waffen zu kaufen, es gab kein SEK, das hineinstürmte und den Einsatz mit Knalleffekt beendete. Es gab keine »Action«, wie Murat sagte.

Murat ließ sich zu dieser Zeit einen Bart wachsen. Er wollte unter den Brüdern weniger auffallen. Pflichtschuldig berichtete er Elspe von Lau und Vogel, von einem Prediger aus Stuttgart, der in den Ferien Koran-Camps inklusive kostenloser Übernachtung und Verpflegung für Kinder organisierte.

Murat erzählte auch von einer Grillparty in einem Park in Mönchengladbach, an der er teilgenommen hatte. Zusammen mit lauter anderen Islamisten. Ein Video davon gelangte irgendwann ins Netz. Verschwommen war Murat darauf zu erkennen – betend, in einer Reihe mit den anderen.

Es ist das bis heute einzig öffentlich verfügbare Bild Murats. Er war sich des Risikos damals nicht bewusst, das das Internet für ihn bedeutete. Häufig genug hatte er sich über die verdeckten Ermittler der Polizei lustig gemacht, die sich weigerten, im Einsatz an Überwachungskameras vorbeizugehen. Dass ihn solche Aufnahmen, die bei einer Grillparty von ihm gemacht wurden, einmal selbst in Gefahr bringen könnten, daran dachte er nicht. Es erschien ihm bedeutungslos.

Murat meldete Elspe die Spendensammelaktionen des Vereins. Er sagte ihm, dass die Brüder aus der Moschee nach London reisten, um dort Geld abzuholen. Und er wusste zu berichten, dass die Islamisten ihr Moscheegebäude und benachbarte Grundstücke kauften, um dort ein größeres Islamzentrum zu errichten.

Besorgnis weckten vor allem seine Schilderungen, dass immer wieder Besucher der Moschee verschwanden. Waren die Männer nach Afghanistan oder Pakistan ausgereist? Die Touren deutscher

Islamisten, die sich in Afghanistan den Taliban anschlossen, waren damals eine der Prioritäten des Staatsschutzes in Deutschland. Die Angst der Ermittler leitete sich von einer einfachen Frage ab: Würden die Männer irgendwann zurückkehren, um in Deutschland Anschläge zu begehen?

Nur ein Jahr vor Murats Einsatz in Mönchengladbach war die Sauerland-Gruppe aufgeflogen. Vier Männer aus Deutschland hatten nach ihrem Aufenthalt in der afghanisch-pakistanischen Grenzregion einen Terroranschlag geplant und entsprechendes Material sowie Zünder für Bomben beschafft.

Die Gefahr war real. Doch für Murat hatte sie keine Relevanz. Sie war weit weg. Der 11. September 2001 lag Jahre zurück. Die abstrakt hohe Bedrohungslage, oft beschworen von Spitzenbeamten und Politikern, war für Murat genau das – zu abstrakt.

Er glaubte auch, dass die Polizei vergleichsweise wenig Interesse an den Islamisten habe. Elspe nahm seine Berichte emotionslos entgegen. Was womöglich daran lag, dass Murat nicht viel Substanzielles melden konnte. Von den meisten seiner Gesprächspartner wusste er nur deren Szenenamen. Gefühlt war er in Mönchengladbach von »lauter Abus umgeben«.

Für den Einsatz hatte die Polizei ein Budget von 3000 Euro vorgesehen. Nach einigen Monaten war das Geld verbraucht. Der Einsatz war beendet. Murat war froh.

Kurz darauf stellte Pierre Vogel ein Video mit einem Kind ins Internet. Es trug den Titel »Neuigkeiten von Safia aus Hannover«. In dem knapp neunminütigen Clip waren Vogel und ein kleines Mädchen zu sehen – die neunjährige Safia S. Sie war ganz in Schwarz gekleidet und trug ein Kopftuch.

»Wie geht's dir, alles fit«, fragte Vogel, »cooles Outfit haste an.«

Safia rezitierte mit singender Stimme den Koran. »Gott ist groß«, sagte Vogel, nachdem sie fertig war, »das hat voll reingehauen.«

Jahre später reiste Safia, inzwischen ein Teenager, in die Türkei. Sie wollte sich dem »Islamischen Staat« (IS) in Syrien anschließen. Doch ihr Plan scheiterte, weil sie keinen Bürgen vorweisen konnte. Ein Chatpartner, der es zum IS geschafft hatte, tröstete sie und schrieb ihr, es sei besser, wenn sie in Deutschland etwas tue.

Zurück in der Heimat ging Safia S. am 16. Februar 2016 in Hannover zum Hauptbahnhof. Dort rammte sie einem Bundespolizisten ein Messer in den Hals. Der Beamte wurde schwer verletzt, aber er überlebte. Safia S. kam ins Gefängnis.

Murat hatte während seines Einsatzes in Mönchengladbach den Frauen und Kindern keinerlei Beachtung geschenkt. Er hatte ja keine Ahnung, was passieren würde.

Doch die Islamisten sollten sein Schicksal werden. Sie ließen ihn zum wertvollsten und erfolgreichsten Polizeispitzel Deutschlands aufsteigen. Und sie würden sein Ende bedeuten.

7
FRAGEN DER EHRE

Gülsüms Leichnam lag neben einem Feldweg, mit Laub bedeckt. Die junge Frau war schon einige Tage tot, als der Hund eines Spaziergängers ihren Körper am 4. März 2009 am Rande der Kleinstadt Rees am Niederrhein aufstöberte.

Die Tote war bekleidet, ihr Gesicht entstellt. Ihr Ober- und Unterkiefer waren gebrochen, die Zähne ausgeschlagen. Ihr linkes Ohr hatte man fast abgerissen. Splitter mehrerer Äste, mit denen Gülsüm erschlagen worden war, hatten sich tief in ihren Kopf gebohrt.

Es muss gedauert haben, bis Gülsüm tot war. Bevor sie starb, atmete sie noch ihr eigenes Blut ein.

In der Handtasche neben der Leiche fehlte ihr Portemonnaie. Offenbar wollte Gülsüms Mörder einen Raubmord vortäuschen.

Der einzige Hinweis auf einen Täter fand sich unter Gülsüms Körper. Dort lag ein Knopf. Es war ein seltener Knopf aus französischer Produktion – und er stammte nicht von Gülsüms Kleidung. Doch das brachte die Ermittler zunächst nicht weiter.

Bei der Obduktion der Leiche fanden sich frische Spuren einer Ausschabung der Gebärmutter. Die 20-Jährige hatte kurz vor ihrem

Tod ein uneheliches Kind abgetrieben. Für ihre kurdische Familie war Gülsüms Schwangerschaft eine Schande.

Schnell fiel der Verdacht der Ermittler deswegen auf Gülsüms Vater Yussuf und ihren Bruder Davut. Gülsüm, so glaubte die Polizei nun, war keinem Räuber zum Opfer gefallen, sondern einem Ehrenmord. Doch es fehlte ein Beweis.

Elspe und sein Kollege Ralle bestellten Murat an einen Rasthof in der Nähe von Krefeld. Die VP-Führer konfrontierten ihn mit einer Tat und ihrem Verdacht: dem Mord an einer Frau, die außerehelichen Sex gehabt hatte.

Ungläubig hörte sich Murat den Vortrag der beiden an. Wie konnte man seine eigene Tochter, seine eigene Schwester umbringen? Gülsüm war schwanger geworden. Von einem Mann, mit dem sie nicht verheiratet war. Dafür sollte sie sterben?

Die Ehre der Familie war wichtig, auch für Murat. Nicht zufällig hatte viele Jahre zuvor die Beleidigung seiner Mutter zu einer blutigen Fehde geführt. Aber eine Frau umbringen, weil sie ein uneheliches Kind erwartete? Es wollte ihm nicht in den Sinn. Wäre er damals gefragt worden, ob sich Ähnliches in seiner eigenen Familie abspielen könne – er hätte es vehement verneint.

Murat wurde auf Miro angesetzt, einen 32-jährigen abgelehnten Asylbewerber aus Aserbaidschan, der mit Gülsüms Bruder befreundet war. Miro gab sich als Russe aus und lebte in einem Asylbewerberheim keine zwei Kilometer von dem Ort entfernt, an dem Gülsüm gefunden worden war. Spürhunde der Polizei waren einer Geruchsspur vom Leichenfundort bis vor das Heim gefolgt.

Miro hatte Gülsüms Bruder ein nachweislich falsches Alibi gegeben. Er musste etwas mit dem Tod der jungen Frau zu tun haben.

Das Heim, in dem Miro wohnte, bestand aus Containern, in denen Flüchtlinge und Obdachlose untergebracht waren. Viele der Bewohner lebten schon jahrelang hier. Manche hatten sich mit ihrer Existenz dort abgefunden und warteten in den Zimmern nur auf den

Tag, an dem sie das Land verlassen mussten. Andere hatten sich so gut es eben ging eingerichtet. Sie hofften darauf, in eine richtige Wohnung ziehen zu können.

Murat wurde der Heimleitung als Obdachloser vorgestellt. Der Hausmeister zeigte ihm sein neues Zuhause. Es bestand aus einem einzelnen Container mit einem Bett, einem Schrank und einer Lampe. Auf dem Bett lag eine dünne Schaumstoffmatratze.

Einen Wasseranschluss gab es nicht. Waschen und duschen mussten sich die Heimbewohner in einem gemeinsamen Raum. Ihre Mahlzeiten bereiteten sich manche mit einem Campinggaskocher im Container zu. Der Rest ging in die Gemeinschaftsküche. Murat fragte sich, wie lange er hier wohl bleiben müsste.

An einigen Türen und Wänden der Anlage hingen Fotos von Gülsüm. Die Polizei bat um Hinweise zum Tatgeschehen.

Gülsüm und ihre Familie waren kurdische Asylbewerber. Sie hatten eine Zeit lang in der Unterkunft gelebt, bevor ihnen in Rees eine Wohnung zugewiesen worden war. Hier im Heim hatten auch Miro und Gülsüms Bruder Davut Freundschaft geschlossen.

Murat hatte Schwierigkeiten, Kontakt zu den Menschen im Heim zu finden. Die Unterkunft war eine ungewohnte Umgebung. Seine Zielpersonen verkehrten nicht in jenem Milieu, das Murat so gut kannte. Auf dem Heimgelände gab es weder Cafés noch Spielhallen, Orte, an denen er sonst Kontakt zu Verdächtigen suchte.

Hinzu kam die Situation der Bewohner. Viele waren alkoholkrank, einige erschienen ihm depressiv zu sein. Niemand empfing hier Neuankömmlinge mit offenen Armen.

Murat blieb deswegen zunächst für sich und beobachtete die Gewohnheiten der anderen. Er prägte sich ein, wo die Leute ihre schmutzige Wäsche hinbrachten und wo man etwas kochen konnte. Nudeln für 39 Cent die Packung schienen ihm allgegenwärtig. Er begriff sie als Symbol für diesen freudlosen Ort. Traurige Menschen aßen billiges Essen.

Ein naiver Gedanke beschlich ihn. Vielleicht könnte er seine Container-Nachbarn mit einer Runde Döner erfreuen? Er hatte von der Polizei wie immer etwas Taschengeld bekommen.

In einem Imbiss in der Stadt kaufte Murat ein paar Döner zum Mitnehmen. Er verteilte sie in den Containern rund um seinen eigenen. Er habe ein altes Handy verkauft und ein wenig Geld bekommen, sagte Murat. Die Döner seien ein kleines Geschenk zum Einstand. Er sei schließlich neu im Heim.

Die Leute schauten ihn verwundert an. Aber sie nahmen das Essen. Er setzte sich zu ihnen.

Murat begann zu verstehen, wie das Leben im Heim funktionierte: Niemand wollte dort sein. Jeder kämpfte zuallererst für sich, für eine Chance in diesem neuen Land oder gegen die Abschiebung.

Vereint allerdings waren die Menschen in der Abneigung gegen die Unterbringung. Womöglich war es jener kleinste gemeinsame Nenner, der trotz allem dazu führte, dass sie sich auch immer wieder halfen. Brauchte man Milch, ging man zum Nachbarn. Hatte jemand nichts zu essen, gaben ihm die anderen etwas ab. Murat gefiel diese Form der Solidarität, in der jene, die selbst nichts hatten, jene unterstützten, denen es womöglich noch schlechter ging.

Murat stellte bald fest, dass der Abend die beste Zeit war, um mit den Leuten ins Gespräch zu kommen. Auf der Wiese vor dem Heim tranken sie gemeinsam Bier. Die meisten Bewohner kannten Miro. Er lebte bereits seit zwei Jahren dort. Die Bewohner erzählten ihm, dass der Bruder der Ermordeten früher oft zu Besuch im Heim gewesen sei – bei Miro. Und sie erzähltem ihm, dass er seit dem Mord kein einziges Mal mehr in die Unterkunft gekommen sei.

Nach einiger Zeit griff Murat sich ein paar Briefe für Miro in der Verwaltung und brachte sie ihm. Sein Container sah aus wie ein kleines Wohnzimmer. Er hatte, was nur wenige hier hatten: einen eigenen Fernseher.

Der Kontakt war hergestellt. Miro, glaubte Murat, mochte ihn. Er lud Murat zum Grillen ein und half ihm, die Lampe in seinem Container zu reparieren.

125

Immer wieder versuchte Murat in den Gesprächen mit Miro, das Thema Gülsüm anzusprechen. Er erzählte ihm von Gerüchten über einen Ehrenmord. Er spekulierte, dass Davut, Gülsüms Bruder, etwas damit zu tun haben könnte. Aber Miro sagte nichts. Nicht einmal die kleinste Andeutung, dass er Dinge wissen könnte, die über das Getratsche der anderen Heimbewohner hinausgingen.

Murat beschlichen Zweifel. Er war es gewohnt, einen Ansatzpunkt zu finden. Hatte die Polizei sich mit ihrem Verdacht doch geirrt? Er tat sich schwer mit dem Gedanken, dass dieser Mann, der ihm so freundlich zu sein schien, erst kurz zuvor einer jungen Frau den Schädel eingeschlagen hatte.

Andererseits: Auch Guido S. war sein Freund geworden. Auch in seinem Fall hatte sich Murat erst nicht vorstellen können, dass er Rebecca umgebracht haben könnte. Das sagte Murat sich immer wieder. Am Ende war es Guido S. doch gewesen und er, Murat Cem, hatte ihn überführt.

Regelmäßig berichtete Murat seinen VP-Führern. Detailliert erzählte er jedes Gespräch mit Miro nach und überlieferte die Gerüchte aus dem Heim. Von dem seltenen Knopf aus französischer Produktion unter Gülsüms Leiche wusste Murat nichts. Sonst wäre ihm Miros Jacke vielleicht früher aufgefallen.

Als Ermittler der Mordkommission Miro am 15. März 2009 besuchten, bemerkten sie an einem Haken an der Zimmertür eine Jacke, an der einige Knöpfe fehlten. Untersuchungen ergaben später, dass sie höchstwahrscheinlich aus derselben französischen Produktion stammten wie das Beweismittel vom Tatort.

Miro kam in Untersuchungshaft. Zwei Wochen später nahm die Polizei auch Gülsüms Bruder Davut fest. Er gestand, seine Schwester gemeinsam mit Miro getötet zu haben. Auf Geheiß des Vaters.

Murat war enttäuscht. Es passte nicht zu seinem Selbstverständnis, dass nicht er den entscheidenden Hinweis gegeben hatte. Es durfte nicht sein, dass nicht er, sondern ein Knopf Miro und Davut überführt hatte.

Nach Miros Verhaftung blieb Murat noch einige Tage im Heim. Das war unauffälliger, als direkt zu verschwinden. Außerdem vermutete er, dass der Betreiber des örtlichen Dönerladens mit Drogen handelte.

Er fragte den Mann, ob er vielleicht etwas zu rauchen besorgen könne. Kein Problem, antwortete der Imbiss-Besitzer, er könne Gras, aber auch härtere Sachen besorgen.

Murat meldete das der Polizei. Es war Beifang, wie es im Jargon der Ermittler hieß, nicht wirklich wichtig und nichts im Vergleich zu einem aufgeklärten Mordfall, aber immerhin etwas. Murat wollte nicht mit leeren Händen dastehen.

Irgendwann übergaben ihm seine V-Mann-Führer eine fingierte Bescheinigung, wonach ihm eine Wohnung zugewiesen worden sei. So konnte er sich unauffällig aus dem Heim verabschieden. Ralle fuhr Murat nach Hause. Nach der Zeit in der Containersiedlung würde ihm ein wenig Erholung guttun, sagte er. Doch es fielen Schüsse in Köln. Bald musste Murat Cem wieder in den Einsatz.

8

SEX, DROGEN, EIN VERDACHT

Die Kugeln in Köln waren für Fatih U. bestimmt, einen Zuhälter und Schläger.

In den frühen Morgenstunden des 5. April 2009 war er auf dem Nachhauseweg aus einem Bordell. Er hatte den Samstagabend mit freiberuflich tätigen Damen im Düsseldorfer Saunaclub »Atrium« verbracht. Er ging gerne dorthin. Fatih hatte einige Biere getrunken. Nun war er in seinem schwarzen Ford Ranger, einem mächtigen Pick-up, zurück auf dem Weg nach Köln.

Fatih war Mitte 30, ein Türke mit dicken Armen und breitem Kreuz. Seinen Kopf rasierte er regelmäßig. Im Kölner Rotlichtmilieu war er seit Jahren eine anerkannte Figur.

Fatih folgte der Ruf, dass er keiner Schlägerei aus dem Weg ginge – und das stimmte wohl. Als Türsteher und Zuhälter machte er beruflich Dinge, die er auch privat gerne tat.

Seine Mädchen liefen nur für ihn. Allianzen mit Rockern oder anderen organisierten Gruppen im Milieu lehnte er ab. Er brauchte keine Unterstützung, Fatih war eine Ein-Mann-Armee. Er liebte

Kampfsport. Auf der Straße, mit den Fäusten, Knien, Ellenbogen, waren ihm nur wenige gewachsen. Er nehme es gleichzeitig mit zwei oder drei Kerlen auf, prahlte er. Das Killerkommando, das es auf ihn abgesehen hatte, ging das Risiko einer direkten Auseinandersetzung lieber nicht ein. Verständlich.

Auf dem Rückweg aus dem Saunaclub überquerte Fatih den Rhein auf der A1. Er fuhr über die Leverkusener Brücke. An der Ausfahrt Köln-Niehl verließ er die Autobahn und bog auf die Industriestraße. Technomusik wummerte aus den Boxen seines Wagens.

Er hörte den Schuss nicht. Plötzlich brach die Frontscheibe des Autos. Etwas zischte an seinem Kopf vorbei. Er riss das Steuer herum. Eine ganze Salve Kugeln folgte. Der Pick-up krachte in die Leitplanke. Fatih sprang aus dem Auto und suchte Deckung hinter dem Wagen. Er hatte Glück. Niemand kam, um sein Werk aus der Nähe zu vollenden.

In Köln richtete die Kriminalpolizei eine Mordkommission ein. Ballistische Untersuchungen ergaben, dass sieben Schüsse abgefeuert worden waren, vermutlich aus einem anderen Auto.

Die Fahnder führten den Anschlag auf eine Auseinandersetzung im Milieu zurück. Da die Kugeln Fatihs Jeep auch von vorne getroffen hatten, glaubte die Polizei, dass er den Schützen gesehen haben könnte.

Doch Fatih schwieg. In den Vernehmungen sagte er kein Wort dazu, warum ihn jemand töten wollte. Er hoffe, dass er nur ein Zufallsopfer war, sagte er einer Kölner Boulevardzeitung.

Die von der Polizei für ihn abgestellten Personenschützer nervten Fatih. Wie sollte er seinen Geschäften nachgehen, wenn er ständig unter Beobachtung stand? Über den Täter schwieg er trotzdem. Es meldeten sich auch keine Zeugen. Es gab nichts, womit die Polizei hätte arbeiten können.

Murat mochte seinen neuen VP-Führer sofort. Karl Wirtgens war ein großer, sportlicher Mann Mitte 40 mit braunen Haaren. Er mochte Musik und verbrachte Urlaube auf dem Campingplatz. In seiner Freizeit trainierte er eine Jugend-Mannschaft seines Fußballvereins. Er war selbst einmal ein sehr guter Abwehrspieler gewesen. Er hatte eine tiefe Stimme und sprach langsam, als würde er sich jedes Wort genau überlegen. So stellte Murat sich einen richtigen deutschen Familienvater vor.

Wirtgens ersetzte Ralle an Elspes Seite. Er sollte auf Jahre Murats wichtigste Bezugsperson werden, eine Mischung aus Freund und Chef, aus großem Bruder und dem Vater, den Murat seit seiner Kindheit nicht mehr hatte. Schon im ersten gemeinsamen Einsatz stellte Murat die Geduld dieses Mannes auf eine schwere Probe.

»Unser bester V-Mann«, stellte Elspe Murat beim ersten Treffen vor. Murat hatte den Eindruck, der Neue respektiere ihn. Respekt war das Wichtigste, fand er.

Dann ging es um den Fall. Sonja aus Köln arbeite an einem ungeklärten Mordversuch an einem Zuhälter. Die Polizei sei sich sicher, dass der Zuhälter wisse, wer auf ihn geschossen habe. Murat solle sich mit dem Mann anfreunden und ihn aushorchen. Die Beamten wollten einen zweiten Anschlag unbedingt verhindern.

Murat war müde. Er hatte viele Wochen im Obdachlosenheim hinter sich. Und nun schon wieder ein ungeklärter Mord. Todesfälle waren mühsam aufzuklären, viel anspruchsvoller als ein Drogengeschäft oder ein Waffendeal.

Wirtgens aber hatte eine gewinnende Art und zwei wichtige Argumente: 1000 Euro in bar und die Anweisung »einfach mal ein bisschen Spaß« mit Fatih zu haben. Das gefiel Murat. Er würde viel Spaß mit Fatih haben.

Die Kölner Kriminalpolizei hatte Fatih nach dem Mordversuch intensiv beobachtet. Sie kannten seine Routinen, sie wussten von seinen Vorlieben für Kokain und ausgedehnte Besuche in einschlägigen Etablissements. Als Ansatzpunkt für Murat hatten die Ermittler einen Kiosk in Köln-Mülheim identifiziert. Hier half Fatih manchmal einem Bekannten aus.

Schon als Murat den Kiosk zum ersten Mal betrat, stand Fatih hinter dem Tresen. Murat fragte, ob er einen Kaffee haben könne. Fatih hatte die Maschine schon gereinigt und abgestellt. Aber er schaltete sie gleich wieder an.

Sie fingen an zu reden, wie Männer aus dem Milieu eben miteinander reden. Murat sagte, er sei aus Frankfurt. Er mache Deals, auch mit Kokain.

»Mit dem kannst du Geschäfte machen«, dachte Fatih, wie er später sagte. Er mochte den dicklichen Mann, der in seinem Alter war und doch so jungenhaft wirkte.

Bei ihrem zweiten Treffen, so erinnerte sich Fatih, schlug Murat einen gemeinsamen Puffbesuch vor. »Komm, ich lad dich in den Saunaclub ein«, sagte er, »ich geb einen aus.« Seit seinem Erfolg im Fall Rebecca waren Bordellbesuche für Murat eine bewährte Taktik, seinen Zielpersonen näherzukommen. Hinzu kam: Die Puffbesuche waren Fatihs Schwäche – und Murat gefielen sie auch. Dieses Mal waren sie nach seinem Verständnis sogar Teil des Auftrags, ein »bisschen Spaß« zu haben. Wie sollte man sich auch sonst mit einem koksenden Zuhälter anfreunden? Mit einem Besuch im Zoo sicher nicht.

Es folgten Wochen voller Exzesse mit bezahlten Frauen, Alkohol und Koks auf Kosten der Polizei Köln. Wenn das Geld zur Neige ging, traf Murat Elspe und Wirtgens und holte Nachschub. Er sagte ihnen nicht, dass er das Geld auch für Kokain ausgab. Das Wissen darum wäre nur eine Last für die beiden Polizisten, meinte er. Von wegen keine Straftaten und so.

Für Fatih wurde Murat zu einem Freund der besonderen Art. Er war die gute Fee, er konnte jeden Wunsch erfüllen. Fünf Gramm Kokain? Hatte Murat in der Tasche oder konnte es besorgen. Eine Runde im Saunaclub? Murat war dabei. Geld? Hatte Murat immer. Eines Nachts nahmen sie zwei Prostituierte mit nach Hause. Es gab genug Kokain für alle.

Fatih ahnte, dass Murat nicht der sein konnte, für den er sich ausgab. Er hatte immer alles, was Fatih sich wünschte. Und er fragte nie nach einer Gegenleistung. Vielleicht war das Murats entscheidender Fehler. Er war zu locker.

Irgendwann begann Fatih seinen neuen Freund mit dem Verdacht zu konfrontieren, spielerisch, scherzend, aber doch ernstgemeint. »Du bist doch ein Bulle«, sagte er. Oder er fragte direkt: »Für wen arbeitest du, LKA oder BKA?« Murat lachte die Vorwürfe weg.

Es kam zu einer absurden Situation. Fatih hatte Murat durchschaut. Er sollte der Einzige bleiben, dem das in fast 20 Jahren gelang. Aber es war Fatih egal. Er hatte einen Freund gewonnen. Murat gab ihm das Gefühl, einen Bruder zu haben. Ihn störten noch nicht einmal Murats ständige Fragen nach den Schüssen auf ihn. Fatih blockte sie ab. »Es ist halt passiert«, sagte er dann, »weiß auch nicht, warum.«

Murat glaubte sehr lange, monatelang, er könne Fatih mit dieser Strategie doch noch eine Aussage entlocken. Außerdem machte ihm der Einsatz viel Freude. Aus seiner Sicht bestand keine Notwendigkeit, ihn von Fatih abzuziehen.

Die Kölner Polizei jedoch verfolgte das Treiben mit zunehmendem Unmut. Einmal saß Murat bei Wirtgens im Auto, als Sonja anrief. Sie schimpfte so laut, dass Murat ihre Stimme mühelos verstehen konnte. Es gehe nicht so weiter, sagte sie. Die Polizei könne nicht die ganze Zeit »Murats Fickerei« bezahlen.

Wirtgens verteidigte ihn. Fatih sei ein Zuhälter. Murat habe gar keine andere Möglichkeit, an ihn heranzukommen. Die Alternative wäre, den Einsatz zu beenden. Das wiederum wollte die Kölner Polizei auch nicht.

Murat hatte großen Respekt vor seinen VP-Führern. Sie standen hinter ihm. Sie verstanden seine Welt, in der eine Hand die andere wäscht und ein Gefallen mit einem anderen vergolten wird. Deswegen konnte und wollte er ihnen keinen Wunsch abschlagen. Und so sagte er auch nicht »Nein« wenn sie ihn fragten, ob er neben dem aktuellen Einsatz noch einen weiteren übernehmen könne.

So stand Murat parat, als ihn die Polizei im Ruhrgebiet um Hilfe bat. In Gelsenkirchen hatten Beamte während einer Routinekontrolle im März in einem Auto einige Gramm Kokain entdeckt. Eigentlich kein besonderer Vorfall. Aber einer der kurdischen Insassen des Wagens, Ali, hatte einige Jahre zuvor wegen Drogenhandels im großen Stil im Gefängnis gesessen.

Die Beamten der Polizei Recklinghausen verdächtigten Ali nun, wieder in den Drogenhandel eingestiegen zu sein. Kokain, Heroin – die Polizei traute Ali zu, harten Stoff in großen Mengen besorgen zu können.

Gewerbs- und bandenmäßiger Drogenhandel mit kurdischer Beteiligung – für Murat klang das, als könnte die Spur zur PKK führen. Für den neuen Einsatz bekam er ausnahmsweise einen anderen Decknamen: Als »Murat« war er weiter in Köln im Einsatz, als »Erol« ermittelte er von nun an im Ruhrgebiet. Doppelschichten für den V-Mann.

Die Polizei nannte ihm für das Verfahren gegen die Kurden zwei Anlaufstellen im Ruhrgebiet. Seine Zielperson Ali betrieb einen Dönerladen in Herten, einem Nachbarstädtchen von Recklinghausen. In seiner Freizeit besuchte Ali gerne ein kurdisches Café an der Gelsenkirchener Ringstraße.

Wie aus Ermittlungsakten hervorgeht, betrat Murat alias »Erol« das Café erstmals am 22. April. Das Lokal war eine typische Teestube. An den Wänden hingen kurdische Flaggen und ein Porträt des PKK-Gründers Abdullah Öcalan.

Ali, mit 32 Jahren so alt wie Murat, saß an einem Tisch und las Zeitung. Murat sprach ihn an. Was er denn so mache, fragte Ali. »Alles, was schnelles Geld bringt«, antwortete Murat. Aber er rede nicht so gerne darüber. Ali war sofort sehr interessiert. Sie unterhielten sich noch eine Weile über ihre Wurzeln in der Türkei, Geschäfte mit Mobiltelefonen und Alis eingezogenen Führerschein.

Als Murat drei Tage später wieder ins Café kam, lud Ali ihn zu einem Spaziergang ein. Ohne Ziel schlenderten sie durch die Gelsenkirchener Innenstadt. Murat deutete Kokaingeschäfte an und Ali kam aus der Reserve.

Ursprünglich habe er aus Geldnot angefangen, Kokain zu verkaufen, sagte Ali. Doch dann, so heißt es in einem Protokoll des Gesprächs, sei er »einem V-Mann auf den Leim gegangen und habe drei Jahre im Knast in Münster abgesessen«. Ali erzählte also gerade einem V-Mann, dass er wegen eines V-Manns im Knast gelandet war. Murat ließ sich nichts anmerken.

Nach der letzten Haftstrafe müsse er vorsichtig sein, so Ali. Sein Kumpel Burhan mache jetzt die größeren Sachen. Er könne gerne einen Kontakt herstellen. Ohne es zu ahnen, hatte Ali bereits verloren.

Von nun an fuhr Murat, wann immer es sein Partyeinsatz gegen Fatih erlaubte, zu Ali, Burhan und den anderen. Er half ihnen, einen Schrank aufzubauen und suchte für sie nach gebrauchten Fernsehern, die sich zu Geld machen ließen. Nach zwei Monaten war »Erol« aus der kurdischen Gemeinschaft nicht mehr wegzudenken.

Immer wieder sprachen sie auch über Drogengeschäfte. Murat musste nur weiter Vertrauen aufbauen, um einen Deal einzufädeln. Wenn Murat in Köln bei Fatih festhing und er nicht vorbeikommen konnte, rief er Ali auf dem Handy an und verwickelte ihn in ein Gespräch. Sie redeten über Frauen, Fußball und geplatzte Geschäfte. Die Polizei hörte immer mit. So nahmen die Ermittler im Juni 2009 folgendes Gespräch zwischen Murat und Ali auf. Auszüge aus einem Protokoll:

Murat: »Lass uns einen Tag nach Gelsenkirchen in die Stadt gehen, wenn ich in Gelsenkirchen bin.«

Ali: »He?«

Murat: »Dann kann ich zu 90 Prozent für dich ein Mädchen klarmachen. Wie viele willst du denn?«

Ali: »Ich möchte eine. Eine Türkin soll sie sein. Mit Kopftuch!«

Murat: »Ha, ein Weib mit Kopftuch?«

Ali: »Passend zu mir.«

Murat wartete geduldig, um die Schlinge, die er gelegt hatte, zuzuziehen. Bis die Kurden irgendwann selbst mit dem Angebot kamen. Im Dönerladen in Herten nahm Ali Murat zur Seite. Burhan und er hätten »Gift« besorgt. Kein Kokain, sondern Heroin. Es sei beste Ware aus Kurdistan, knapp drei Kilo. Man könne es noch im Verhältnis 1:4 strecken, so potent sei der Stoff.

Heroin sei nicht sein Geschäftsfeld, sagte Murat. Er kenne sich damit nicht aus. Ali schlug vor, Murat solle 100 Gramm zur Probe kaufen. Murat sagte, er müsse sich erst einmal umhören. Die Polizei wollte zwar ein halbes Kilo Heroin kaufen, aber Murat sollte langsam vorgehen.

Am Abend des 16. Juni fuhr Murat wieder nach Herten und machte Ali ein Angebot. Er kenne jemanden, der sich von der Qualität des Heroins überzeugen wolle, sagte er. 100 Gramm seien dafür zu viel, 20 Gramm würden reichen. Ali war einverstanden. Für 25 Euro pro Gramm besorgten sie Murat noch am selben Abend eine Probe.

Er solle sein Handy ausmachen, herrschte Burhan Murat auf der Autofahrt nach Gelsenkirchen an. Burhan war nervös. Er hatte sogar noch einen Freund als Aufpasser mitgebracht. Nachts gegen 2.10 Uhr hielt der Wagen vor einem Haus an der Wanner Straße in Gelsenkirchen. Burhan stieg aus.

Murat war jetzt mit Burhans Aufpasser alleine im Auto. »Ich lösche dich, deine Familie und deine geborenen und ungeborenen Kinder aus, wenn du von der Polizei bist«, sagte der Aufpasser. »Die Freunde von der PKK« würden ihn überall finden. Murat schluckte. Er nahm die Drohung ernst. Aber er gab zurück: »Du musst mit mir kein Geschäft machen, wenn du Angst hast.«

Burhan kam zurück zum Auto und übergab Murat ein Tütchen mit braunem Pulver. Für die 23 Gramm, so steht es in der Akte, wollte er 550 Euro haben. Murat holte 510 Euro aus seinem Geldbeutel und drückte sie Burhan in die Hand. Mehr Geld hatte er nicht dabei. Er steckte das Tütchen in seine Hosentasche und verabschiedete sich.

Die Polizei ließ die Probe im Labor testen. Es war Heroin mit einem Reinheitsgrad von 49,7 Prozent, gute Qualität.

Eine Woche später tauchte Murat wieder in Alis Dönerladen in Herten auf. Das »Gift« sei sehr gut gewesen. Ob er auch 400 Gramm kaufen könne? Ali stimmte zu.

Am Tag der Einsatzbesprechung, es war der 1. Juli 2009, lernte Murat Peter kennen. Er war jener verdeckte Ermittler, der an seiner Seite sein würde, wenn 400 Gramm Heroin für 12 000 Euro den Besitzer wechselten.

Verdeckte Ermittler kamen immer ins Spiel, wenn es um große Summen Geld ging. Sie waren Polizisten, Beamte. Murat mochte sie nicht besonders. Er fand sie meistens hochnäsig, weil sie auf ihn, den V-Mann, herabblickten. Und er fand sie zu deutsch, weil sie im Umgang mit den Verbrechern nicht flexibel genug waren. Sie waren zu fixiert darauf, die Regeln einzuhalten.

Der Undercover-Polizist Peter war Mitte 40 und schien ein netter Kerl zu sein. Murat hatte trotzdem Zweifel, dass er in diesen Einsatz passte. Wie solle er mit einem Deutschen ein Geschäft mit der PKK machen?, fragte Murat in die Runde. Nie und nimmer würde das funktionieren. Dann hatte Murat eine Idee. Wenn sein Arm gebrochen wäre, bräuchte er einen Fahrer. Und wenn man ihm den Arm eingipste, würde die Gegenseite die Geschichte vielleicht sogar glauben.

Der Plan war improvisiert, aber er überzeugte. Die Einsatzleitung war einverstanden. Murat gefiel insgeheim auch die Vorstellung, für ein paar Minuten zumindest dem äußeren Anschein nach in der Hackordnung über einem Polizisten zu stehen. Peter sollte Murats Fahrer sein, nicht umgekehrt.

Mit einem bis an die Schulter eingegipsten Arm ließ Murat sich von Peter um 15.14 Uhr zu einem Lokal in Gelsenkirchen bringen, das als Treffpunkt mit den Kurden ausgemacht war.

Was ihm passiert sei, fragte Burhan. Er sei die Treppe runtergefallen, antwortete Murat. Sie sprachen Türkisch. Und wer der deutsche

Typ sei, fragte Burhan misstrauisch. Das sei sein Fahrer, beschwichtigte Murat. Er kenne Peter seit zehn Jahren, ein ganz feiner Kerl sei das. Man könne ihm zu 100 Prozent vertrauen.

Burhan lachte. Murat könne noch nicht einmal laufen, ohne hinzufallen, scherzte er. Murat lachte mit.

Ein Kurier würde das Heroin nach Herten bringen, sagte Burhan. Sie sollten ihm einfach hinterherfahren. Alles easy und entspannt.

Aber Peter, der verdeckte Ermittler, fand das nicht. Eigentlich sollte der Deal an derselben Stelle in der Wanner Straße stattfinden wie der erste Probekauf. Darauf hatte sich die Polizei vorbereitet, das Spezialeinsatzkommando stand bereit. Der spontane Ortswechsel würde die Aktion gefährden.

Das sei so nicht abgesprochen gewesen, sagte Peter nun. Er, der als Fahrer vorgestellt worden war, trat auf einmal ziemlich bestimmend auf. Das wiederum passte Burhan nicht. Sie stritten, bis Burhan Peter aufforderte, das Geld zu zeigen. Peter holte die 12 000 Euro hervor. Burhan lenkte ein. Um 15.29 Uhr rief er den Kurier an. Auszug aus dem abgehörten Gespräch:

Burhan: »Landsmann, hallo!«

Kurier: »He.«

Burhan: »Wo bist du, Landsmann?«

Kurier: »Hä?«

Burhan: »So, die Freunde sind bei mir, wollen aber nicht dahin kommen. Wir waren doch neulich bei Özcan.«

Kurier: »Ja.«

Burhan: »Wir sind zu derselben Stelle gekommen und warten.«

Kurier: »In Ordnung, ich komme.«

Der Treffpunkt in der Wanner Straße lag günstig. Auf der einen Seite reihten sich Wohnhäuser an ein Café und eine Tankstelle. Auf der anderen Seite begann ein Wäldchen.

Murat stieg aus dem Auto. Es würde ein bisschen dauern, bis der Kurier da sei, sagte Burhan. Murat fragte sich, wo das SEK der Polizei sich wohl versteckt haben könnte.

Es dauerte eine halbe, vielleicht auch eine ganze Stunde, bis ein BMW mit Bochumer Kennzeichen hinter Burhans Wagen parkte. Das Heroin war da. Der Kurier öffnete seinen Kofferraum und übergab Murat einen in Folie eingepackten Klumpen. Peter ging seinerseits zum Kofferraum und nahm die Tasche mit Bargeld. Ob das auch wirklich Heroin sei und nichts anderes, fragte Murat.

Bei ihnen gäbe es keine falschen Sachen, sagte Burhan. Sie könnten ja nachschauen. Peter holte ein kleines Messer hervor und stach damit in die Folie des Klumpens. Hellbraune Bröckchen kamen zum Vorschein. Peter zog seine Jacke aus. Es war das Zeichen für die Kollegen, dass der Zugriff erfolgen konnte.

»Polizei! Polizei!« Mit lautem Gebrüll stürzte sich ein Trupp vermummter SEK-Beamter auf die Männer an den Autos. Unbemerkt hatten sich die Spezialkräfte im Waldstück gegenüber so nah an die Straße herangeschlichen, dass eine Flucht ausgeschlossen war. Die Kommandopolizisten rissen alle um – Peter, Murat und die Dealer.

Das Landgericht Bochum verurteilte die Bande um Burhan und Ali zu mehrjährigen Haftstrafen. Ein psychologischer Sachverständiger sagte vor Gericht, Burhan zeige sich in der Untersuchungshaft »tief getroffen« von »Erols« Verrat. Er sei bei diesem Thema »leicht erregbar, was aber nachvollziehbar ist«.

9
AUFGEFLOGEN

Der Kölner Zuhälter Fatih dagegen regte sich nicht über Murats Spitzeltätigkeit auf. Im Gegenteil, er nahm sie sportlich, auch als er nach vielen Monaten an Murats Seite Gewissheit darüber hatte, dass Murat für die Polizei arbeitete. Und das kam so.

Eines Tages kam ein Türke aus Remscheid, der ihm Geld schuldete, zu Fatih in den Kiosk nach Köln-Mülheim. »Wenn du mir das Geld nicht gibst, schieß ich dir in die Knie!«, brüllte Fatih den Mann an. Murat stand daneben. Es führte kein Weg daran vorbei, er musste es melden.

Murat informierte seine VP-Führer über die Drohung. Einen Tag später stand die Polizei vor Fatihs Tür und durchsuchte dessen Wohnung. Fatih hatte sofort Murat im Verdacht, mit der Polizei geredet zu haben. Er war verbrannt. Der Einsatz war zu Ende. Die Polizei in Nordrhein-Westfalen dürfte wohl nie zuvor und niemals seither so viel Geld für Drogen, Sex und Alkohol ausgegeben haben. Vergeblich. Bis zuletzt verlor Fatih kein Wort darüber, wer auf ihn geschossen hatte. Vielleicht hatte er den Schützen wirklich nicht gesehen?

Doch damit endete die Geschichte von Fatih und Murat nicht. Jahre später führte Murat ein weiterer Einsatz nach Köln-Mülheim. Die Polizei ging damit ein hohes Risiko ein, im Kölner Norden war Murat schon öfter als V-Mann unterwegs gewesen. Es war nicht unwahrscheinlich, dass er in der überschaubaren Szene türkischer Drogenhändler erkannt werden könnte. Trotzdem lautete sein Auftrag, er solle ein halbes Kilo Kokain kaufen. Wie so oft setzte er sich in ein Café, um seiner Zielperson näherzukommen.

Es war ein Lokal in Fatihs Revier. Es dauerte nicht lange, bis dessen Telefon klingelte. Murat sei wieder da und zocke, meldete einer von Fatihs Männern. Das war Fatihs Chance. Er stieg ins Auto. Er war wütend, wegen des Verrats natürlich, aber noch viel mehr wegen der Sache mit dem Handy.

Seit Jahren schuldete Murat Fatih 300 Euro für ein Telefon, dass er einmal in einem Handyladen auf Fatihs Namen gekauft hatte. Das meinte jedenfalls Fatih, Murat sah die Sache anders. Fatih betrat das Café. Murat saß an einem Tisch saß und spielte Karten. Fatih überlegte, ob er nun Murat als Polizeispitzel hochgehen lassen sollte. Er tippte Murat auf die Schulter. »Scheiße, das war's«, dachte Murat.

Fatih bat Murat vor die Tür. Murat rechnete mit einer Tracht Prügel, bestenfalls, wenn alles gut ging. Fatih aber bedankte sich für die gute gemeinsame Zeit. Es sei schade, dass er V-Mann gewesen sei. Aber darum ginge es jetzt nicht. »Geh einfach bitte zum Handyladen und bezahle deine Schulden«, sagte Fatih.

Dann fuhr er weg. Murat atmete tief durch und ging zurück ins Café. Der Einsatz ging weiter.

Murat läuft eine Straße im Kölner Stadtteil Nippes entlang. Er sucht den Mann, den er vor vielen Jahren ausgespäht hat. Murat kennt Fatihs Adresse nicht. Wie er nur die allerwenigsten Adressen seiner Einsatzorte kennt. Aber er findet alles wieder.

Vor einem Mehrfamilienhaus mit ockerfarbenem Rauputz macht er Halt. Im Türrahmen bröckelt die Farbe. Die Schilder an den Klingeln

lösen sich. Fatihs Nachname ist mit einem dicken Filzstift in Groß-
buchstaben auf das Klingelschild geschmiert.

Murat klingelt. Es dauert, bis Fatih öffnet. Er hat geschlafen und
ist nur zur Tür gegangen, weil er ein Sofa bekommen soll. Viele
Jahre sind vergangen, seit er Murat zum letzten Mal gesehen hat. Er
erkennt ihn sofort. »Bist du immer noch ein Drecksbulle oder was?«,
sagt er.

Von dem durchtrainierten, sonnengebräunten Mann von einst ist
nicht viel übrig geblieben. Fatih ist jetzt 44 Jahre alt, aber er sieht
zehn Jahre älter aus. Sein Gesicht ist faltig, er trägt eine Trainings-
hose. Unter seinem ausgetragenen T-Shirt wölbt sich ein beachtlicher Bauch. Das Haar auf dem Kopf hat er wachsen lassen, es ist
silbergrau. Ein langer Rauschebart ziert sein Gesicht.

Er habe zum Islam gefunden und sei nach Mekka gepilgert, sagt
Fatih. Die Zuhälterei hat Fatih vor Jahren aufgegeben. Er ist inzwischen in einem Alter und in einem Zustand, in dem er dem täglichen
Kampf um Mädchen, Drogen und Geld im Rotlichtmilieu nicht mehr
gewachsen wäre.

Fatih sagt, er habe genug gehabt von »Drogen, Fotzen und Fickerei«.
Er habe zu Allah gefunden und führe nun ein rechtschaffenes Leben.
Er wolle nicht noch mehr Probleme haben. Er gehe nicht mehr aus,
er versage sich Vergnügungen, er fühle sich alt und krank: die Band-
scheiben, Leistenbrüche und etwas mit der Lunge. Er sei sogar in
Kur gewesen.

Warum blieb er damals mit Murat befreundet, als er schon ahnte,
dass der für die Polizei arbeitete? »Ich dachte mir, jeder macht halt
so seine Arbeit«, sagt Fatih, »außerdem war da ja die Freundschaft,
er war wie ein Bruder für mich.« Murats Fragen nach den Schüssen
auf ihn, er habe sie einfach abgeblockt.

Ist er jetzt enttäuscht, wütend?

»Nein, sonst hätte ich ihm ja die Tür nicht aufgemacht.«

Murat und er schwelgen in Erinnerungen. Der Tag, an dem sie sich
kennenlernten. Die Besuche in den Puffs, das Kokain. »Weißt du

noch, wie wir die Frauen mit zu mir nach Hause genommen haben?«, fragt Fatih. »Die eine war so hässlich, ich hätte nie gedacht, dass du die Schabracke knallst.« Murat ist die Situation peinlich. Er schaut auf den Boden, druckst ein wenig herum.

Fatih lacht ein schepperndes Lachen. Er hat eine hohe, jungenhafte Stimme. Doch seine Sprache ist jene des Milieus, voller Kraftausdrücke. »Fotze« sagt er immer wieder.

Murat nennt er »Murat Abi« – großer Bruder Murat. Er behandelt ihn höflich und respektvoll. Manchmal fasst er ihm an die Schulter, wenn er etwas mit Nachdruck sagen will. Aber da ist auch Distanz, ein Misstrauen, das immer bleiben wird, weil am Ende der Verrat stand.

Fatihs Zeit des ewigen Exzesses hat nicht nur äußerlich Spuren hinterlassen. Er redet wirr und ohne Zusammenhänge. Er erwähnt Personen, die keiner seiner Gesprächspartner kennt. Er fängt Anekdoten an, die er nicht zu Ende bringt. Seinen Job als Pförtner eines Paketdiensts hat er ausgesetzt. Er ist krankgeschrieben, »auf Psyche«, sagt er.

In der vergangenen Nacht hat er wieder als Türsteher gearbeitet. Er ist eingesprungen, weil ein Schwager des Freundes seines Cousins ihn gebeten hatte. Es gab Stress, sagt Fatih. Er musste sich mit jungen Albanern schlagen. Natürlich gewann er. Aber dann kam die Polizei.

Irgendwann ist es Zeit für Murat zu gehen. »Viel Spaß noch«, sagt Murat. Doch da ist noch etwas, was Fatih umtreibt. »Du schuldest mir noch 300 Euro«, sagt Fatih.

Murat lächelt. »Ich bring's dir bald vorbei«, sagt Murat. Er geht.

»Fatih ist durch«, sagt Murat später.

10
DER PROFI

Die Schlacht um Bagdad dauerte nur fünf Tage. Aber sie war lange genug, um den größten Kunstraub der Menschheitsgeschichte möglich zu machen.

Am 7. April 2003 erreichten US-amerikanische Truppen im zweiten Irakkrieg die Hauptstadt. Nach tagelangen Gefechten räumte Saddam Husseins letztes Aufgebot die Stellung vor dem Nationalmuseum.

Die meisten Angestellten des Museums erschienen bereits 36 Stunden später wieder zur Arbeit, nachdem die US-Truppen die Stadt am 11. April vollständig eingenommen hatten. In der Zwischenzeit aber hatten Diebe und Plünderer zugeschlagen. Rund 15 000 historische Kunstgegenstände waren spurlos verschwunden.

Die verlässlichsten Angaben zu den Plünderungen stammen von Matthew Bogdanos, einem US-Marine. Bogdanos widmete der Suche und Wiederbeschaffung der Artefakte mehrere Jahre seines Lebens. Und er schrieb darüber ein Buch mit dem Titel »Thieves of Baghdad« – Diebe von Bagdad.

Als Bogdanos demnach am 20. April das Nationalmuseum betrat, bot sich ihm ein Bild des Grauens. Rund 120 Büros waren verwüstet, Möbel zertrümmert und Aktenschränke geleert worden. Im öffentlichen Teil des Museums waren fast alle Vitrinen leer.

Die Türen zu den überirdischen Lagerräumen des Museums hatten fliehende irakische Soldaten offen gelassen. Bogdanos beschrieb, dass er Granatwerfer und irakische Armeeuniformen fand. Ganze Regale waren ausgeräumt worden. Erst einige Tage nach ihrer Ankunft entdeckten Bogdanos und sein Team einen Tresorraum, der nur über eine versteckte Treppe erreichbar war. Es gab kein Licht dort, den Eingang schützte eine schwere Tür, die jedoch offen stand.

»103 Plastikschachteln in der Größe von Anglerkoffern« lagen geöffnet und geleert durcheinander, schrieb Bogdanos. In ihnen seien »Rollsiegel, Amulette und Schmuck« gewesen. Tausende Gegenstände fehlten. Auf dem Schwarzmarkt ließ sich mit irakischer Raubkunst viel Geld verdienen.

Bogdanos und einem eilig zusammengestellten Team gelang es damals, zahlreiche geraubte Kunstgüter wiederzubeschaffen. Die Amerikaner riefen eine Amnestie aus. »Möchten Sie eine Tasse Tee?«, wäre die einzige Frage, die sie Hinweisgebern oder Menschen, die gestohlene Kunstgegenstände zurückbrachten, stellten. Das zeigte Wirkung. Über die Jahre konnten Behörden in den USA, Großbritannien und anderen westlichen Staaten immer wieder Beutestücke aus dem Kunstraub nach Bagdad zurücksenden.

Am 1. Juni 2010, mehr als sieben Jahre nach den Ereignissen in Bagdad, meldeten niederländische Beamte ihren deutschen Kollegen, Teile der Beute aus dem Nationalmuseum seien in Deutschland auf dem Markt. Ein Deutsch-Türke aus Krefeld am Niederrhein biete uralte arabische Artefakte zum Verkauf an.

Beamte des Krefelder Kommissariats zur Bekämpfung der organisierten Kriminalität ließen die Person beschatten. Remzi B., der Verdächtige, war ein 44 Jahre alter Gebrauchtwarenhändler und den Behörden wegen allerlei verbotenen Nebentätigkeiten bekannt. Wie

aber gelangte ein kleiner Ganove aus Krefeld an irakische Raubkunst?

Die Polizisten stellten fest, dass Remzi häufig in einer Spielhalle
in der Nachbarstadt Viersen verkehrte. Deren Betreiber Wessam F.
stammte aus dem Irak.

Ein Fall für Murat Cem.

Ausgestattet mit etwas Geld machte er sich auf den Weg nach
Viersen. Murat sollte sich als Mittelsmann eines vermögenden Ge-
schäftsmanns ausgeben und einen Scheinkauf einfädeln. Während
der Übergabe der Beute griffe dann die Polizei ein. Alles wie immer
also.

Die Spielhalle fand er in der Innenstadt. Sie lag in einem garagen-
ähnlichen Flachbau. Vergitterte Fenster schützten das Etablissement
vor Einbrechern, außen prangte ein großer, leuchtender Schriftzug.
In der Spielhalle setzte sich Murat an einen der Automaten und warf
Geld hinein. Er zockte und verlor alles, aber am nächsten Tag kam er
wieder.

Dann passierte etwas Unerwartetes. Murat hatte Glück. Jackpot.
Plötzlich spuckte der Spielautomat Münzen aus. Unzählige Münzen
fielen scheppernd in das Ausgabefach. Es mussten mehrere Hundert
Euro gewesen sein.

Murat sammelte das Geld mit beiden Händen und ging zur Theke.
Er wollte die Münzen in Scheine umtauschen. Der Mann hinter dem
Tresen sagte ihm, er habe dafür nicht genügend Bargeld in der Kasse.
Er solle am nächsten Tag wiederkommen. Dann sei der Chef da, der
könne ihm das Geld wechseln.

Murat ging hochzufrieden seines Wegs. Der Chef war Wessam F.,
seine Zielperson.

Am nächsten Abend wartete Wessam hinter der Theke. Er wechselte Murats Gewinn in Scheine. Ein Gespräch entwickelte sich, der
übliche Smalltalk unter Kleinkriminellen: Er kenne einen reichen
Mann aus Bergisch-Gladbach, sagte Murat, der sei an allem interessiert, was Geld bringe. Etwa an teuren Uhren.

Mit Uhren kenne er sich nicht aus, sagte Wessam. Aber er habe womöglich etwas anderes, etwas ganz Besonderes. Er werde einmal mit einem Freund reden.

An einem Nachmittag ein paar Tage später betrat Murat wieder die Spielhalle. Wessam begrüßte ihn freudig. Er habe über Murats Geschäftspartner aus Bergisch-Gladbach nachgedacht, sagte er.

Ob der wirklich so viel Geld habe, fragte Wessam. Er könne nämlich etwas sehr Wertvolles anbieten. Dafür müsse der Käufer aber mindestens eine halbe Million investieren. Murat war einverstanden, aber wollte nun hören, was Wessam F. eigentlich anzubieten hatte. Es ginge um Kunstwerke aus dem Irak, sagte der Spielhallenbetreiber. Antike Gegenstände, eigentlich unbezahlbar. Er könne Murat mit dem Freund bekanntmachen, der sich um den Verkauf kümmere – es war der Gebrauchtwarenhändler Remzi B.

Murat erzählte auch Remzi von seinem reichen, deutschen Bekannten, der in einer großen Villa wohne. Er kenne ihn schon sehr lange, er sei ein absolut vertrauenswürdiger Mann. An antiken Gegenständen habe er bestimmt Interesse.

Remzi gab sich vorsichtig. Er müsse sich den Mann einmal anschauen. Dann könne man über alles Weitere reden. Er wolle aber eine Provision haben, verlangte Murat. Von beiden Parteien.

Der 1. Juli 2010 war ein heißer Tag. Murat traf Wessam und Remzi im Eiscafé neben der Spielhalle. Sie warteten auf der Terrasse auf den verdeckten Ermittler der Polizei, den Murat als seinen reichen Bekannten vorstellen sollte.

Der gesamte Parkplatz vor der Spielhalle war vom Eiscafé aus gut sichtbar. Gegen 15.30 Uhr, so ist es in Unterlagen der Polizei vermerkt, begann der Auftritt des angeblichen Kaufinteressenten. Murat und die Verkäufer sahen, wie sich ein großes Auto in eine Parklücke quetschte. Die Marke konnte Murat nicht genau erkennen, aber für ihn sah es aus wie ein Rolls-Royce.

Der Undercover-Beamte setzte sich zu den Männern an den Tisch. Er wirkte wie die Karikatur eines Reichen, in feinem Anzug und mit einer dicken Uhr am Handgelenk. Doch bei Wessam und Remzi machte der Polizist in seiner Verkleidung Eindruck. In seiner Vernehmung schilderte Murat seinem VP-Führer später den weiteren Verlauf: »Ich machte alle miteinander bekannt und verabschiedete mich zusammen mit Wessam.« Murat und Wessam gingen in die Spielhalle. Der kostümierte Ermittler blieb mit Remzi im Eiscafé.

Als Murat und Wessam nach einer Weile zurückkehrten, lag eine Reihe Fotos auf dem Tisch. Darauf waren bräunliche Figuren zu sehen, eine alte Ziegelplatte mit Gravuren und mehrere kleine Rollsiegel, wie sie vor Tausenden Jahren im Orient verwendet wurden.

Murat konnte kaum glauben, dass man einen solchen Aufwand für ein paar alte Steine treiben sollte. Eine halbe Million Euro sei in Ordnung für die 15 Stücke, sagte der Undercover-Mann. Er müsse sie aber einmal sehen und wahrscheinlich auch begutachten lassen. Fotos würden nicht genügen.

Im Hinterzimmer der Spielhalle stellte Remzi schließlich eine der Figuren und ein Rollsiegel auf den Tisch. Das zylinderförmige Siegel war kaum höher als eine Zigarettenschachtel. Murats Herz raste. Sie hatten das alte Zeug wirklich dabei. Es war der Moment, auf den er zwei Wochen lang hingearbeitet hatte. Er müsse mal kurz vor die Tür, sagte Murat und verließ den Raum.

Das war das Zeichen für das Spezialeinsatzkommando. Kaum war Murat an der Tür, stürmten die Beamten die Spielhalle. Sie rissen Murat zu Boden und überwältigten alle Personen im Hinterzimmer, auch den verdeckten Ermittler.

Murat lag auf der Erde, die Hände auf den Rücken gefesselt. Er war glücklich.

Drei Jahre später, am 10. September 2013, lud der irakische Botschafter Hussain M.F. Alkhateeb zu einem Empfang nach Berlin. Anlass war eine »Kulturgüterrückführung«. In einer feierlichen Zeremonie und in Gegenwart zahlreicher Diplomaten übergab der

Krefelder Oberstaatsanwalt den Irakern die 15 Artefakte, die deutsche Behörden mit Murats Hilfe sichergestellt hatten.

Sie waren bei Weitem nicht so viel wert, wie Remzi und die deutsche Polizei angenommen hatten. Ein Gutachter hatte ihren Gesamtwert auf rund 10 000 Euro taxiert. Die Rollsiegel waren für ihn nicht genau datierbar gewesen. Eine weitere Figur hielt er für eine Fälschung.

Doch das störte den irakischen Botschafter nicht. In seiner Rede dankte er »den deutschen Behörden, insbesondere der Staatsanwaltschaft der Stadt Krefeld und dem Auswärtigen Amt für die Unterstützung der Republik Irak in der Bekämpfung des illegalen Handels mit irakischen Antiquitäten«. Der Krefelder Staatsanwalt Axel Stahl strahlte übers ganze Gesicht.

Murat bekam von all dem nichts mit. Er war gerade dabei, sich in Bochum mit dem angeblichen Ex-Leibwächter von Osama bin Laden anzufreunden.

11

CARSTEN

Es war nichts Schönes daran, von einem Einsatzkommando der Polizei auf den Boden geworfen zu werden. Es tat weh, manchmal knallte man mit dem Kopf auf den Asphalt oder bekam noch einen Schlag ab. Aber für Murat war es jener Moment, dem er in jedem Einsatz entgegenfieberte. Die Mühe der vorangegangenen Tage, Wochen oder Monate fand dann in einem Moment voller Dramatik und Gewalt ihre Bestätigung. Murat arbeitete für diesen Augenblick.

Meistens war es an ihm und einem parallel eingesetzten verdeckten Ermittler, ein verabredetes Zeichen für den Zugriff des SEK zu geben. Sie zogen dann ihre Jacken aus oder nahmen ihre Mützen ab, wenn sie welche trugen.

Man sah die SEK-Männer vorher nicht. Aber sie waren binnen Sekunden da. Sie rasten in Autos heran oder sie tauchten aus dem Nichts auf. Sie brüllten. Sie brachten alle Beteiligten an dem zum Schein eingefädelten Geschäft zu Boden. »Flachlegen«, nannte Murat das.

Es gab Ratschläge der Polizei für diese Situationen. Murat sollte es einfach geschehen lassen, wenn er umgerissen wurde. Und bis er vom Tatort weggebracht würde, sollte er seine Zielpersonen nicht mehr anschauen. Sonst könnten sie sich vielleicht sein Gesicht einprägen.

Murat erlebte diese Situationen über die Jahre Dutzende Male. Irgendwann begann er, sie zu vergessen. Sie verschwammen in seiner Erinnerung, weil sie immer nach demselben Schema abliefen. Es ging ihm wie einem Rechtsanwalt, der zu viele Verkehrssünder verteidigt, einem Richter, der zu viele Diebe verurteilt, einem Klempner, der zu viele Toiletten eingebaut hatte.

Murat merkte sich vor allem die Einsätze, bei denen es um besonders viele Drogen ging, jene, die besonders lange dauerten und jene, die besonders spektakulär endeten. Und er merkte sich jene Einsätze, in denen es um andere Dinge ging als Drogen: Dazu gehörte der Einsatz gegen den Waffenhändler aus Goch, die Wiederbeschaffung der irakischen Kunstgüter, der Mordfall Rebecca.

Murat behielt auch die Einsätze im Gedächtnis, die er nicht in Cafés oder Spielhallen anbahnen konnte, weil er dann kreativ sein musste. Und er merkte sich die Einsätze, die schiefgingen – weil es wenige waren und er sich über sie ärgerte.

Einmal setzte die Polizei ihn auf einen Kioskbesitzer im Kölner Stadtteil Nippes an. Der Mann handele mit gefälschten Ausweispapieren, glaubten die Polizisten. Es gab nur eine Schwierigkeit: Der Mann stand den ganzen Tag in seinem Büdchen, und dann ging er nach Hause.

Es regnete an jenem Tag, an dem Murat sein Glück versuchen sollte. Er kaufte eine Packung Zigaretten im Kiosk. Der Mann, ein Grieche, war einsilbig.

Murat ging wieder und suchte ein Café in der Nähe. Er fand keines. Er hatte kein Auto, in das er sich hätte setzen können. Also stellte er sich unter.

Ein paar Stunden später kaufte er sich am Kiosk eine Zeitung. Der Mann war wieder einsilbig.

Murat ging wieder und suchte ein Café in der Nähe. Er fand keines. Er hatte kein Auto, in das er sich hätte setzen können. Also stellte er sich unter.

Ein paar Stunden später kaufte er sich am Kiosk eine Cola. Der Mann war wieder einsilbig, und Murat ging wieder.

Es regnete, er wollte kein Café mehr suchen, und er hatte immer noch kein Auto. Murat hatte richtig schlechte Laune.

Noch ein wenig später ging er wieder zum Kiosk.

Was er hier mache, fragte der Mann.

Er habe gehört, er könne hier einen Ausweis bekommen, antwortete Murat.

Wer das gesagt habe, wollte der Mann wissen. Er habe das gehört, sagte Murat.

Das stimme nicht, sagte der Kioskbesitzer.

Murat ging und beichtete den Misserfolg seinen VP-Führern. Sie waren so unzufrieden wie selten. Er war viel zu schnell vorgegangen, viel zu direkt. Was sollte das? Murat hatte gegen die Anweisungen verstoßen.

Es war Murats Gewohnheit, sich nur an die Aufträge der Polizei zu halten, wenn es ihm sinnvoll erschien. Häufig aber, davon war er überzeugt, musste er improvisieren. Sein Job war auf der Straße, die Beamten hockten in ihren Büros. »Ein V-Mann ist meistens alleine«, sagt Murat.

Regelmäßig gab es Ärger, weil er Dealern meistens schon während des Kennenlernens Haschisch abkaufte. »Niemals gleich am Anfang kaufen«, das war eine der Weisheiten, die seine VP-Führer ihm von Anfang an eingeschärft hatten. Doch wer sanktionierte jemanden, dem am Ende der Erfolg recht gab?

Wenn Murat sich Verdächtigen näherte, hatte er keinen genauen Plan. Er verließ sich auf seine Intuition. Am Kiosk in Nippes hatte ihn eine Mischung aus Ungeduld und Unlust fehlgeleitet. Das ärgerte ihn, denn er wusste, er konnte es besser.

Als er in einem kleinen Ort einen jungen Drogenkurier kennenlernen sollte, gab es ähnliche Probleme wie am Kiosk in Nippes. Der junge Mann – er hieß Carsten – gönnte sich von seinen Drogengeschäften zwar ein Mercedes-Cabrio, mit dem er seine Kurierfahrten erledigte, aber ansonsten lebte er ein zurückgezogenes Leben. Seine Freizeit verbrachte er im oberen Stockwerk seines Elternhauses.

Über Wochen traf Murat ihn nirgendwo an. Er entschloss sich, Carsten zu Hause zu besuchen. Man könnte sagen, er wollte mit der Tür ins Haus fallen. Es war später Nachmittag, als er bei Carstens Eltern klingelte. Die Mutter öffnete.

»Wohnt hier der Carsten?«, fragte Murat.

Die Mutter bejahte. Augenblicke später öffnete sich ein Fenster im oberen Stock und Carsten schaute heraus.

»Bist du Carsten?«, fragte Murat.

»Ja, was ist?«, fragte Carsten.

Nein, ihn suche er nicht, sagte Murat. Er suche einen anderen Carsten. Er wandte sich zum Gehen. Er solle warten, rief Carsten. Er kam nach draußen und lief Murat hinterher. Warum er denn diesen anderen Carsten suche, wollte Carsten wissen.

Murat druckste herum, bis er sich anscheinend eine vertrauliche Information abrang. Ein Carsten habe ihn am Vormittag bei einem Drogendeal über den Tisch gezogen. Er habe Carsten Geld gegeben und der sei damit verschwunden.

Carsten, der Dealer, war ein hilfsbereiter Mensch. Gemeinsam mit Murat suchte er den Ort nach dem fiktiven Carsten ab. Sie fragten viele Leute, sie gingen in Cafés, sie durchstreiften die Gegend. Aber natürlich fanden sie den falschen Carsten nicht. Aber Carsten, der Dealer, war nun Murats Freund. Die Bekanntschaft sollte ein paar Wochen später mit seiner Festnahme enden.

Murats Führungsbeamte von der Polizei wussten, was sie an ihm hatten. »Unser bester V-Mann«, so hatte Elspe seinem Kollegen Wirtgens Murat vorgestellt. Natürlich wollten die Polizisten ihm schmeicheln, aber es stimmte auch.

Elspe lobte mit dem Kompliment auch sich selbst. Murat war sein Produkt. Er hatte ihn über Jahre aufgebaut, bis er zu jenem V-Mann wurde, der herausragende Erfolge erzielte. Der zwar manchmal über die Stränge schlug, aber in einer ganz anderen Liga spielte als andere Spitzel. Dafür waren Ralle, Elspe, Wirtgens bereit, ihren Spion zu schützen. Und wenn es sein musste, gingen sie dabei sehr weit – zu weit.

In den Akten des Landgerichts Bochum aus dem Verfahren gegen den Kurden Ali, dem Murat fast ein halbes Kilo Heroin abgekauft hatte, findet sich eine Charakterisierung von Murat alias »VP Erol«, wie er in dem Fall hieß. Die Charakterisierung basiere »auf den Einschätzungen seiner VP-Führer«, heißt es dort. Der V-Mann habe »kleine Vorstrafen, wobei er nie in Haft war«, ist dort zu lesen. Dass eine der Verurteilungen wegen Drogenhandels im großen Stil ergangen war, verschwiegen die Beamten dem Gericht.

»Er lebt aus Sicht seiner VP-Führer in geordneten finanziellen und familiären Verhältnissen«, heißt es in dem Vermerk weiter. Das war, vorsichtig formuliert, eine gewagte These. Eigentlich war es die Unwahrheit. Denn geordnet war wenig in Murats Leben. Er war oft tage- und wochenlang verschwunden, ohne dass er seiner Frau sagte, wo er war. Er kümmerte sich nicht darum, den Alltag seiner Familie zu organisieren. Und seine Frau kümmerte sich nicht um den Papierkram. Murat war nur zu seinen Einsätzen fähig. Sein eigenes Leben bekam er nicht auf die Reihe. Rechnungen und Mahnungen landeten auf einem Stapel oder direkt im Müll. Ordnungswidrigkeiten und Geldstrafen kamen hinzu. Die Familie plagten trotz Murats üppiger Einkünfte aus den Einsätzen und Sozialleistungen hohe Schulden. Es ist kaum anzunehmen, dass Murats VP-Führer das alles nicht wussten. Oder doch?

Murat arbeite »seit ca. Mitte 1999 für die Polizei«, heißt es in dem Vermerk weiter, »wobei er bis zu einem Einsatz pro Jahr hatte.« Das hatte mit der Realität ebenfalls wenig zu tun. Denn Murat war sehr häufig im Einsatz. Gerade zu jener Zeit, die im Prozess gegen Ali verhandelt wurde, war Murat vorübergehend mit zwei gefährlichen Missionen betraut: auf der Spur der PKK-nahen Drogendealer, die ihn mit dem Tod bedrohten, und im Kölner Rotlichtmilieu an der Seite eines Zuhälters, der nachts beinahe erschossen worden wäre.

Vielleicht wollten Murats VP-Führer sich Fragen nach einer möglichen finanziellen Abhängigkeit oder einer potenziellen Überarbeitung ihres Spions ersparen? Tatsächlich überschritt Murat regelmäßig die Grenzen dessen, was zumutbar war. Aber Murat war süchtig, nach Anerkennung und Action. Er merkte nicht, wie ihn der Job langsam zugrunde richtete.

Dabei waren die Anzeichen offensichtlich. Einen tiefen Schlaf fand Murat so gut wie nie. Er döste vor sich hin, wenn der Fernseher im Hintergrund lief. Die gedämpften Stimmen beruhigten ihn ein wenig. In manchen Nächten lag er stundenlang wach, sein Hirn fand keine Ruhe, der Film in seinem Kopf lief immer weiter.

Besonders wenn er in mehreren Einsätzen gleichzeitig unterwegs war, packte ihn manchmal die Panik. Er hatte für jeden Einsatz ein eigenes Mobiltelefon. Welches gehörte noch einmal zu welchem Einsatz? Waren alle Handys richtig gesichert, falls jemand eines stehlen sollte?

Wenn an Schlaf nicht zu denken war, fuhr Murat in die Stadt. Dann setzte er sich in einem Lokal an einen Automaten und spielte, bis die Gedanken zu kreisen aufhörten. Oder er lief durch die Straßen, von einem Dönerladen oder Kiosk zum nächsten.

Murat wurde als VP nie zu etwas gezwungen. Seine Hilfsbereitschaft und seine Sucht nach Anerkennung aber machte sich die Polizei gern zunutze. Niemand sonst war so vielseitig einsetzbar wie er. Niemand war so bedingungslos für sie im Einsatz. Murat war seinen VP-Führern ergeben.

Es ist im Nachhinein schwer zu beurteilen, wann Murats letzte Möglichkeit bestanden hatte, auszusteigen und ein geregeltes Leben zu beginnen. Vielleicht war er dafür überhaupt nicht geschaffen, und er hatte nur die Wahl zwischen seiner Laufbahn als Spitzel und einer kriminellen Karriere, die ihn über kurz oder lang in den Knast geführt hätte. Es steht aber fest, dass keiner seiner Vorgesetzten bei der

Polizei die Notwendigkeit sah, ihn zu bremsen und vor sich selbst zu schützen.

Natürlich ermutigten ihn seine VP-Führer, reguläre Jobs anzunehmen. Aber sie setzten ihn auch ein, wann immer sie konnten. Das war mit einer geregelten Arbeit nur schwer in Einklang zu bringen. Sie pressten ihn aus. Murat, der Super-Spion. Murat, die Geheimwaffe. Irgendwo brannte es immer.

12
KAMIL UND
DAS KONSULAT

Am Abend des 20. März 2011 fielen im Duisburger Stadtteil Rheinhausen auf offener Straße Schüsse. Für die Polizei war die Lage unübersichtlich. Wahrscheinlich hatte es Streit gegeben zwischen rivalisierenden türkischen Gruppen. Doch die Ermittlungen liefen ins Leere. Beweismittel wie Patronenhülsen waren beiseitegeschafft worden, Zeugen wollten nichts gesehen und niemanden erkannt haben.

Selbst der Tathergang ließ sich nur rudimentär rekonstruieren. Demnach näherte sich gegen 18.15 Uhr eine unbekannte Person zwei Männern in Höhe einer türkischen Teestube und feuerte aus einer Pistole auf sie. Die Angegriffenen flüchteten in das Lokal und schossen zurück. Scheiben gingen zu Bruch, Projektile bohrten sich in umstehende Autos und in eine Wand. Verletzt wurde niemand, doch die Duisburger Polizei war alarmiert. Ein halbes Jahr zuvor war es fast genau an derselben Stelle schon einmal zu einer Schießerei gekommen.

Gerüchte über Drogenhandel, Glücksspiel und Prostitution, in die rivalisierende türkische Gangs verstrickt sein sollten, machten die Runde. Die Ermittler aber kamen an niemanden aus dem abgeschotteten Milieu heran. Sie hatten keine Ahnung, wer hier welchen Geschäften nachging. Das Lokal, in das zwei Beteiligte geflüchtet waren, erschien ihnen jedoch wichtig zu sein.

Einen Anzug hatte Murat zuletzt bei seiner Hochzeit getragen. Aber hier sei es angebracht, sagten ihm die Beamten der Duisburger Polizei in der Einsatzbesprechung auf einer Hotelterrasse. Seine Zielperson sei ein eleganter Mann. Kamil war um die 50 und eine wichtige Figur in der Teestube, die inzwischen im Zentrum der Ermittlungen stand. Ein Herr mit sicherem Auftreten und offenbar gut vernetzt in türkisch-nationalistischen Kreisen.

Damit ein angesehener Mann wie Kamil Murat ernst nähme, bekam der für seinen Einsatz nicht wie üblich einen Kleinwagen, sondern einen Mercedes ML 320, einen SUV mit 218 PS. Wenn er das Lokal besuchte, parkte Murat das Auto gut sichtbar an der Straße. Besonders wohl fühlte er sich in seinem Anzug allerdings nicht. Er passte nicht zu ihm, so wenig wie einst Polohemd und Fahrrad in Köln-Zündorf zu ihm gepasst hatten.

Immer wieder besuchte Murat die Teestube. Er setzte sich für ein paar Stunden an einen Tisch und las Zeitung, ohne viel zu reden. Ein Kontakt zu Kamil würde sich in dem kleinen Lokal ganz von alleine ergeben. Das Erste, was Murat auffiel, waren die vielen Jugendlichen im Vorderraum der Teestube. An der Wand hing eine große türkische Flagge. Die älteren Männer hielten sich in einem Hinterzimmer auf, in das man nur durch eine Stahltür hinter der Theke gelangte.

Nachdem Murat immer wieder im Café aufgetaucht war, setzte sich Kamil zu ihm an den Tisch. Wer er sei und was er hier mache, fragte Kamil. Es war die Standarderöffnung, und Murat erwiderte routiniert: Er komme aus Aachen und sei geschäftlich unterwegs. Er arbeite vor allem im Frankfurter Raum, aber zurzeit sei er auch öfter in Duisburg.

Bei Nachfragen zur Heimat seiner Familie in der Türkei musste Murat nicht lügen. Die Gegend um Kahramanmaraş hatte einen guten Ruf, auch unter türkischen Nationalisten. Vor hundert Jahren hatten die Bewohner französische Truppen aus dieser Region vertrieben. Noch heute genossen Türken mit Wurzeln in der Gegend besonderes Ansehen.

Murat machte sich diesen Umstand immer wieder zunutze. Auch Kamil reagierte freundlich. Murat war offensichtlich ein echter Patriot.

Kamil nahm Murat mit ins Hinterzimmer. Der Raum glich einem Bunker. Es gab kein Fenster. Wenn die Stahltür geschlossen war, hatte hier kein Handy Empfang. So erinnert sich Murat rückblickend.

Vor ein paar Sofas stand ein Tisch mit einer Wasserpfeife. An der Wand hingen Urkunden und Ehrungen aus der Türkei, die Murat offiziell erschienen. Die meisten Gäste im Hinterzimmer waren gut gekleidet. Auf Murat wirkte die Runde wie ein Treffen türkischer Nationalisten und Mafiosi. Ein Mann auf dem Sofa war aus Frankreich zu Besuch.

Die Männer sprachen vor allem über Politik. Kamil war gebildet und zeigte es. Immer wieder prahlte er mit seinem Wissen über die Geschichte der Türkei. Für die Jugendlichen schien er wie ein Chef und Vater zu sein. Die Jungen dealten für Kamil Drogen, während er mit den anderen vornehmen Herren im Hinterzimmer Wasserpfeife rauchte und die Weltlage diskutierte.

Murat wurde zum neuen Stammgast. Wenn er mit Kamil sprach, achtete er darauf, ihm gemäß der Hierarchie den nötigen Respekt entgegenzubringen. Da seine Zielperson wesentlich älter war, vermied Murat Widerworte. Das gefiel Kamil.

Nach einigen Besuchen deutete Murat an, selbst Geschäfte mit Drogen machen zu wollen. Ein Kontakt aus Frankfurt habe Interesse an einigen Kilo Kokain, sagte Murat. Sein Auftritt mit Anzug und Mercedes hatte Kamils Interesse geweckt. Das könne er arrangieren, sagte Kamil. Er solle seinen Kontakt aus Frankfurt zum Kennenlernen ins Lokal mitbringen.

Dann bat Kamil Murat vor die Tür. Er solle mal seinen Mercedes aufsperren, damit sie ungestört reden könnten. Kamil setzte sich auf den Beifahrersitz und schloss die Tür. Aus seiner Hosentasche holte er einen längeren Stift hervor. Das sei etwas ganz Besonderes, sagte Kamil. Er schraubte den vermeintlichen Kugelschreiber auf und zeigte Murat die Munition im Inneren. Die kleinen Metallprojektile sahen aus wie Sonnenblumenkerne.

Es war eine Waffe, wie man sie sonst nur aus der Werkstatt von »Q« in James-Bond-Filmen kannte. Man müsse nur oben draufdrücken, dann feuere das Ding, erklärte Kamil. Murat staunte. War das eine Drohung oder ein Angebot?

Ob er das kaufen könne, fragte Murat. Für ein paar Hundert Euro überließ Kamil ihm die Waffe. Murat übergab sie noch am selben Tag seinen VP-Führern.

Für die Vorgespräche zum Kokain-Geschäft hatte die Polizei Murat gleich zwei verdeckte Ermittler zur Seite gestellt. Beide hatten türkische Wurzeln. Doch es lief nicht gut. Besonders der ältere Undercover-Beamte missfiel Kamil. Der Polizist dominierte das Gespräch und belehrte Kamil über die Türkei.

Das kam bei Kamil nicht gut an. Als sich die Undercover-Polizisten verabschiedet hatten, nahm er Murat zur Seite. Wen er denn da angeschleppt habe? Der Jüngere ginge ja noch. Aber der Alte wirke wie ein Polizist. Er solle ihn nicht ins offene Messer laufen lassen, sonst bekäme er Probleme, drohte er Murat.

Kamil beteuerte zwar immer wieder, das Kokain besorgen zu können. Doch er lieferte nie. Ein bisschen Gras brachte er aus den Niederlanden. Für einen großen Kokain-Deal fehlte Kamil aber das Vertrauen. Er brauche noch Zeit, sagte Murat der VP-Führung. Er sei sich sicher, dass Kamil das Kokain organisieren könne. Doch die Polizei wollte nicht länger warten. Sie zog Murat ab. Eine Razzia in der Teestube ergab wenig.

Von Duisburg hielt sich Murat trotzdem erstmal eine Weile lang fern. Denn Kamil, das spürte Murat, war gefährlich. Und Murat hatte ihn verraten.

Ein Jahr später musste Murat im türkischen Generalkonsulat erscheinen. Es war ein Routinetermin, irgendeine Ausweissache für seine Familie. Murat stand an einer Treppe im Gebäude, als ein Mann im dunklen Anzug aus einem der Zimmer für Mitarbeiter kam. Er trug eine Krawatte und an seinem Anzug einen kleinen Anstecker in Form der türkischen Nationalflagge.

Als er Murat erblickte, verfinsterte sich sein Blick. »Murat, du Zuhälter!«, rief der Mann auf Türkisch. Murat erschrak. Es war Kamil. »Dafür wirst du noch bluten!« Mit schnellen Schritten ging er an Murat vorbei und die Treppe hinunter.

»Scheiße«, dachte Murat. Ausgerechnet Kamil. Drogen- und Waffengeschäfte machte er offenbar nur nebenher. Wie es schien, war er eher dem türkischen Geheimdienst zuzuordnen. Jedenfalls wirkte Kamil mächtig. Als Konsulatsmitarbeiter hatte er Zugriff auf alle persönlichen Daten von Murat. Echter Name, Adresse, Angehörige, alles. Er müsste sich nur bei den Kollegen erkundigen, die Murat in seiner Ausweisangelegenheit gerade behilflich waren.

Murat lief zum Ausgang. Sofort rief er Elspe auf dem Handy an. Er sei im Konsulat gerade Kamil begegnet, sagte Murat: Das sei der elegante Herr aus dem Laden in Duisburg mit den guten Verbindungen zur türkischen Mafia.

Er komme sofort, sagte Elspe am Telefon. Das Konsulatsgebäude war türkisches Hoheitsgebiet. Wer wusste, was Männer wie Kamil hier mit Murat hätten machen können. Was für ein dämlicher Zufall, seiner ehemaligen Zielperson ausgerechnet dort über den Weg zu laufen. Draußen seien doch deutsche Polizisten, die das Konsulat bewachten, sagte Elspe. Murat solle nicht wegrennen, sondern sich in deren Nähe aufhalten, bis er da sei.

In Rekordzeit erreichte Elspe das Konsulat und fuhr Murat nach Hause. Vielleicht war es nur eine leere Drohung Kamils gewesen.

Murat Cem im Sommer 2019.

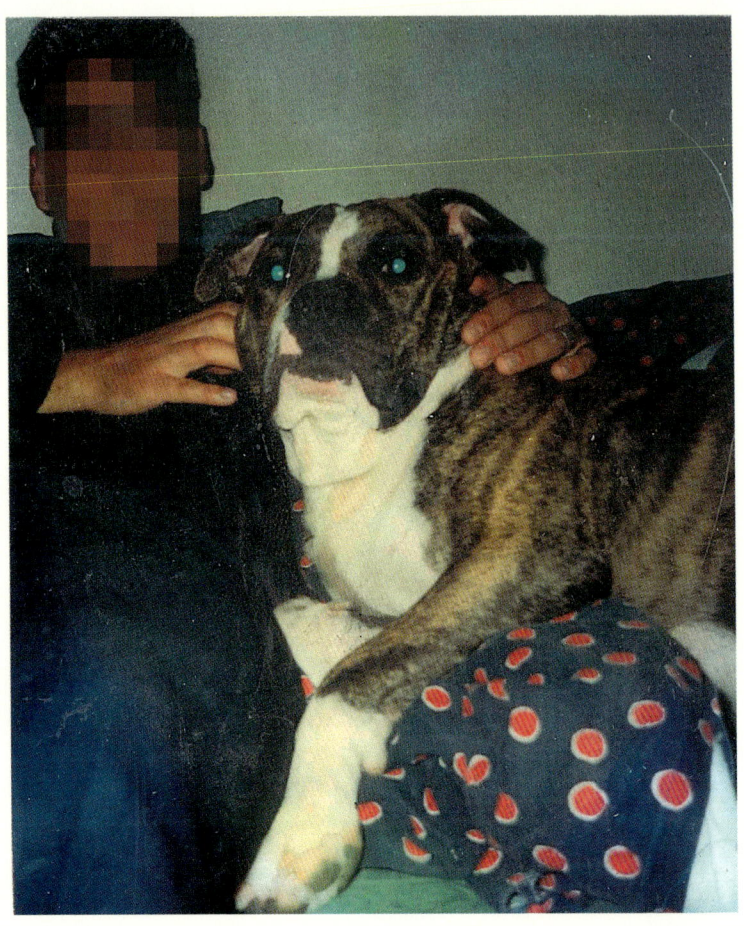

Murat Cem mit Kampfhund Juanito Ende der Neunziger Jahre.
© privat

Hochzeitsfoto von Murat Cem und seiner Ehefrau.
Sie heirateten im Jahr 2003.
© privat

Tarnwohnung von Murat Cem im Kölner Stadtteil Zündorf. Im Erdgeschoss unten rechts lebte der V-Mann monatelang, während er sich mit dem Mordverdächtigen Guido S. anfreundete.
© Marcus Simaitis / DER SPIEGEL

Nach einem gemeinsamen Besuch im Kölner Bordell Pascha gestand Mörder Guido S. dem V-Mann zum ersten Mal die Tat.
© Arton Krasniqi

Schlagzeile des »Express« im August 2002 nach der Verhaftung von Guido S.

Observationsfoto der radikalen Koranschule von Boban S. in Dortmund, aufgenommen im November 2015.

Polizisten stürmen am 27. Juli 2016 die Moschee »Deutschsprachiger Islamkreis Hildesheim e.V.«. Hier predigte Abu Walaa.
© Chris Gossmann / dpa

Am 19. Dezember 2016 kaperte der Attentäter Anis Amri einen LKW und fuhr in die Menschenmenge auf dem Weihnachtsmarkt am Berliner Breitscheidplatz.
© Michael Kappeler / dpa

Der Generalbundesanwalt beim Bundesgerichtshof Bundeskriminalamt

Bundesanwaltschaft und Bundeskriminalamt bitten um Ihre Mithilfe

TERRORISMUS

VORSICHT! Person könnte gewalttätig und bewaffnet sein!

Name:	**AMRI**
Vorname:	**Anis**
Alter:	**24 Jahre**
Geburtsland:	**Tunesien**
Größe:	**178 cm**
Gewicht:	**ca. 75 kg**
Augen:	**braun**
Haare:	**schwarz**

Der Gesuchte ist im Zusammenhang mit dem Anschlag auf den Weihnachtsmarkt an der Gedächtniskirche in Berlin am 19.12.2016 dringend tatverdächtig.

Wer kann Angaben zu gegenwärtigen oder früheren Aufenthaltsorten der abgebildeten Person machen?

Für Hinweise, die zur Ergreifung des Beschuldigten führen:

Belohnung bis zu 100.000 Euro*

* Über die Zuerkennung und Verteilung wird unter Ausschluss des Rechtsweges entschieden.
* Diese Belohnung ist ausschließlich für Privatpersonen und nicht für Amtsträger bestimmt, zu deren Berufspflicht die Verfolgung von strafbaren Handlungen gehört.

Hinweise können auf Wunsch vertraulich behandelt werden!

Hinweise bitte an das Bundeskriminalamt
Zentrale kostenfreie Rufnummer der Hinweisaufnahme
+49 (0)800 - 0130 110 oder an alle Landeskriminalämter bzw. jede andere Polizeidienststelle
Weitere Informationen unter www.bka.de

Herausgeber und Verleger: Bundeskriminalamt Wiesbaden – Dezember 2016

Fahndungsaufruf des BKA. Am 22. Dezember 2016 wurde Terrorist Anis Amri auf der Flucht in Mailand erschossen.
© dpa

Sitzungssaal des Amri-Untersuchungsausschusses im Bundestag.
© Christian Ditsch / ullstein bild

Hassprediger und mutmaßliches IS-Mitglied Ahmad A. alias Abu Walaa vor
dem Oberlandesgericht in Celle. Laut Bundesanwaltschaft sollen er und vier
weitere Angeklagte Kämpfer für den IS rekrutiert haben.
© Ole Spata / dpa

Aber wie hätte Murat das wissen sollen? Die Begegnung hatte ihm auf jeden Fall einen gehörigen Schrecken eingejagt. Noch Wochen später schaute Murat sich um, wenn er die Wohnung verließ. Kamil sah er nie wieder.

Teil III

UNTER TERRORISTEN

1
BETROGEN

Die Sache mit dem Feuer war kein gutes Omen, dachte Murat später. Gülcan war ohnehin unglücklich mit ihm und ihrem Leben in Deutschland. Dann kamen die Flammen.

Einige Stockwerke unter der Wohnung der Cems wohnte eine ältere Dame. Sie trank. Gülcan und Murat rochen ihre Alkoholfahne, wenn sie ihr begegneten. Eines Abends, es war im Jahr 2010, ließ die Frau eine brennende Kerze stehen. Bald darauf brannte ihre Wohnung. Die Hausverkleidung fing Feuer. Flammen schlugen nach oben, der Rauch stieg das Treppenhaus hinauf. Murat schlief schlecht, wie so oft. Er war gerade wieder einmal aus dem Schlaf geschreckt, da bemerkte er den Rauchgeruch. Er lief hinüber in das Zimmer seiner Tochter, dort konnte er die Flammen sehen.

Er holte das Mädchen ins Zimmer der Eltern. Dann ließ er Wasser in die Badewanne. Er weichte Handtücher darin ein und wickelte Frau und Tochter darin ein. Murat lief zur Haustür und öffnete sie. Das Treppenhaus war voller Rauch. Sie waren gefangen, sie warteten. Es dauerte, bis die Feuerwehr kam. Die Helfer stürmten schließlich durch das Treppenhaus, mit Rauchmasken.

Die Feuerwehr brachte sie in eine Turnhalle, in der bereits die anderen Hausbewohner warteten und auch eine Frau vom Ordnungsamt. Es gab Suppe mit Würstchen. Das war gut gemeint, doch Familie Cem aß kein Schweinefleisch. Alle Hausbewohner hatten eine Hausratversicherung. Familie Cem hatte keine.

Nach einiger Zeit fanden sie eine Übergangswohnung. Doch es klappte nicht mit der Miete. Das Arbeitsamt zahlte nicht. Da marschierte Murat ohne Termin in das Büro des Bürgermeisters und beklagte sich. Das half. Das Feuer, die Übergangswohnung, die Miete: Alles war noch einmal gut gegangen. Seine Frau war auch gerade wieder schwanger, aber das sagte sie Murat noch nicht.

In den Sommerferien fuhr Gülcan mit ihrer Tochter in die Türkei. Von dort rief sie Murat an, um ihm zu eröffnen, dass sie ein zweites Kind erwarte. Murat freute sich. Er kam nicht auf die Idee, dass das Kind nicht von ihm sein könnte.

Ihm war nicht klar, wie sehr er seine Frau vernachlässigt hatte. Er glaubte, sie führten ein normales Familienleben.

Sein Sohn kam im März 2011 auf die Welt, sieben Jahre nach der Tochter und etwa um die Zeit, als die Schüsse vor Kamils Teestube in Duisburg fielen. Murat und Gülcan freuten sich, dass es ein Junge war.

Elspe besorgte Murat eine Anstellung bei einem befreundeten Spediteur. Für ein paar Monate sollte Murat nicht im Einsatz sein.

Doch Murats Sohn ging es nicht gut. Er schrie und schrie und schrie. Schließlich diagnostizierte ein Arzt das sogenannte KiSS-Syndrom, eine unter Medizinern nicht unumstrittene Diagnose, die eine Fehlstellung der oberen Halswirbelsäule beschreibt.

Ein Heilpraktiker in Köln, so brachte Murat in Erfahrung, könne helfen. Nur bezahlte die Krankenkasse die teure Behandlung nicht. Und Murat hatte mal wieder kein Geld.

Natürlich hätte er seine VP-Führer fragen können, ob sie einen passenden Einsatz für ihn hätten. Aber das tat Murat nicht. Stattdessen ersann er einen Plan, wie er das Geld für die Behandlung seines Sohnes auftreiben könnte.

Die Spedition, in der Murat arbeitete, lieferte Fahrrad- und Dachgepäckträger aus. Murat stahl sie und verlud sie in einen Kombi, den ein Bekannter fuhr. Sie verkauften die Dachträger für 300 Euro das Stück an Saisonarbeiter aus Polen. Dann flogen sie auf. Die Polizei Viersen erwischte sie in flagranti. Murat verlor seine Arbeit.

Elspe war außer sich, als er Murat anrief. Der versuchte sich zu verteidigen: Es sei um das Wohl seines Kindes gegangen. »Warum bist du nicht zu uns gekommen?«, fragte der Beamte. Eine Woche lang sprachen sie nicht miteinander. Elspe war enttäuscht, weil Murat seinen Freund, dem die Firma gehörte, bestohlen hatte. Ein ungeheurer Vertrauensbruch. Murat war der Auffassung, er habe seinem Sohn helfen müssen. Dafür sei jedes Mittel recht gewesen.

Dann schrieb Elspe eine Nachricht: »Willst du V-Mann bleiben oder nicht?« Murat wollte, und Elspe stimmte zu. Doch ihr Verhältnis erholte sich nie mehr ganz von dem Zwischenfall.

Im Frühjahr 2012 verurteilte das Amtsgericht Krefeld Murat wegen des Diebstahls zu einer Freiheitsstrafe von einem Jahr und einem Monat auf Bewährung. Es war schon seine neunte Verurteilung, aber das war ihm im Grunde egal. Auf eine Bewährungsstrafe mehr oder weniger kam es nicht an. Und außerdem betrachtete Murat seine Tat auf einer höheren Ebene als gerechtfertigt. Dass sie mit dem deutschen Strafrecht nicht zu vereinbaren war, nahm er zur Kenntnis.

Moral und Recht existierten für Murat als zwei voneinander unabhängige Konzepte. Es gab eine Schnittmenge, aber die beiden Sphären waren nicht deckungsgleich. Im Zweifel war Murat seine Moral wichtiger.

Es war etwa in der Zeit, als in Krefeld das Urteil gegen ihn gesprochen wurde, dass sein Mobiltelefon klingelte. Murat war gerade wieder irgendwo im Einsatz und versuchte, einen Dealer zu überführen. Der Mann am anderen Ende der Leitung nannte seinen Namen nicht. Er sagte Murat zunächst nur zwei Dinge: Gülcan betrüge ihn und er, der Anrufer, sei der Vater seines kleinen Sohnes. Murat glaubte der anonymen Stimme nicht. Was für ein Spinner, dachte er.

Doch dann, als Murat auf dem Weg nach Hause war, rief der Unbekannte erneut an. Er erzählte jede Menge Details aus Murats Leben und von Gülcan. Die ganze Fahrt lang blieb Murat mit dem Mann am Telefon. Langsam bohrte sich der Gedanke in seinen Kopf, dass der Anrufer die Wahrheit sagen könnte.

Als Murat zu Hause angekommen war, stieß er Gülcan auf das Sofa.

»Hast du mir etwas zu sagen?«, brüllte er.

Sie stritt alles ab.

Doch der Anrufer meldete sich immer wieder. Er rief nicht nur Murat an, sondern auch Gülcans Familie in der Türkei, und erzählte allen, was zwischen ihm und Gülcan passiert war. Irgendwann gab Gülcan die Affäre zu.

Sie war einsam gewesen. Sie hatte einen Schneider aus Bochum kennengelernt und ein Verhältnis mit ihm gehabt. Er war der Vater des Sohnes, den Murat im Arm hielt. Murat telefonierte mit Gülcans Vater, dem Imam, in der Türkei. »Bring sie hierher, und wir kümmern uns um sie«, sagte der Schwiegervater.

Murat erschrak. Es war keine drei Jahre her, dass er im Fall des Ehrenmords an der jungen Gülsüm im Obdachlosenheim ermittelt hatte. Wie die eigene Familie das Mädchen umgebracht haben konnte, war ihm immer noch unbegreiflich. Jetzt deutete sein eigener Schwiegervater eine ähnliche Tat an. Zur Wiederherstellung der Ehre. Murats Ehefrau war zur Schande ihrer Familie geworden.

Doch Murat entschied sich für etwas, was ihm in all den Ehejahren nie in den Sinn gekommen war. Etwas, was Murats Vorstellung davon, wie sich ein türkischer Mann zu verhalten hatte, eigentlich diametral entgegenstand. Es war das Gegenteil eines Ehrenmords: Murat ging mit seiner Frau zur Paartherapie.

Murat verstand, dass er seine Familie vernachlässigt hatte. Auch seinen Sohn sollte Murat fortan lieben, als hätte er ihn gezeugt. Er würde ihm vielleicht sogar noch ein wenig mehr Zuneigung schenken, um zu beweisen, dass er ihn liebte wie sein eigenes Kind. Diesen

Jungen großzuziehen sah er als seine Aufgabe an. Für ihn war es sein Sohn, fertig.

Doch an Murats Verhalten änderte auch die Paartherapie wenig. Die nächsten Jahre als V-Mann verlangten ihm alles ab, mehr als jemals zuvor. Und trotzdem: Zu reden war immer noch besser als der Vorschlag seines Schwiegervaters, fand Murat.

2
EIN NEUES ZIEL

An einem Samstag Anfang Mai 2012 zogen Anhänger der rechtsextremen Kleinstpartei »Pro NRW« durch Bonn. Sie hielten Plakate in die Luft, auf denen ihr Slogan »Freiheit statt Islam« zu lesen war. Außerdem zeigten sie Schilder mit durchgestrichenen Moscheen und Mohammed-Karikaturen des dänischen Zeichners Kurt Westergaard. Rund 500 junge Muslime fanden sich zu einer Gegendemonstration zusammen – unter ihnen Islamisten.

Die Polizei trennte die beiden Gruppen voneinander. Doch die Provokationen hörten nicht auf: Die Rechtspopulisten hielten ihre Karikaturen hoch, die radikalen Prediger auf der anderen Seite drohten, die Bundesregierung gefährde ihre Bürger, wenn sie »das weiter zulässt«. Dann warfen die Islamisten Steine. »Runter mit den Plakaten!«, brüllten sie. Die Polizei versprühte Pfefferspray und setzte Schlagstöcke ein.

Aus den Reihen der Salafisten löste sich ein schmächtiger junger Mann mit dunklem Bart und rannte in Richtung der Polizisten. Er griff sie mit seinem Messer an, zwei von ihnen verletzte er schwer. Die beiden Beamten mussten operiert werden. »Wer den Propheten beleidigt, verdient die Todesstrafe«, sagte der Täter später vor Gericht.

Es waren Symptome eines Konflikts in Deutschland, der sich mit ungeheurer Kraft bis heute fortsetzen sollte. Auf der einen Seite stand damals Pro NRW, eine rechtsextreme Lokalpartei mit einigen Hundert Mitgliedern, die mit dem Slogan »Freiheit statt Islam« in den nordrhein-westfälischen Landtag einziehen wollte. Auf der anderen Seite formierten sich sogenannte Salafisten. Diese neofundamentalistische Strömung des Islam gewann damals schnell an Zulauf. Die Salafisten sorgten erstmals für breite Aufmerksamkeit, als ihre Anhänger in deutschen Innenstädten Übersetzungen des Korans verschenkten. Doch dabei blieb es nicht.

Auch der Bonner Marco G., 25, ein arbeitsloser Schulabbrecher, vorbestraft unter anderem wegen Raubüberfällen und Drogendelikten, hatte den radikalen Islam für sich entdeckt. In Videos, die Ermittler später bei ihm fanden, redete sich der Salafist in Rage. Die Ungläubigen »haben uns den Krieg erklärt, sie haben uns den Krieg erklärt, indem sie die Frechheit besitzen, von Stadt zu Stadt zu ziehen, diese Dreckigen, möge Allah sie vernichten, diese Frechheit besitzen, diese Bilder, wo sie ganz genau wissen, bei uns ist das eine rote Linie, bei uns sieht man rot.« Am schlimmsten sei, »dass der deutsche Staat das genehmigt«.

Marco G. sann auf Vergeltung. Im Herbst 2012 bastelte er eine Rohrbombe. Er orientierte sich dabei an der Anleitung »Make a bomb in the kitchen of your Mom« aus einer al-Qaida-Publikation.

G. füllte also ein 20 Zentimeter langes Stahlrohr mit 115 Gramm Sprengstoff, einem hochexplosiven Gemisch aus Ammoniumnitrat und Nitromethan. Mit Klebeband fixierte er vier Gaskartuschen daran – um die Sprengkraft zu erhöhen. Aus einem Wecker baute er einen Zeitzünder. Wäre die Bombe explodiert, hätte sie Menschen in einem Umkreis von drei Metern töten können, urteilten Kriminaltechniker.

Am 10. Dezember 2012 gegen 13 Uhr stellte G. eine blaue Sporttasche mit der Bombe an Gleis 1 des Bonner Hauptbahnhofs ab – unter einer Sitzbank. Marco G. entkam unbemerkt. Doch der Sprengsatz zündete nicht. Unklar ist bis heute, ob er fehlerhaft konstruiert war oder ob der achtlose Tritt eines Jugendlichen gegen die Tasche den Zünder beschädigt und eine Explosion verhindert hatte.

So knapp war die Bunderepublik einem islamistischen Terroranschlag nicht mehr entgangen, seit die sogenannten Kölner Kofferbomber 2006 mit ihrem Attentatsversuch gescheitert waren. Die 2007 aufgeflogene Sauerlandgruppe und die 2011 festgenommenen Mitglieder der »Düsseldorfer Zelle« waren ihren mörderischen Zielen viel weiter entfernt gewesen als Marco G.

Doch G. hatte noch mehr geplant. Gemeinsam mit anderen Glaubensbrüdern wollte er ein Attentat auf einen Funktionär von Pro NRW verüben. Aus dem Internet hatte G. eine Mitgliederliste der Splitterpartei ausgedruckt, mehrere Wohnungen der potenziellen Opfer spähten die Islamisten aus. Zu ihrem Topziel erkoren die Verschwörer Markus Beisicht, einen Rechtsanwalt aus Leverkusen, damals Vorsitzender von Pro NRW.

Marco G. malte eine Skizze von Beisichts Anwesen in Leverkusen. Darauf notierte er: »Haus des Unglaubens«. Bewaffnet mit einer Pistole vom Typ Ceska 50, einer Beretta Modell 70 sowie zwei selbst gebauten Schalldämpfern wollte die Terrortruppe zuschlagen. Als einer von zwei Schützen war Enea B. vorgesehen, der in seiner Heimat Albanien einer Anti-Terror-Einheit der Polizei angehört hatte und an Waffen ausgebildet worden war. Marco G. sollte den Fluchtwagen steuern.

Was die Terroristen jedoch nicht ahnten: Zu diesem Zeitpunkt im Frühjahr 2013 hatte die Polizei sie bereits auf dem Schirm. Die Staatsanwaltschaften in Düsseldorf und Dortmund ermittelten gegen sie. Zivilfahnder beschatteten die Verschwörer, Staatsschützer hörten ihre Telefone ab, ihr Auto war verwanzt. Am 13. März, nachts um 0.34 Uhr, überwältigte ein Spezialeinsatzkommando Marco G. und

Enea B. schließlich 600 Meter vom Haus des Pro-NRW-Chefs Beisicht entfernt.

Die letzte Erkundungsfahrt der Islamisten, die am nächsten Morgen den Politiker hatten erschießen wollen, endete in der Untersuchungshaft. Vier Jahre später verurteilte das Düsseldorfer Oberlandesgericht die Beteiligten zu langen Haftstrafen.

Für Deutschland war es ein Schock. Aus den Provokationen des Frühjahrs 2012 waren Anschlagsversuche, war Terror geworden. Die Hassprediger der salafistischen Szene zogen inzwischen reihenweise junge Männer an, die Orientierung, Halt und Vorbilder suchten und ihre fundamentalistische Überzeugung notfalls mit Gewalt durchsetzen wollten.

Männer, vielfach kriminell, vielfach aus Einwandererfamilien, vielfach vaterlos aufgewachsen in den Problemvierteln bundesdeutscher Ballungsgebiete, die nach einem Sinn im Leben verlangten, den sie in der Bürgerlichkeit der Mehrheitsgesellschaft nicht entdecken konnten. Es waren Männer, die Sozialarbeiter verachteten und von einem Leben träumten, wie sie es aus Actionfilmen kannten.

Es waren Männer wie Murat. Das erkannte auch die Polizei.

An einem Tag im Sommer 2013 klingelte Murats Handy. Wirtgens klang anders als sonst, ernster, wichtiger. Es gebe einen neuen Auftrag, etwas wirklich Großes, sagte er, eine langfristige Sache. Dafür brauche die Polizei ihren besten Mann.

Ob er mit dem Islam vertraut sei, wollte Wirtgens wissen. Könne er vielleicht auch Arabisch?

Murat drukste herum. Arabisch, ein bisschen vielleicht, er könne aber beten. Das sei kein Problem. »Worum geht es denn?«, wollte Murat wissen.

Das würden sie noch besprechen, antwortete Wirtgens. Er legte auf.

Sie trafen sich einige Tage später auf einem Parkplatz vor einem großen Möbelhaus. Wirtgens und Elspe zeigten ihm Bilder eines bärtigen Mannes. Der Mann auf den Fotos war nicht sehr groß, aber kräftig.

Sami Ben Mohamed A. sei ein salafistischer Prediger, sagten die beiden Beamten. Er lebe in Bochum und habe wohl Kontakt zu der »Düsseldorfer Zelle« genannten al-Qaida-Truppe gehabt, gegen die gerade vor dem Oberlandesgericht verhandelt werde. Auch diese Männer hatten einen gewaltigen Sprengstoffanschlag geplant, einen Massenmord.

Murat war fasziniert. Islamisten, Salafisten, Terroristen – das war aufregend. Er sei dabei, sagte er sofort.

Murats Zielperson Sami A. sollte der Öffentlichkeit erst Jahre später bekannt werden. Im Juli 2018 schoben ihn die nordrhein-westfälischen Behörden in einer rechtsstaatlich fragwürdigen Aktion in sein Heimatland Tunesien ab.

Eigentlich hätte A. Deutschland schon seit 2006 verlassen sollen. Doch er wehrte sich jahrelang gegen die Abschiebung, und die Gerichte folgten seinem einzigen Argument: Als Terrorverdächtigem drohe ihm in Tunesien Folter. In Länder, in denen Häftlinge misshandelt werden, darf Deutschland nicht abschieben. Dass diese Sorge in Samis Fall unbegründet war, erwies sich erst nach der Überrumpelung des Rechtsstaats. Doch all das lag damals noch in ferner Zukunft.

Wer war Murats Zielperson? Sami A. kam 1997 nach Deutschland, an der Fachhochschule Krefeld studierte er Textiltechnik, später Informatik. Zusammen mit vier anderen Männern reiste er im Dezember 1999 nach Mekka. Es sei eine harmlose Pilgerreise gewesen, sagte A. später. So richtig erklären konnte er allerdings nicht, was er monatelang im Ausland getan hatte.

Das tat einer, der dabei gewesen war. Jahre später erzählte ein Zeuge seine Version der Ereignisse. Und diese hatte es in sich.

Sami A. sei mit seinen Begleitern damals aus Saudi-Arabien nach Pakistan weitergereist, berichtete der Zeuge Beamten des Bundeskriminalamts im Dezember 2002. In einem Lager der Terrororganisation al-Qaida sei er 45 Tage lang militärisch wie ideologisch gedrillt worden. Der Leiter des Lagers war Osama Bin Laden.

Dieser Erzählung nach stieg der tunesische Student aus Deutschland sogar bis in die Leibgarde des Qaida-Führers auf. Sami A., so der Zeuge, habe in Afghanistan auch Hintermänner der sogenannten »Hamburger Zelle« getroffen, die für die Anschläge vom 11. September 2001 verantwortlich war. Sami A. bestritt die Vorwürfe. Richter hielten den Zeugen in einem späteren Verfahren allerdings für »uneingeschränkt glaubwürdig«.

Ob der 1,65 Meter kleine Sami A. tatsächlich Bin Laden als Leibwächter diente, ließ sich nie klären. Doch das Etikett blieb an ihm kleben, es gab keinen Artikel über Sami A., in dem diese Bezeichnung fehlte. Irgendwann sprach sogar Bundeskanzlerin Angela Merkel davon.

2006 eröffnete die Bundesanwaltschaft ein Ermittlungsverfahren gegen A. Ein Jahr später stellte sie es wieder ein. Die Beamten fanden keine Beweise dafür, dass A. in Deutschland eine terroristische Vereinigung unterstützte. Für seine Reise nach Afghanistan konnten sie ihn nicht belangen, weil es 1999 den Straftatbestand der Mitgliedschaft in einer terroristischen Vereinigung im Ausland noch nicht gegeben hatte.

Deutschland versuchte daraufhin, Sami A. loszuwerden. Die Ausländerbehörde Bochum verweigerte ihm 2006 eine weitere Aufenthaltsgenehmigung als Student. A. musste sich regelmäßig bei der Polizei melden.

Er galt nun als Gefährder. Ein Mann, bei dem die Sicherheitsbehörden davon ausgingen, dass er jederzeit eine »politisch motivierte Straftat von erheblicher Bedeutung« begehen könnte.

13 Jahre lang war A. immer wieder Thema im Gemeinsamen Terrorabwehrzentrum in Berlin. Seine erwiesenen Rechtsverletzungen beschränkten sich auf Verstöße gegen seine Aufenthaltsauflagen: Sami A. ließ sich nicht davon abbringen, in einer anderen Stadt im Ruhrgebiet in ein muslimisches Schwimmbad zu gehen.

A. war – daran besteht kein Zweifel – ein Islamist und populärer Prediger in der Salafistenszene des Ruhrgebiets. Er wurde »Abu al-Mujtaba« genannt und als »Scheich« angesprochen. Auch Murat sollte ihn so nennen.

In einem Ermittlungsbericht hieß es später, A. habe »weitreichende internationale Kontakte« ins salafistische Milieu. Doch das wussten die Behörden anfangs noch nicht. Murat würde es herausfinden. Die Bochumer Polizei setzte ein Verfahren mit dem Codenamen »Neptun« gegen A. in Gang – und Murat war dabei.

3
WER SUCHET, DER FINDET

Sie waren zu dritt, als sie Murat in seiner Wohnung besuchten. Wirtgens, Elspe und ein blonder Mann im Anzug, der sich als Stefan vorstellte.

Stefan trug eine Aktentasche unter dem Arm und zog einen Rollkoffer hinter sich her. Er sagte, er brauche viel Platz für die Geräte. Er legte einen Laptop, einen Drucker und ein Laminiergerät auf den Küchentisch. Murat schickte seine Frau ins Wohnzimmer.

Murat, der sich bislang in jedem Einsatz nur als »Murat Cem« ausgegeben hatte, wurde nun offiziell zu »Murat Cem«. Er bekam Tarnpapiere auf diesen Namen: einen Personalausweis, einen Reisepass und einen Führerschein.

Es waren echte Papiere, die aber zu keiner existierenden Person gehörten. Murat war damit in eine Sphäre vorgestoßen, die besonders wertvollen Mitarbeitern von Nachrichtendiensten oder Polizeibehörden vorbehalten war. Es dauerte etwas, bis Murat das Prinzip verstand. Der Staat fälschte seine eigenen Dokumente, damit die Legende eines Undercover-Islamisten wasserdicht sein konnte.

Murat Cem, geboren im Mai 1980 in Köln. »Damit kannst du nicht auffliegen«, versprachen ihm die Beamten.

Dann bläuten ihm die VP-Führer ein, dass er sich mit seiner falschen Existenz auf keinen Fall Vorteile verschaffen dürfe. Er könne keine Kredite aufnehmen und keine Verträge abschließen. Das merkten sie sofort.

Wirtgens und Elspe gingen ein hohes Risiko ein. Wohl noch nie zuvor hatte die nordrhein-westfälische Polizei einen inoffiziellen Spitzel mit falschen Papieren ausgestattet. Schon gar keinen mit so vielen Vorstrafen. Die Beamten überschritten eine rote Linie. Es war eine Ausnahme, gemacht für ihr Ausnahmetalent.

Elspe, das spürte Murat, war dabei nicht wohl. Er hatte die Episode mit den Dachgepäckträgern nicht vergessen. Er kannte seinen V-Mann Murat. Irgendwann würde der vielleicht doch Mist mit den Papieren machen.

Murat müsse die Tarnpapiere hüten wie einen kostbaren Schatz, sagte Elspe. Ansonsten gäbe es mächtig Ärger. Sie alle wären blamiert, weil sie für Murat gebürgt hätten.

»Ja, ich passe auf«, versprach Murat. Er fühlte sich jetzt noch ein bisschen mehr wie eine deutsch-türkische Version von James Bond. Er empfand die neuen Papiere als Auszeichnung.

75 Euro am Tag würde er bekommen, plus Spesen, sagten ihm seine VP-Führer. Das war weniger als bislang, in den Einsätzen gegen Drogendealer, Waffenhändler und andere Kriminelle hatte er meistens 100 Euro am Tag bekommen. »Egal«, dachte Murat, »die Action zählt.«

Es versprach tatsächlich ein besonderer Einsatz zu werden. Die Beamten hatten ein Auto für ihn, und es könnte auch verwanzt werden. »Wie geil!«, dachte Murat. Er fühlte sich wie ein kleines Kind, das zum ersten Mal bei den Großen mitspielen darf.

Elspe und Wirtgens hatten sich ausgedacht, dass Murat Cem vorgeblich in Duisburg-Rheinhausen wohnen sollte. Sein Wohnort sollte weit weg von seiner Zielperson sein, damit die Bochumer Salafisten ihn nicht so einfach mit einem spontanen Besuch überraschen konnten. Gleichzeitig hatte die Gegend so anonym zu sein wie möglich. Es sollte niemand Fragen stellen, woher der neue Nachbar kam und was er den ganzen Tag so trieb.

Murat bezog eine schäbige Ein-Zimmer-Wohnung, deren Einrichtung aus einer Luftmatratze mit Kissen und einem Gebetsteppich bestand. Später kam eine schwarze Flagge des »Islamischen Staats« hinzu, die er bei einem Islam-Seminar kaufte und mit Reißzwecken an die Wand heftete. Murat brauchte nicht viel, Komfort war ihm nie wichtig.

Der Legende nach war Murat Cem arbeitslos. Damit kannte er sich bestens aus. Der Murat Cem, der die Salafistenszene infiltrieren sollte, war neben seinem Arbeitslosendasein allerdings nicht für die Polizei im Einsatz, sondern werkelte schwarz bei seinem Schwager in Leverkusen. Der von der Polizei ersonnene Schwager wiederum arbeitete angeblich bei Bayer, war mit Murats Schwester verheiratet und handelte nebenher mit Autos.

Von diesem imaginären Schwager hatte Murat angeblich auch seinen Wagen, mit dem er die Salafisten umherkutschieren sollte, einen blauen Chevrolet Nubira mit dem Kennzeichen LEV-CW 554. »Damit kann ich für Allah unterwegs sein«, sollte Murat seinen neuen Freunden sagen. Tatsächlich kam auch dieser Wagen von jenem Autovermieter im Kölner Norden, dem die Polizei vertraute.

Es würde kein einfacher Einsatz werden, sagten Elspe und Wirtgens. Ein verdeckter Ermittler der Polizei war bereits daran gescheitert, die Salafistenszene zu infiltrieren.

Der als Kaufhausdetektiv getarnte Beamte hatte versucht, zu Gesinnungsgenossen von Sami A. Kontakt aufzunehmen. Dann allerdings, so erzählte man sich damals in Ermittlerkreisen, habe er einen Fehler gemacht. Er habe seine Kontaktpersonen in ein Lokal geführt, in dem laute Musik gespielt wurde, Frauen bedienten und Schweinefleisch auf der Speisekarte stand. Es dürfte das jähe Ende eines Anbahnungsversuchs mit radikalen Muslimen gewesen sein.

»So blöd kann auch nur ein VE sein«, dachte Murat. Es war nun an ihm, der Geheimwaffe der nordrhein-westfälischen Polizei, es besser zu machen. Das glaubte er jedenfalls.

Wirtgens und Elspe nannten Murat einen Anlaufpunkt. In der Bochumer Innenstadt gebe es einen Stand des »Lies!«-Projekts, eines salafistischen Vereins, der in Fußgängerzonen kostenlose Korane verteilte und den die Islamisten als Rekrutierungsorganisation nutzten. Dort solle er Anschluss suchen.

Wie verabredet fuhr Murat in die City. Der Stand der »Lies!«-Leute sollte vor der Targo-Bank in der Kortumstraße sein. Doch als Murat vor der Bank stand, sah er – nichts. Dort war kein Informationsstand, dort wurden keine Korane verteilt.

Er ging die Straße hinunter und suchte weiter. Als er nach zwei Zigaretten nichts gefunden hatte, kehrte er um und lief die Straße wieder hinauf, an der Bank vorbei und in die andere Richtung. Er fand keine Islamisten, keine Menschen in traditionellen muslimischen Gewändern und keinen Stand.

Er rief Elspe an. »Hier ist nichts«, sagte er.

Doch, der müsse da sein, er solle gucken, antwortete Elspe.

Murat ging zurück zur Bank.

Wieder rief er Elspe an. »Hier ist nichts, ich stehe davor«, sagte er.

Er solle sich genauer umschauen. Der Stand sei da, gab Elspe zurück. Er habe extra noch einmal mit dem Staatsschutz gesprochen.

Aber Murat fand keinen Stand mit Koranen und Islamisten. Nicht an diesem und auch nicht an einem anderen Tag.

Murats Besuche in Bochum glichen einem Remake des Films »Und täglich grüßt das Murmeltier«. Ein ums andere Mal fuhr er in die Innenstadt, um Kontakte zum islamistischen Milieu zu knüpfen. Er stellte seinen verwanzten Wagen in der Nähe ab und spazierte suchend umher.

Die Islamisten aber fand er nicht. Stattdessen führte er Dutzende Telefongespräche mit seinen VP-Führern. Immer wieder sagte er den Beamten, dass er die Salafisten nicht finde, und sie sagten Murat, dass er suchen solle, sie müssten doch dort sein. Irgendwann sahen die Beamten ein, dass die Anmeldung eines Koranverteilungsstands im Ordnungsamt und dessen tatsächliche Existenz nicht zwingend übereinstimmen mussten.

»Scheiß auf den Stand«, dachte sich Murat. Auf eigene Faust suchte er sich einen anderen Startpunkt für seinen Einsatz. Murat ging in eine Moschee – eine, die für ihre konservative Auslegung des Islam bekannt war, in der aber kaum militante Islamisten verkehrten. Dafür hatte sie einen entscheidenden Vorteil: Sami A. wohnte ganz in der Nähe.

Monatelang fuhr Murat zum Beten nach Bochum, freitags, am Wochenende, er zeigte sich. Er ließ sich einen Bart wachsen und begann, eine Dschallabija zu tragen, ein hemdartiges Gewand, das bis zu den Knöcheln reicht. Er reiste übers Wochenende zu Islam-Seminaren. Mit seinen neuen Glaubensbrüdern übernachtete er in Jugendherbergen und sprach über den Koran – über den er doch kaum etwas wusste.

Der Einsatz war in vielerlei Hinsicht anders als das Geschäft, das Murat bislang aus dem Effeff zu beherrschen gelernt hatte. Er hatte kein Ziel, auf das er hinarbeitete. Es gab keinen Drogen- oder Waffendeal, den es einzufädeln galt, es gab keinen krachenden Zugriff eines Spezialeinsatzkommandos.

Auch seine VP-Führer waren anders als sonst. Sie legten eine Murat bis dahin unbekannte Kleinlichkeit an den Tag, was Quittungen anbelangte. Sie verfielen in regelrechte Tiraden, wenn er mit dem Einsatzauto ein paar Kilometer privat gefahren war. Es passte nicht zu seinem Selbstverständnis, dass man ihm so genau auf die Finger schaute. Er war der beste V-Mann, also sollte man ihn mit bürokratischem Kleinkram gefälligst nicht behelligen, dachte er. Es war nur eine Frage der Zeit, bis es zu einer Krise kommen musste.

Eines Tages machte Elspe Murat Vorhaltungen, weil er an einer Tankstelle an der Autobahn getankt hatte. Dort sei der Sprit bekanntlich viel teurer als an gewöhnlichen Tankstellen.

Murat kochte. »Ich opfere meine Zeit, und ihr heult rum«, schimpfte er. Wütend warf er Elspe die Schlüssel des Einsatzautos vor die Füße. Dann stapfte er beleidigt nach Hause.

Am nächsten Tag versöhnten sie sich. Murat hatte den Eindruck, dass seine VP-Führer ihm mit den Quittungen und den gefahrenen Kilometern nun nicht mehr ganz so genau auf die Finger schauten. Vielleicht wollte er das auch nur glauben.

Insbesondere Elspe schien jedoch von der Sorge um Murats Tarnpapiere wie besessen. Die Dokumente dürften bloß nicht in falsche Hände geraten, wiederholte er gebetsmühlenartig. »Schon gut, ich hab's verstanden«, sagte Murat nach einem neuerlichen Vortrag seines VP-Führers.

Elspe dürfte gewusst haben, warum er in dieser Hinsicht so pingelig war. Er kannte seinen V-Mann schon viele Jahre. So brillant der inzwischen 36-Jährige als Ermittler war, so schlampig war er in allen anderen Belangen seines Lebens. Vielleicht war in diesem heiklen Punkt eine Krise unausweichlich.

Eines Morgens wollte Murat wieder in einen seiner Ausflüge in den Salafismus starten. Geläutert tankte er nicht an der Autobahn, sondern schon vorher. Als er später aus dem Wagen stieg und sich routinehalber an die Gesäßtasche griff, spürte er: Sein Portemonnaie war nicht dort, wo es sein sollte. Ihn beschlich ein ungutes Gefühl. In dem Geldbeutel waren die Tarnpapiere.

Er begann im Auto zu suchen. Er fand nichts. Aus dem unguten Gefühl wurde Angst, und aus der Angst wurde Panik.

Murat kroch durch den Wagen. Er warf die leeren Coladosen und die Zigarettenschachteln aus dem Fußraum vor das Auto, er rupfte die Fußmatten heraus. Mit seinem Handy leuchtete er die dunklen Winkel des Innenraums. Aber er fand kein Portemonnaie und keine Tarnpapiere.

Wo waren die Papiere? Elspe und Wirtgens würden ihm den Kopf abreißen. Oder noch viel schlimmer: Sie würden die Zusammenarbeit mit ihm beenden.

Er fuhr zurück zur Tankstelle. Auch dort war das Portemonnaie nicht.

Er musste Bescheid geben.

Und er brauchte jetzt Trost. Die Polizisten würden ihn verstehen. Sie kannten das Geschäft. Ihre Strenge war womöglich ein Stück weit Schau gewesen. Vielleicht war alles gar nicht so schlimm? Murat rief Elspe an und sagte, es sei etwas Schlimmes passiert.

Elspe sagte nichts. Murat hörte ihn schwer atmen. Dann keuchte Elspe ins Telefon, wie sich Murat erinnert: »Sag bitte, dass dein Vater tot ist, dass deine Mutter tot ist, dass die Kinder tot sind. Aber bitte sag nicht, dass du die Tarnpapiere verloren hast!«

Doch, das hatte Murat.

Die Polizisten kamen, so schnell sie konnten. Ihre Fragen prasselten wie Hiebe auf ihn ein.

»Hast du die Papiere verkauft?« Immer wieder fragten sie ihn das.

Murat schämte sich. Doch zugleich war er wütend. Die Fragen demütigten ihn. Sie zeugten von einem Misstrauen, das er seinen VP-Führern niemals vergessen konnte. Er hatte immer gedacht, er wäre einer von ihnen, einer von den Guten. Dieses Gefühl hatten sie ihm gegeben. Aber nun spürte er, dass er für die richtigen Polizisten doch stets ein Krimineller blieb, jemand, den sie nur für ihre Zwecke nutzten. Dafür hatten sie ihn aus dem Dreck gezogen. Von wegen bester Mann und so, am Arsch.

»So schätzt ihr mich also ein?«, blaffte er. Es war für ihn nun eine Frage der Ehre. Er musste diese Papiere finden.

Es gab Gegenden, in denen hätte er einen gestohlenen Geldbeutel schnell entdeckt. Diebe redeten. Sie redeten mit ihm oder ihre Freunde redeten mit ihm. Es wäre eine Frage von Stunden, maximal von ein bis zwei Tagen gewesen, bis jemand das Portemonnaie erwähnt hätte. Aber hier, wo die Spur an einer Tankstelle endete? Murat, dem türkischen Ausnahmespion, fiel in dieser Situation nur eine sehr deutsche Lösung ein. Er ging ins städtische Fundbüro. Aber auch dort war der Geldbeutel nicht.

Aber Murat ließ nicht locker. Beinahe täglich kreuzte er im Fund-büro auf. Immer bekam er dieselbe Antwort: Nein, das Portemon-naie sei nicht hier. Man werde sich melden. Irgendwann kannten ihn alle Mitarbeiterinnen des Fundbüros. Nach einigen Tagen nickte ihm die Dame am Tresen freundlich zu. Ja, das Portemonnaie sei ab-gegeben worden. Aber der Finder wünsche sich 20 Euro Finderlohn. »Ich gebe dem auch 50 Euro«, antwortete Murat.

Zufrieden rief er seine VP-Führer an. Die Papiere seien gefunden worden. Aber der Finder wolle 100 Euro Finderlohn, flunkerte er. Kein Problem, sagten die Beamten.

4

ERFOLGSMELDUNG

Der Weg zu Sami A. führte über Erdal, einen Drogendealer. Murat lernte ihn in jener Moschee in Bochum kennen, in der er Fuß gefasst hatte. Erdal sagte, er wollte mit Hilfe des Islams sein Leben in den Griff bekommen. Bei ihm sei das ganz genauso, sagte Murat.

An einem Sonntag im Frühjahr 2014, nach dem Nachmittagsgebet, saßen die beiden auf einem Spielplatz und rauchten. Als gute Muslime sollten sie das nicht tun. Aber die beiden waren sich ähnlich in ihrem pragmatischen Umgang mit den Lehren des Propheten. Sie mochten sich.

Dann, zwischen Schaukeln und Rutsche, fragte Erdal seinen neuen Freund, ob er gleich mitkommen wolle. Der berühmte Prediger »Scheich Sami« gebe noch Unterricht, in einer Wohnung ganz in der Nähe, von 18 bis 20 Uhr.

Murat gab sich äußerlich unbewegt. »Ja, klar«, sagte er. »Machen wir so.« Sein Herz hüpfte vor Freude. Endlich. Mehr als sechs Monate hatte es gedauert, diesen Kontakt zu Sami A. aufzubauen. Nun endlich sollte sich Murats Geduld auszahlen.

Erdal und er verließen den Spielplatz und gingen jenem Ziel entgegen, das für Murat so viel wichtiger war, als Erdal es erahnen konnte. Sie steuerten ein Mehrfamilienhaus aus der Zeit des Wirtschaftswunders an. Der Rauputz der Fassade war ockerfarben gestrichen, Graffiti zierten die Wand.

In einer Drei-Zimmer-Wohnung im ersten Stock drängten sich Dutzende Männer. Dicht an dicht saßen sie auf dem Boden, der Geruch von Schweiß mischte sich mit dem jener Bartparfums, die viele Salafisten nutzten. Es stank bestialisch.

»Scheich Sami« war klein und stämmig. Er redete mit auffallend heller Stimme, die ein wenig im Widerspruch zu seinem sonstigen ruhigen, bedächtigen Sprachstil stand. Murat hätte den Klang solch einer Stimme eher mit einem hysterischen Habitus verbunden, aber Scheich Sami erschien ihm wie ein ernster Mann mit Haltung. Er hörte ihm gerne zu.

»Endlich, endlich habe ich dich gefunden«, dachte er.

Er bekam nicht mit, worüber Sami A. an diesem Tag predigte. Er lauschte nur dessen Stimme und freute sich. Irgendwann bemerkte er den Gestank nicht mehr.

Murat wurde zu einem regelmäßigen Besucher von Sami A.s Vorträgen. A. sprach über den Propheten und den Islam im Allgemeinen – und über den Märtyrertod. Die jungen Männer in seinem Dunstkreis stellten sich das Paradies, das Märtyrer erwartete, wie einen ewigen Pornofilm vor: Gesegnet mit primären Geschlechtsteilen von beachtlicher Größe und niemals nachlassender Manneskraft träfen sie dort auf willige Jungfrauen.

Sami A. predigte diese Geschichten nicht selbst. Aber er widersprach den absurden Vorstellungen seiner Jünger auch nicht. Ein Neugieriger unter den Zuhörern fragte A. einmal, ob er denn im Paradies einen Ferrari haben könne. »Du kannst einen Ferrari aus Gold haben«, soll A. geantwortet haben.

Vor dem Haus, in dem sich die Salafisten trafen, parkte damals auffällig oft ein weißer Transporter. Sami A. und seine Anhänger waren überzeugt, er gehöre dem Verfassungsschutz, der sie überwachte.

Murat sah, wie ein Salafist gegen den Wagen pinkelte. Und er hörte, wie einer in Richtung Bus brüllte: »Wir schlachten euch, ihr Wichser!«

Nach einigen Wochen kam Sami A. auf Murat zu. Er habe ihn öfter gesehen, sagte A. Woher Murat denn komme, wollte der Prediger wissen.

Murat fühlte sich wie ein Schuljunge, den der Lehrer an die Tafel zitiert. Doch er spulte ohne Verhaspeln seine Geschichte herunter, die er inzwischen in- und auswendig kannte: Er sei aus Duisburg, arbeitslos, habe einen Schwager in Leverkusen und gehe schon länger in die Moschee in der Nachbarschaft. Man kenne ihn dort. Allerdings habe er Zweifel, ob da der wahre Koran gelehrt werde.

Wie so oft improvisierte Murat in diesem Augenblick. Instinktiv hatte er die Schwachstelle des Predigers identifiziert. Denn wenn es etwas gab, worauf Sami A. sich etwas einbildete, dann auf sein tiefes Verständnis der Religion, das ihn von vielen anderen unterschied. Sami A. war eitel.

Wenn er den wahren Islam suche, sagte Sami A., könne er gerne bei ihm bleiben. Sie würden demnächst eine eigene Moschee eröffnen. Murat sei immer willkommen.

An diesem Tag fuhr der V-Mann Murat Cem hochzufrieden nach Hause. Er hatte das ziemlich geschickt eingefädelt, fand er. »Terroristen«, sagte er sich, »sind auch nicht anders als andere Verbrecher.« Und den Umgang mit Letzteren beherrschte er in Vollendung.

Zumindest beinahe. Denn während Murat in Bochum schon den frommen Muslim mimte, gab er gleichzeitig im Duisburger Norden noch den hochkriminellen Drogendealer. So anspruchsvoll und wichtig Murats Arbeit in der Islamistenszene war: Die Polizei brauchte ihn auch noch für das alltägliche Geschäft.

Die Sache in Duisburg schien ganz einfach: Zielperson war ein junger Mann türkischer Herkunft. Er sollte Drogen im großen Stil verkaufen. Murats Auftrag war, ihn zu einem Geschäft zu überreden, dann würde die Polizei ihn schnappen. In einem türkischen Café verabredete Murat mit der Zielperson, dass er ihr ein Kilogramm Marihuana für 5000 Euro abkaufen würde.

Zunächst schien es, als liefe alles nach Plan. Doch Murat missachtete zum wiederholten Mal die eiserne Regel, niemals das Geld aus der Hand zu geben, bevor die Ware zur Übergabe bereit war. Jahre zuvor, in seinem Falschgeld-Einsatz, war es noch mal gut gegangen. In diesem Fall aber nahm der junge Mann die Scheine, ging in eine Kneipe, öffnete ein Fenster zum Hinterhof und lief davon.

Murat rief seinen VP-Führer an.

»Ich wurde abgezogen. Das Geld ist weg«, sagte er.

»Scheiße!«, gab der Beamte zurück.

Doch dessen Ärger fiel weitaus moderater aus als nach dem Verlust der Tarnpapiere. So etwas passierte. Man sollte das möglichst schnell abhaken und vergessen, sagte der Polizist. Das Leben gehe weiter.

So einfach war das für Murat allerdings nicht. Für ihn ging es wieder um seine Ehre. Er hatte einen tadellosen Ruf im Einsatz. Er war anders als die anderen V-Leute, die für etwas Geld ihre Kumpels verrieten oder der Polizei Lügen auftischten. Murat Cem verstand sich als echter Undercover-Ermittler – nur ohne Dienstausweis. Er wollte nicht den leisesten Verdacht aufkommen lassen, er habe das Geld selbst eingesackt. Außerdem zog man ihn nicht ungestraft ab. Nicht Murat Cem. Er musste etwas tun.

Murat streunte durch die Duisburger Stadtteile Rheinhausen, Beeck, Hamborn, jene Viertel, denen der Strukturwandel übel mitgespielt hatte. Hier, in den Spielotheken, Cafés, Handyläden und Dönerbuden würde er fündig werden. Dessen war er sich sicher.

Er fragte überall herum, wo sich dieser verdammte Dieb versteckte. Er war so verzweifelt, dass er einem Unbekannten, der hoch und heilig versprach, Murat zu helfen, 1000 Euro gab. Es war der nächste Fehler, der ihm nach all den Jahren nicht hätte passieren dürfen. Am nächsten Tag war das Geld futsch und Murat keinen

Schritt weiter. Er schwor sich: Ich gehe hier nicht mehr weg, bevor ich mein Geld wiederhabe.

Murat ermittelte jetzt auf eigene Faust, wie er sich erinnert. Tagelang hing er in Cafés herum und fragte unentwegt nach dem Abzocker. Es war seine ganz persönliche Interpretation der Ermittlungstaktik »Fahndungsdruck erhöhen«.

Schnell sprach sich herum, wen er suchte. Und tatsächlich, Murat fand jemanden, der ihm eine Adresse nannte, an der der Dieb zu finden sei. In Begleitung eines verdeckten Ermittlers fuhr Murat am nächsten Tag dorthin.

An der Tür stellte Murat den Dieb zur Rede. Der reagierte aggressiv. Er zog ein Messer, bedrohte Murat und schrie: »Ich habe dich abgezogen! Na und, was willst du jetzt machen?«

Murat lächelte. Er wollte gar nichts mehr machen. Aber genau das hatte er hören wollen. Und, wichtiger noch: Der verdeckte Ermittler hatte es hören sollen. Murat würde zwar das Geld nicht zurückbekommen, das war nun klar, aber seine Ehre war wiederhergestellt. Jetzt wusste die Polizei, dass Murat sie wirklich nicht ausgetrickst hatte. Der Dieb war nachweislich echt, und Murat war zufrieden.

Islamisten, Dealer, Diebstahl: Ein Einsatz folgte auf den nächsten, zur Ruhe kam Murat immer seltener. Ständig stand er unter Strom. Die Untreue seiner Frau hatte er verdrängt. Doch nun gab es zu Hause Probleme mit dem leiblichen Vater seines Sohnes. Der Nebenbuhler, Murats Erzfeind, wollte sich mit seiner Rolle als Verlierer nicht zufriedengeben.

An einem Vormittag, Murat war gerade zu Hause, näherte sich der Rivale in Begleitung eines Bekannten seiner Wohnung. Murat sah, wie die Männer das Auto parkten. Sie waren mit Baseballschlägern bewaffnet. Murat griff sich einen Teleskop-Schlagstock und stürmte hinaus.

Er ging auf sie los, die Kontrahenten suchten Deckung hinter ihrem Wagen. Murat schlug mit dem Schlagstock auf das Auto ein.

Die Frontscheibe bekam einen Riss, der Wagen eine Beule. Murat brüllte wie ein Wahnsinniger. Irgendwann hörte er die Sirene eines Streifenwagens. Der Nebenbuhler und sein Begleiter flüchteten.

Einmal mehr bekam Murat Ärger mit seinen VP-Führern. Einmal mehr blieb der Ärger ohne Konsequenzen. Die Polizei brauchte ihn als Informanten. Vor Gericht kam Murat mit einer knapp 2000 Euro hohen Geldstrafe wegen eines Verstoßes gegen das Waffengesetz davon.

Es fiel Murat nicht leicht, sich das einzugestehen: Aber er mochte Sami A., den islamistischen Hassprediger. Und Sami A. schien wiederum Murat zu mögen. Vielleicht lag es daran, dass Murat und Sami A. etwa gleich alt waren. Sie waren keine jungen Heißsporne mehr, wie fast alle anderen in der Salafistenszene. Vielleicht lag es auch daran, dass der Prediger Murat in seiner ruhigen, sanften Art oft gut zuredete und Murat sich wissbegierig gab. Die Chemie zwischen den beiden stimmte jedenfalls.

Im Winter des Jahres 2014 wurde Murat Sami A.s Schüler. Er hörte sich seine Predigten an, besuchte dessen religiöse Seminare. Murat freundete sich auch mit den Gefolgsleuten des »Scheichs« an. Adam R. war einer von ihnen, ein kleiner, schmächtiger Junge, der seinen Platz im Leben suchte. Seine Mutter war Bosnierin, er hatte Verwandte, die Muslime waren.

Adam R. wurde Murats Eintrittskarte in den engeren Zirkel der Salafisten. Bald umgab er sich mit jüngeren Männern, die ihn »Murat Abi«, nannten, »großer Bruder Murat«. Er fuhr sie umher, kutschierte sie von einer Veranstaltung zur nächsten.

Adam R. wohnte in der Nähe der Moschee, in der Sami A. nun predigte. Und obwohl er so unscheinbar wirkte, hatte er gute Kontakte. R. brachte es fertig, den Mönchengladbacher Prediger Sven Lau zu einem Vortrag zu sich nach Hause einzuladen – inzwischen war Lau einer der Stars in der deutschen Salafistenszene.

Als es galt, die neue Moschee von Sami A. einzurichten, half Murat tatkräftig mit. Er verlegte Leitungen und klebte Folien als Sichtschutz vor die Fenster. Sami A. gab Murat schließlich sogar einen Schlüssel für das Gotteshaus. Dann müsse er nicht immer nach Hause, nach Duisburg fahren, sondern könne über Nacht in Bochum bleiben. Murat nahm den Schlüssel gerne an.

Er war nun mittendrin, angekommen im Herzen einer Islamistengemeinde. Murat konnte sich inzwischen sogar erlauben, zu bestimmten Aktivitäten der Gruppe Nein zu sagen. Der Auftritt eines Teufelsaustreibers in der Moschee war so eine Gelegenheit. Sami A. stellte den Mann als Heiler vor, der feststellen konnte, ob jemand vom Teufel oder von bösen Geistern besessen sei. Und der sowohl Teufel als auch Geister vertreiben könnte.

Der Mann steckte den anwesenden Gläubigen seinen Finger ins Ohr. Wie in Trance fingen die Männer an zu schreien oder unverständliche Worte zu stammeln. Dann sackten sie zusammen. Die ganze Prozedur war Murat unheimlich. Er beschloss, dabei lieber nicht mitzumachen. Sami A. akzeptierte die Entscheidung.

An dem weißen Eckhaus in Bochum erinnert nichts mehr daran, dass das Gebäude einmal ein Salafisten-Treff war. Aus den Räumen im Erdgeschoss ist eine Wohnung geworden. Spitzengardinen hängen vor den Fenstern, auf den Fensterbänken stehen kitschige Figuren. Das Klingelschild weist auf Bewohner mit osteuropäischen Wurzeln hin. Im oberen Stockwerk schimpft eine Frau auf Türkisch, minutenlang.
Es ist um die Mittagszeit, ein Werktag.
Murat stemmt die Hände in die Hüfte. »Früher, zum Freitagsgebet, war hier alles zugestellt«, sagt er. »Und vor der Moschee war alles voller Menschen.« Die Anwohner hätten protestiert, und die Stadt hätte die Moschee geschlossen.
Auf einem Grünstreifen neben dem Gebäude stehen zwei improvisierte Bänke, wie zu einer Sitzgruppe geordnet. Murat hockt sich hin. »Der Besitzer des Hauses, der ist auch ein bisschen extrem drauf«, sagt er. »Mit dem habe ich hier oft gesessen.«

Er atmet tief ein. »Scheich Sami war radikal, aber auch ein lieber Mensch«, seufzt er. »Der Koran, den er mir beigebracht hat, war nicht falsch.« Wenn Murat über Zielpersonen spricht, benutzt er gerne Kraftausdrücke: »Penner«, »Arsch« – das geht im leicht über die Lippen. Wenn er jedoch über Sami A. spricht, klingt er respektvoll. Niemals benutzt er nur den Vornamen oder gar den Nachnamen des Predigers. Er sagt »Scheich«.

»Ich sag dir, der konnte Karate, das glaubst du nicht«, schwärmt Murat.

Nur habe Samis Auslegung des Islam nicht ins aufgeklärte Deutschland gepasst. »Aber ich glaube nicht, dass Scheich Sami irgendjemandem schaden wollte.«

Die Behörden, das weiß Murat, sehen das anders. Und ihre Einschätzungen beruhen zu großen Teilen auf seinen Berichten.

In der Abschiebeandrohung der Stadt Bochum aus dem Juni 2018, in der die behördlichen Erkenntnisse zu Sami A. zusammengefasst sind, heißt es, von A. gehe eine »akute erhebliche Gefahr für die öffentliche Sicherheit« aus. Er genieße »als Gelehrter in der salafistischen Szene ein hohes Ansehen« und sei »als Imam tätig«. Außerdem sei anzunehmen, dass er »die terroristische Szene und Gewalt unterstütze«, er womöglich sogar selbst Terrorakte begehen könnte.

So habe er den Anschlag am Berliner Breitscheidplatz begrüßt und gesagt, Deutschland habe diese Strafe verdient. Eine Zeugin berichtete der Polizei demnach, Sami A. habe ihr für den Fall seiner Abschiebung angekündigt, dass »Deutschland Blut weinen werde«.

Ein Mann mit Badeschlappen, einem Surfer-T-Shirt über dem durchtrainierten Brustkorb und einer Sporttasche kommt aus dem Nebeneingang des Hauses. »Der hat früher auch dazugehört«, flüstert Murat. Der Mann, der einem Rettungsschwimmer ähnlicher sieht als einem Salafisten, blickt herüber. Murat spricht ihn an.

»Wir reden hier gerade darüber, wie es war, als Scheich Sami noch hier war.« Murat macht eine ausholende Handbewegung, »mit den ganzen Leuten und so.«

Der Mann legt seine Stirn kurz in Falten. Dann setzt er sich. »Der ist ein feiner Mann«, sagt er. »Aber der ist ja jetzt weg.«

»Ja, ich habe das im Internet gelesen«, sagt Murat. »Am Ende hat sogar seine Frau gegen ihn ausgesagt.«

»Der Arme«, sagt der Mann. »Ohne die Frau und Kinder so weit weg«, sagt der Mann. »Ich mein, scheiß auf die Frau, aber die Kinder.«

Murat schaut auf den Boden und nickt.

Sie reden noch ein bisschen. Dann verabschiedet sich Murat, steht auf und geht. Der Mann blickt ihm hinterher, bis Murat ins Auto steigt. Es sieht aus, als merkte sich der Mann das Kennzeichen.

Immer dienstags und donnerstags ging Sami A. zum Karate-Training. Und bald nahm er Murat mit. A. betrieb den Kampfsport schon seit vielen Jahren, er trug den Schwarzen Gürtel.

Murat hingegen quälte sich. Er war ein Anfänger, trotz der Taekwondo-Kniffe, die er als Schüler gelernt hatte. Auch seine Fitness machte ihm zu schaffen. Er rauchte zwar inzwischen nur noch heimlich, weil die Salafisten das nicht gerne sahen, aber er rauchte eben. Und einige Kilo zu viel hatte er auch auf den Rippen.

Spaß machte dieser Einsatz nicht, das wurde Murat während der gemeinsamen Karate-Lektionen immer wieder jäh bewusst. Fatih, das Koks und die gemeinsamen Streifzüge durch rheinische Großbordelle waren dann nur noch eine vage Erinnerung an glorreichere Zeiten seines V-Mann-Daseins.

Sami A. hatte sogar dafür gesorgt, dass sie beim Karate nicht mit Frauen übten. Kein Salafist sollte in Versuchung geraten. Die Sünde lauerte überall.

Freitags saßen Murat, Sami und andere Salafisten oft gemeinsam in der Sauna. Die bärtigen Männer trugen auch in der Sauna Shorts, die manche zusätzlich noch mit Handtüchern bedeckten. Wenn sie gemeinsam schwitzten, dann wurden die Gespräche besonders offen. Sie ließen ihrem Hass auf die Ungläubigen freien Lauf. Die Sauna erschien ihnen als geschützter Raum, in dem keiner sie abhörte und niemand belauschen konnte.

Dabei saß der Spion neben ihnen. Murat hörte aufmerksam zu und rapportierte das Gesagte später seinen Auftraggebern von der Polizei. Für die Vernehmungen traf Murat sich mit seinen VP-Führern an der Autobahnraststätte Geismühle bei Krefeld, die günstig für alle gelegen war. »Nichts ist weit von Geismühle«, pflegten sie zu sagen. Dann berichtete er.

Die Beamten waren begeistert. Sie konnten kaum glauben, dass Murat gelang, woran so viele vor ihm gescheitert waren. »So nah waren wir noch nie dran«, schwärmten sie.

Dass der V-Mann Murat Samis Freund geworden war und von dessen Aktivitäten der Polizei berichtete, empfand er nicht als Widerspruch. Ein Feind des Staates war auch sein eigener Feind. So sagte er sich das. Man musste den Verrat und die Freundschaft einfach trennen. Das eine war der Job, das andere sein persönliches Verhältnis.

Die verschriftlichte Version seiner Aussagen, die die Beamten später in ihre Computer tippten, bekam Murat nicht zu sehen. Er fragte auch nie danach. Murat berichtete den Polizisten, diese machten sich Notizen, was er ihnen erzählte, dann gab es das Einsatzgeld pro Tag, fertig.

Dem Jobcenter, das von Murats Nebeneinkünften eigentlich hätte wissen sollen, blieben die regelmäßigen Zahlungen der Polizei an Murat über all die Jahre verborgen. Einem Sachbearbeiter zu offenbaren, dass Herr Cem als geheimer Informant für sie arbeitete, war den Ermittlern ein untragbares Risiko. Im Kampf gegen Gangster und Islamisten betrügt der Staat offenbar bisweilen auch sich selbst.

Tage und Wochen am Stück verbrachte Murat jetzt in Bochum. Sami A. kam sogar auf die Idee, Murat zum Vorbeter zu machen, so sehr schätzte er seinen neuen Freund. Doch die Polizei war dagegen.

Wie sähe das aus, wenn es zu einem Strafprozess käme? Ein Agent des Staates als Funktionär in einer Salafisten-Moschee? Undenkbar. Aus den Fantasien eines Beamten, in Dortmund zur Tarnung einen Laden für muslimische Cola zu eröffnen und die Islamisten auf diese Weise im Blick zu behalten, wurde ebenfalls nichts. Womöglich aus ähnlichen Gründen.

Murat jedenfalls musste das Stellenangebot seines »Scheichs« höflich ablehnen. Es sei eine große Ehre, sagte Murat, aber er sei noch nicht so weit, ein Vorbeter zu sein. Er müsse erst noch seinen Glauben vertiefen.

Weniger schlimm fanden die Polizisten offenbar, dass Murat seiner Zielperson dabei half, ausländerrechtliche Auflagen zu unterlaufen. Weil der deutsche Staat schon seit Jahren versuchte, Sami A. des Landes zu verweisen, musste er sich ständig in Bochum aufhalten, der Stadt, in der er gemeldet und die für ihn zuständig war. Eine Ordnungsverfügung des Ausländeramts gegen A. zitierte drohend die strafrechtlichen Konsequenzen einer Zuwiderhandlung. »Wiederholte Verstöße gegen diese räumliche Beschränkung sind mit Freiheitsstrafe bis zu einem Jahr oder Geldstrafe bewehrt«, hieß es.

Das war die Theorie. In der Praxis wurden Samis zahlreiche Exkursionen über die Stadtgrenzen Bochums hinaus kaum geahndet. Später kam es zwar zu einem Prozess, doch an dessen Ende stand für den Prediger eine lächerliche Geldstrafe von 600 Euro. Lag das womöglich daran, dass V-Mann Murat Cem den Islamisten Sami A. durch die Gegend gefahren hatte?

So besuchten Murat und Sami A. zum Beispiel regelmäßig eine Moschee in Gelsenkirchen. Der Scheich setzte sich auf die Rückbank von Murats Auto und zog sich als Verkleidung einen Gesichtsschleier über. Als Frau getarnt ließ er sich von einem Polizeispitzel aus der Stadt fahren.

5
UNTER BRÜDERN

Die Nähe zu Sami A. war Murats Einstieg in die extremsten Zirkel der nordrhein-westfälischen Islamistenszene. Als ehemaliger Dschihadist und mutmaßlicher Angehöriger der Leibgarde Osama Bin Ladens wurde der Tunesier auch von denen respektiert, die weniger an weisen Worten als an radikalen Taten interessiert waren. Sami A. verstand es, seine Reputation für sich zu nutzen. Er bestätigte die Geschichte nie. Aber er wiedersprach ihr auch nicht.

Murat war der Schüler des »Scheichs«, auf der Sami-Welle surfte er durch die Moscheen des Ruhrgebiets. Überall kam er hinein, allen war er willkommen. So zog Murat umher, von Moschee zu Moschee, immer auf der Suche nach neuen Gesichtern, extremen Ansichten, gefährlichen Absichten.

Sie bräuchten keinen schnellen Erfolg, hatten ihm seine VP-Führer eingebläut, er könne sich ruhig Zeit lassen. Er sollte durch die Szene pflügen und – einem Trüffelschwein gleich – mögliche Terroristen aufspüren.

Das machte Murat nur zu gerne, denn das Leben als Islamist gefiel ihm immer besser. Es ging hier nicht um Geschäfte und Drogen, um dicke Autos und schöne Frauen. Unter Brüdern begegnete man sich mit Respekt und Hilfsbereitschaft. Konkurriert wurde allenfalls darum, wer der bessere Muslim war. Und das war etwas, woran jeder arbeiten konnte. Murat lernte seinen Glauben besser kennen als jemals zuvor.

Im Sommer 2015 begegnete er Turan Y., einem damals 24 Jahre alten Studenten der Wirtschaftsinformatik aus Bochum. Y. hatte in Bochum, Gelsenkirchen und Düsseldorf für salafistische Vereine Korane verteilt. Nun wollte er unbedingt in den Dschihad ziehen.

Es war die Hochzeit jener Bewegung, die am Ende rund 1000 Männer und Frauen aus Deutschland nach Syrien und in den Irak führen sollte. Die Propagandamaschine des »Islamischen Staats« pries das Leben im »Kalifat« als Himmel auf Erden. Mehr als 700 Islamisten waren bereits darauf hereingefallen und hatten die Bundesrepublik in Richtung Syrien und Irak verlassen.

Die meisten dieser Dschihadisten waren jünger als 30 Jahre, etwa ein Fünftel von ihnen Frauen. Der IS sei »für junge Islamisten aus Deutschland ein gefährlich-verlockendes Ziel«, sagte der damalige Verfassungsschutzchef Hans-Georg Maaßen. »Viele der jungen Leute sind sich offenbar immer noch nicht klar darüber, dass sie nur als Kanonenfutter eingesetzt werden.«

Zu der Zeit wandte sich das deutsche Aushängeschild der Terrormiliz, der frühere Gangsterrapper Denis Cuspert, in einem Propagandavideo an die deutsche Islamistenszene. Er pries den zuvor in Paris verübten Terrorakt auf die Satire-Zeitschrift »Charlie Hebdo« und einen jüdischen Supermarkt: »In Frankreich folgten Taten, die deutschen Schläfer warten.«

Das Video zeigte Aufnahmen der Attentäter, die im Januar 2015 die Redaktion von »Charlie Hebdo« und das Geschäft angegriffen hatten. IS-Anhänger in Deutschland sollten es ihnen nachtun, forderte Cuspert: »Auch wenn du in Europa bist, mache deinen Dschihad. Allah wird dich belohnen, setz den Dreckigen ein Ende!«

Den Zulauf zum »Islamischen Staat« wollte der Westen eindämmen. US-Präsident Barack Obama ließ im Herbst 2014 eine Resolution in den Uno-Sicherheitsrat einbringen, die zu schärferen Kontrollen mutmaßlicher Dschihadisten verpflichtete. Daraufhin änderte Deutschland seine Strategie: Während manche Behörden eine Zeit lang ausreisewillige Möchtegern-Terroristen mitunter hatte ziehen lassen – weil der »Schutz unserer Bevölkerung« Vorrang hatte, wie ein bayerischer Staatsschützer einmal sagte –, setzten die Behörden nun alles daran, Terror-Trips zu verhindern. Das sollte einige Jahre später so weit gehen, dass die Polizei sogar den ausreisepflichtigen Islamisten Anis Amris an seiner Ausreise hinderte – bevor er Monate später einen Anschlag in Berlin verübte.

Im Sommer 2015 galt der islamistische Terrorismus als größte Gefahr für die innere Sicherheit in Deutschland: 13 islamistische Terroranschläge trafen Europa in jenem Jahr, 2016 sollte diese Zahl auf 18 steigen, 2017 dann sogar auf 21. Wäre Murat Cem nicht gewesen, hätte es womöglich noch mehr Attentate gegeben.

Murats amtlicher Einstieg in den Anti-Terror-Kampf hatte zwei Seiten und trug das Datum vom 13. Juli 2015. Auf der ersten Seite des Schriftstücks stand »Quellenvernehmung« und darunter: »Eine dem unterzeichnenden Kriminalbeamten persönlich bekannte Person, der mit Einwilligung der Staatsanwaltschaft Düsseldorf die Geheimhaltung der Identität zugesichert wurde, im Folgenden VP -01- genannt, wurde vor ihrer Vernehmung auf folgende Punkte hingewiesen.«

Es folgten Belehrungen: Murat dürfe niemanden absichtlich falsch beschuldigen, nichts tun, was nur Polizisten tun dürften, müsse wahrheitsgemäß berichten und sich an die Aufträge der Polizei halten. Dann würde der Staat seine Identität dauerhaft geheim halten.

Auf der zweiten Seite ging es um die Informationen, die Murat bekommen hatte und ihn erstmals in eine echte Anti-Terror-Ermittlung führen sollten: »Ein Türke, der mit Vornamen Anil heißt und etwa 20 Jahre alt ist, hat versucht, mich für den bewaffneten Kampf auf Seiten der (sic!) ISIS anzuwerben«, notierte Wirtgens für Murat.

»Er versuchte mich zu überzeugen, auf Seiten der (sic!) ISIS in den Dschihad zu ziehen.« Anil habe gesagt, er organisiere alles und habe Kontakt zu der Terrormiliz. »Für den Kampf würde man einige hundert Dollar im Monat bekommen.«

Die Beamten fanden schnell heraus, dass es sich bei besagtem Anil um Anil O. handeln musste, einen den Behörden seit längerer Zeit bestens bekannten Islamisten, der in Aachen Medizin studierte.

O. war mit seinen beiden Brüdern im Ruhrgebiet aufgewachsen, seine Eltern stammten aus der Türkei. In der Schule fiel Anils Lehrern das schwierige Verhältnis zu dessen Vater auf, einem dutzendfach vorbestraften Mann, den seine Frau später in abgehörten Telefonaten als »krank« beschrieb, »weil er ständig lügt«. Ein Beamter des Düsseldorfer LKA, Hauptkommissar Rasmus M., attestierte Vater Ender O. in einem Vermerk eine »bekannt manipulative Art«. In einem Gespräch beschwor Anils Mutter ihren Sohn, er möge sich nicht seinen Vater zum Vorbild nehmen.

Trotz der Schwierigkeiten im Elternhaus machte Anil O. 2014 als bester Schüler seines Jahrgangs Abitur. Noch im selben Jahr begann er ein Medizinstudium in Aachen. Über die Koran-Verteilungsaktion »Lies!« des später verbotenen Salafisten-Vereins »Die wahre Religion« kam O. in Kontakt mit dem radikalen Islam. Im Winter 2013/14 reiste er erstmals nach Syrien – und kehrte schon bald nach Deutschland zurück.

Im Sommer 2015 stellte die Polizei Anil O., wenige Tage ehe er Murat erstmals begegnen sollte, ein Ausreiseverbot zu und nahm ihm alle Ausweise ab. Das mobile Einsatzkommando ging dabei ziemlich robust vor und brachte O., weil er sich angeblich gewehrt hatte, gewaltsam zu Boden. Der Islamist trug dabei nicht nur einige Blessuren davon. Er fühlte sich auch in seinem Hass auf den Staat der Ungläubigen bestärkt.

Die Beamten fürchteten, O. wolle abermals das Land verlassen und sich dem IS anschließen. »Nach Bewertung der vorliegenden Erkenntnisse wird hier davon ausgegangen, dass Anil O. mit weiteren

Personen zeitnah nach Syrien oder in den Irak ausreisen wird«, hieß es in einem vertraulichen Bericht des nordrhein-westfälischen Verfassungsschutzes. Der Gefährder Anil O. galt damals als einer der Top-Islamisten in NRW – und nun war Murat Cem ihm begegnet.

Noch an jenem Tag, an dem Murat seinem VP-Führer von Anil O. berichtet hatte, schrieb Kriminalhauptkommissar Rasmus M. im Düsseldorfer Landeskriminalamt eine Strafanzeige gegen O. Sie trug das Aktenzeichen 002000-000993-15/5: »Gegen den Beschuldigten besteht der Verdacht der Vorbereitung einer schweren staatsgefährdenden Gewalttat«, notierte der Staatsschützer. Die Staatsanwaltschaft Düsseldorf leitete daraufhin ein Verfahren ein.

Es war der Beginn der LKA-Ermittlungskommission »Ventum«, die sich später auch mit Anis Amri befassen sollte. Es war der Beginn eines Terrorverfahrens, das die Republik erschüttern sollte. Es war der Eintritt des Staatsschützers Rasmus M. in Murats Leben. Und es war der Beginn eines Einsatzes, der Murat für immer veränderte.

Das LKA versuchte damals noch, neben Murat einen »echten« verdeckten Ermittler auf O. anzusetzen, einen Polizisten. Der Versuch scheiterte, wie aus einem Vermerk hervorgeht. Dem Beamten sei es nicht gelungen, mit O. oder »anderen erheblich mitbetroffenen Personen in Kontakt zu treten«, schrieben die Beamten zerknirscht.

Es hing alles an Murat. Wieder einmal.

6
IM HERZEN
DER FINSTERNIS

Es ist eine Volte der Kriminalgeschichte, dass der Islamist Anil O. und der V-Mann Murat Cem eines Tages auf derselben Seite stehen würden – als Zeugen der Anklage im wichtigsten Fall des Ermittlers Rasmus M. Aber das konnte zu diesem Zeitpunkt, im Sommer 2015, keiner der drei ahnen. Damals waren die Rollen noch anders verteilt: Der Gejagte war Anil O., und Murat Cem und Rasmus M. waren seine Jäger.

Mitte Juli 2015 fuhr Murat zum ersten Mal ins Herz der Finsternis. Turan Y. hatte ihm vorgeschlagen, dass sie Anil O. besuchen könnten, der gerade zu einem religiösen Seminar in Hildesheim war. Der würde sich bestimmt freuen. Außerdem seien noch ganz viele andere »interessante« Brüder dort. Das war Musik in Murats Ohren.

Der »Deutschsprachige Islamkreis Hildesheim« (DIK) galt damals als eine der radikalsten Moscheen in Deutschland. In den verwinkelten Räumen im Erdgeschoss eines rot geklinkerten Eckhauses predigte unter anderen der als »Abu Walaa« bekannte Salafist

Ahmad A., der den Behörden später – auch dank Murats Zutun – als mutmaßlich führender Kopf des IS in Deutschland bekannt werden würde.

»Dieser Verein war ein wichtiger Kristallisationspunkt in der niedersächsischen und deutschen Islamistenszene. Viele vor allem junge Menschen haben sich hier unter dem Deckmantel der Religiosität radikalisiert und sind sogar in die Kriegsgebiete nach Syrien oder in den Irak ausgereist, um dort terroristische Taten zu verüben«, sagte Niedersachsens Innenminister Boris Pistorius (SPD), nachdem er den Verein im März 2017 verboten hatte.

Doch bevor es so weit kommen konnte, nahmen die Beamten Murat noch einmal ins Gebet. Ab jetzt werde es gefährlich, so erinnerte Murat sich später an ihre Worte. »Wenn du aussteigen willst, dann jetzt«, sagten sie. »Nein, ich mache weiter«, entgegnete Murat. Er wünsche sich nur, dass die Polizei sich um seine Familie kümmern würde, falls ihm etwas zustoßen sollte. Murat Cem kniff nicht.

Es war Sommertag 2015, als Murat seinen Einsatzwagen nach Hildesheim steuerte. Die Sonne brannte auf das Dach des Fahrzeugs. Es hatte keine Klimaanlage. Ihn beschlich ein mulmiges Gefühl. Das Gespräch mit dem Polizisten arbeitete in ihm. Er versuchte, die bedrückenden Gedanken beiseitezuwischen. Er durfte sich ohnehin nichts anmerken lassen. Turan saß auf dem Beifahrersitz.

Die Salafisten-Moschee in Hildesheim lag in der Martin-Luther-Straße. Nachdem sie in einer Seitenstraße geparkt hatten, betraten sie die verwinkelten und schmucklosen Räume. Das Gotteshaus ähnelte noch immer der Schlecker-Filiale, die es einst gewesen war. Die Wände waren in Weiß gehalten, den Boden deckten gesprenkelte Fliesen. Überall lagen Luftmatratzen und Schlafsäcke. Murat zählte etwa 40 Salafisten, die offensichtlich in der Moschee campierten. Die radikalreligiöse Indoktrination zog sich oft über Tage.

Anil begrüßte Murat und Turan herzlich. Er führte die beiden und Yunus S. aus Wuppertal, mit dem Anil später in Richtung Syrien ausreisen würde, in einen Kellerraum. Aufgebracht und wütend erzählte

Anil ihnen davon, wie die Polizisten ihn geschlagen hätten. Er sagte, in einigen Wochen würden sie alle das Land verlassen, um in den Dschihad zu ziehen: »Wir fliegen alle von Belgien aus.« Wenn die Behörden sie daran hinderten, werde man Anschläge in Deutschland begehen.

Murat horchte auf. Er fragte, wie das gehen sollte. Yunus antwortete ihm, man könne mit einem Lastwagen voller Benzin und einer Bombe in eine Menschenmenge fahren. Murat nickte.

Anil, der gerne den Anführer seines kleinen Extremisten-Haufens spielte, setzte noch einen drauf: Rad- oder Pferderennen seien geeignete Ziele. Den Einwand, dabei könnten auch Muslime zu Schaden kommen, tat er ab: Das wäre so eine Art »Kollateralschaden« und deshalb keine Sünde. Er hatte die perfide Logik des IS bereits voll verinnerlicht.

VP-Führer Wirtgens hielt diese Szene im Juli 2015 in einer Quellenvernehmung fest. Es war ein plausibles Szenario. Der österreichische Hassprediger Mohamed Mahmoud hatte bereits zu Anschlägen mit Fahrzeugen aufgerufen. Und im Mai war das Frankfurter Radrennen »Rund um den Henninger Turm« abgesagt worden, nachdem ein bekannter Salafist aus der Gegend verdächtige Chemikalien gekauft hatte. Ein Jahr später sollte ein Terrorist in einem Lastwagen über die Promenade des Anglais in Nizza rasen und dabei 86 Menschen töten. Weitere fünf Monate später steuerte Anis Amri einen Lkw auf den Weihnachtsmarkt am Berliner Breitscheidplatz. Er ermordete zwölf Menschen und verletzte 55 weitere.

In Hildesheim, im Sommer 2015, im Keller der Moschee sagte Anil O. noch, man solle dieses Gespräch jetzt schnell vergessen. Sie könnten über den Messengerdienst Threema in Kontakt bleiben, der sei für die Behörden nicht zu knacken. Danach beteten sie.

Noch in der Nacht fuhren Murat und Turan Y. zurück ins Ruhrgebiet. Die Predigt eines gewissen Abu Walaa sei »unspektakulär« gewesen, hielt Wirtgens in Murats Vernehmung fest. Abu Walaa habe bloß über lügende Politiker geschimpft.

Murat fixierte sich nun auf Anil, er war seine Zielperson, seine Beute. Er musste herausfinden, was Anil plante.

Murat rief Anil ein paar Wochen später an. »Murat Abi«, sagte Anil auf Türkisch, Murat, mein großer Bruder. Murat war 17 Jahre älter als Anil O. Ob man sich nicht treffen könne, fragte Murat. Anil hatte nichts dagegen.

Am nächsten Abend wartete Murat in der Innenstadt von Aachen. Sie hatten sich für 20 Uhr verabredet. Anil kam 45 Minuten zu spät, aber das störte Murat nicht. Er war die Arbeit mit unzuverlässigen und unpünktlichen Menschen gewohnt.

Die beiden fuhren zusammen zu einem Imbiss. Ihre Handys ließen sie im Auto. Anil hatte Angst, überwacht zu werden.

Murat fragte, was mit den Anschlägen sei, über die sie gesprochen hatten. Doch Anil wich aus. Das plane eine andere Gruppe. Nur wenn sie nicht zum IS gelangen könnten, würden sie sich den Attentätern anschließen.

»Okay«, sagte Murat. »Und was ist mit der Ausreise?« Anil habe doch gar keinen Ausweis mehr, nachdem die Polizei ihm alle Papiere abgenommen habe.

Das sei nicht weiter schlimm, sagte O., er habe ja noch seinen türkischen Pass. Niemand könne ihn daran hindern, in das Heimatland seiner Eltern zu fliegen.

Außerdem sei er hier in Aachen mitten in Europa. Belgien und Holland seien nur ein paar Minuten entfernt. Wenn er seinen Marschbefehl vom IS bekommen habe, werde er Turan Bescheid sagen – und der informiere dann Murat.

Es werde »sehr, sehr bald« losgehen, sagte Anil. Murat solle sich ausrüsten. Er brauche Wanderschuhe, eine stabile Uhr, am besten eine G-Shock von Casio, warme Sachen und ein arabisches Wörterbuch.

»Wann kommen wir denn aus Syrien zurück?«, fragte Murat.

»Hoffentlich sterben wir da«, sagte Anil.

Kaum hatten sie sich getrennt, rief Murat seinen VP-Führer an und erstattete Bericht. Er war jetzt ziemlich nah dran. Das war gut. Schlecht war: Daraus ergaben sich taktische Probleme. Murat durfte nicht nach Syrien oder in den Irak ziehen. Das sei viel zu gefährlich, sagten Wirtgens und Elspe. Doch Murat konnte sich vor seinen Salafisten-Freunden auch keinen Rückzieher erlauben. Er musste einen anderen Grund finden, warum er nicht ausreiste. Gemeinsam mit seinen VP-Führern ersann er eine List. Es sollte die erste in einer ganzen Reihe sein.

Kurz darauf fuhr Murat wieder nach Aachen. Anil stieg zu ihm ins Auto. Die Wanze im Chevrolet zeichnete jedes Wort auf. Es gehe ihm nicht gut, sagte Murat, nachdem Anil O. auf dem Beifahrersitz Platz genommen hatte. »Es ist was ganz Schlimmes passiert«, sagte Murat. Er zog nun mit großer Geste ein amtliches Schreiben hervor. »Papierknistern« vermerkten die Lauscher des Landeskriminalamts in ihrem Abhörprotokoll.

»Stadt Duisburg – Ordnungsverfügung mit Anordnung der sofortigen Vollziehung«, las Anil O. auf der ersten Seite des Briefes an Murat. »Nach Mitteilung der hiesigen Sicherheitsbehörden beabsichtigen Sie eine Ausreise nach Syrien oder in den Irak.« Deswegen würden sein Ausweis und Reisepass eingezogen. Mit freundlichen Grüßen.

»Wie ist denn das passiert«, fragte O. entsetzt. »Hört jemand uns ab? Woher wissen sie denn davon? Hast du jemandem davon erzählt?«

»Nein!«, gab Murat entrüstet zurück. Er habe keine Erklärung dafür. »Seit heute Morgen fahre ich rum, weil ich schockiert bin«, lamentierte er. Er habe doch schon alles gepackt. Was solle er denn jetzt machen? Er wolle doch unbedingt in den Dschihad ziehen.

Er könne entweder mit dem Zug in die Türkei fahren, schlug Anil O. vor. Oder aber er schlage in Deutschland zu. »Die wollen uns nicht rauslassen, wundern sich aber, wenn wir hier was machen«, empörte sich O.

Eigentlich, sagte Murat, wolle er lieber ausreisen.

Die Polizei interessierte damals besonders, wann der Gefährder Anil O. sich auf den Weg ins Kalifat machen würde. Die Behörden wollten seine Ausreise unbedingt verhindern. Auftragsgemäß lenkte Murat das Gespräch daher immer wieder auf dieses Thema. Nach einer Vielzahl von Nachfragen war er sich schließlich sicher, dass O. erst einmal in Deutschland bleiben würde.

»Anil hat echt Stress«, sagte er seinem VP-Führer am 7. August 2015. »Ich glaube nicht, dass das in den nächsten Tagen passieren wird.« Einen Tag später verschwand Anil O.

Eine Videokamera der Polizei zeichnete auf, was in jener Nacht von Freitag auf Samstag in der Rütscherstraße 125 in Aachen geschah. Um 3.06 Uhr öffnete sich die Tür des Mietshauses. Anil O. zog einen schweren Rollkoffer hinter sich her. Er ging die Treppe hinunter, dann holte er einen zweiten Koffer. Um 3.11 Uhr stapfte er zurück in seine Wohnung.

Um 6.52 Uhr öffnete sich die Tür erneut. Anils Frau Emine wuchtete nun einen Kinderwagen die Treppe hinunter und holte anschließend ihren Sohn. Fünf Minuten später verließ auch Anil O. sein Zuhause. Er trug einen kleinen Wanderrucksack, schloss zweimal ab und ging nach rechts aus dem Blickfeld der Überwachungskamera.

Er hatte sich auf den Weg gemacht. Und niemand hielt ihn auf. Die Bilder der Überwachungskamera wurden erst später ausgewertet. Anil O., seine Frau Emine und der gemeinsame Sohn brachen unbehelligt in den Dschihad auf.

Vielleicht lag es daran, dass es am Wochenende war. Vielleicht verließen die Beamten sich zu sehr auf Murats Einschätzung. Am Ende aber stand die bittere Erkenntnis, dass einer der islamistischen Top-Gefährder trotz umfangreicher Überwachungsmaßnahmen, trotz eines V-Manns in seinem Umfeld, trotz eines amtlichen Ausreiseverbots und ohne deutsche Ausweispapiere problemlos verschwinden konnte – mit Frau und Kind und großem Gepäck.

Murat erfuhr einen Tag später davon, als Turan ihn anrief: Murat solle ihn vom Flughafen Köln/Bonn abholen. Turan hatte Neuigkeiten. Anil habe ihn am Samstagnachmittag angerufen und ihn aufgefordert, sich auch sofort auf den Weg nach Antalya zu machen. Daraufhin habe er ein Ticket gebucht und sei zum Flughafen gefahren. Doch die Bundespolizei habe ihn an der Ausreise gehindert. Turan hatte sich ziemlich dämlich angestellt. Und als die Polizei ihn stoppte, rief er zu allem Überfluss als Erstes den LKA-Spitzel an, um ihn um Hilfe zu bitten.

Murat half natürlich gerne. Er sammelte den verhinderten Gotteskrieger am Flughafen auf. Turan war am Boden zerstört. Murat musste ihn trösten. Anil dagegen war – wie er es angekündigt hatte – über Belgien und Griechenland in die Türkei geflogen.

Kurz darauf schickte Turan Murat via Threema eine Nachricht. Es ging um Anil O.: »Bruder, der ist schon da. Machen wir das zusammen, so wie er? Was sagst du dazu?« Murat sagte, er sei dabei.

»Ich muss dir vertrauen können. Nach den letzten Sachen habe ich das Vertrauen in viele Menschen verloren«, jammerte Turan.

Murat antwortete, Turan könne sich »hundertprozentig« auf ihn verlassen. Er tue das nicht für Turan, sondern für Allah.

Es dauerte keine zwei Wochen, da wollte sich Turan Y. erneut auf den Weg nach Syrien machen. Zusammen mit Murat buchte er in einem Bochumer Reisebüro einen Flug von Brüssel nach Rhodos, L'TUR Fly, TB6567. Der Plan sah vor, dass die Männer aus Sicherheitsgründen getrennt voneinander mit dem Zug fahren und sich erst am Flughafen in Belgien treffen würden.

Doch natürlich informierte Murat umgehend die Polizei. Und die fischte den Möchtegern-Dschihadisten am 22. August 2015, morgens um 8.25 Uhr, in Aachen aus dem ICE 18 von Frankfurt nach Brüssel. Die Beamten fanden bei Turan Y. unter anderem Outdoor-Kleidung, Wasserfilter und ein arabisches Wörterbuch. In seiner Vernehmung beteuerte der Islamist zwar, er sei auf dem Weg in den Urlaub nach Rhodos gewesen und »stehe negativ zum IS«. Doch das war Theater – und alle wussten es.

Nachdem er die Wache verlassen hatte, rief Turan Y. seinen

Freund Murat an – die Polizei hörte mit und protokollierte eifrig. Y. sagte, »die Gurken« hätten ihn festgenommen. Murat gab sich entsetzt und log, er habe in Brüssel auf Turan gewartet, ihn mehrfach anzurufen versucht und sich schließlich von seinem Schwager abholen lassen.

Tatsächlich war Murat schon einige Tage zuvor mit seinen VP-Führern nach Brüssel gefahren, um seine Legende wasserdicht zu machen. Am Bahnhof Brüssel-Midi schossen sie einige Fotos, später schickten sie die Aufnahmen Turan. Penibel achteten Murat und die Beamten darauf, dass die Tageszeit stimmte, als sie die Bilder machten: Murat käme ja morgens am Bahnhof an, so lautete seine Geschichte. Doch was die Reisegruppe aus Deutschland vergaß, war der Umstand, dass digitale Fotos Zeitstempel haben. Das fiel ihnen erst ein, als Turan schon geschnappt worden war und Murat ihm als vertrauensbildende Maßnahme die Aufnahmen aus Brüssel gesendet hatte. Murat schwitzte ein bisschen. Würde Turan die Scharade durchschauen? Doch glücklicherweise war der Student der Wirtschaftsinformatik weder clever noch misstrauisch genug, sich die Fotos genauer anzusehen. Sein Glauben an Murats Redlichkeit geriet nie ins Wanken.

Anil O., der Mann, der Turan Y. in hektische Betriebsamkeit versetzt hatte, hielt es hingegen nicht allzu lange in Syrien aus. Trotz seiner vollmundigen Ankündigung, er wolle am liebsten dort sterben. Ein halbes Jahr nach der Ausreise floh Anil O. mitsamt seiner Familie aus dem »Kalifat« in die Türkei. Die Grausamkeit des IS habe ihn abgestoßen, erklärte er später seinen Richtern. Ihm sei sogar eine Zehnjährige als Sexsklavin angeboten worden. Da seien ihm Zweifel gekommen. Nach allem, was man heute weiß, entsprach das wohl nicht der Wahrheit. Aber O. kam damit durch.

Murat sah Anil O. nie wieder. Aber er hörte noch viel von ihm.

7
IMMER WIEDER DROGEN

Während Murat im Ruhrgebiet schon als vermeintlicher Terrorist unterwegs war, setzte ihn die NRW-Polizei gleichzeitig als vermeintlichen Dealer ein. Erneut. Es kam den Beamten nicht in den Sinn, dass sie ihren Informanten damit womöglich überlasteten. Und es kam Murat nicht in den Sinn, so etwas zuzugeben. Niemals lehnte er einen Einsatz ab.

In Siegen, einer Stadt an der Grenze zwischen Nordrhein-Westfalen und Hessen, war im Frühjahr 2015 die offene Drogenszene im Oranienpark außer Kontrolle geraten. Heroin war dort ungefähr so leicht zu bekommen wie ein Bier am Kiosk.

Ein anderer V-Mann hatte der Polizei einen Tipp gegeben: Zwei Deutsch-Russen, Alexander D. und dessen Freund Dimitrij R., verkauften den Stoff in rauen Mengen. Die Informationen waren wertvoll, doch für eine aufwändige Operation gegen die beiden schien der Spitzel nicht geeignet.

Die Ermittler kannten Alex und Dimitrij schon seit Jahren, zwei Profi-Dealer und Heroinkonsumenten mit Gefängniserfahrung.

Alex war neben zahlreichen Drogendelikten mehrfach wegen räuberischer Erpressung aufgefallen. Es war ein Fall für eine Spezialkraft, die erfahren und abgeklärt im Umgang mit harten Jungs war.

Der VP-Führer der Siegener Polizei, den Murat nur als Günni kannte, fragte seinen Kollegen Wirtgens, ob er dessen besten Mann für das Heroin-Verfahren ausleihen könnte. Murat genoss seit Jahren einen exzellenten Ruf. Viele wollten ihn einsetzen, am besten sofort und gerne immer wieder.

Zwei, drei Einsatzhandys, verschiedene Tarnautos, verschiedene Legenden und Zielpersonen parallel? Murat konnte das.

Es war sein Ehrgeiz, niemals zu enttäuschen, niemals aufzugeben. So war Murat. Das wusste die Polizei. Und sie nutzte es aus. Dass Murat nie zur Ruhe kam und nie wieder in ein normales Leben zurückfinden könnte – es dürfte den Beamten egal gewesen sein. Der Erfolg war wichtiger.

Eigentlich wäre Murat mit den Islamisten ausgelastet gewesen. Der Einsatz kostete Kraft, weil er sich stärker als sonst verstellen musste. Um glaubwürdig zu bleiben, hatte er Fortschritte als Islamschüler zu machen. Also lud er sich Predigten auf sein Handy herunter und lernte in seinen freien Stunden bis spät in die Nacht Koransuren auswendig. Dazu war er ständig auf Achse, um Salafisten zu treffen oder sie in der Gegend herumzukutschieren. Murat war müde.

Aber warum sollte er nicht nebenher noch der Siegener Polizei einen Gefallen tun? Er nahm den Auftrag an wie ein Profi-Spieler, der in der zweiten Mannschaft aushilft.

Murat, Günni und Wirtgens trafen sich auf einem Rastplatz an der A 4 bei Köln. Die beiden Russen handelten mit Heroin im Kilobereich, wie Günni sagte. Murat solle sich im Park umschauen und sich langsam an die beiden herantasten. Er müsse aufpassen, beide Verdächtigen seien »polizeierfahren« und vorsichtig.

Mit russischen Kriminellen war nicht zu spaßen, das hatte Murat schon gelernt, als er selbst noch mit Drogen dealte. Oft betrunken, benebelt, brutal – so hatte er sie in seiner Jugend erlebt. Andererseits gab es in dieser Community womöglich ein gegenseitiges Basisvertrauen, das man nutzen konnte. Verstand man sich mit einem Russen gut, war die Chance groß, auch von dessen Freunden akzeptiert zu werden, glaubte Murat.

Überhaupt nach Siegen zu kommen erwies sich als nicht ganz einfach für Murat. Das Auto aus dem Islamisten-Einsatz durfte er nicht für die Heroindeals nutzen. Das würde die ganze Tarnung gefährden. Nicht auszudenken, wenn einer seiner Islamistenfreunde zufällig den Wagen wiedererkannte. Trotzdem musste das Auto jederzeit schnell für Murat erreichbar sein. Die Kontakte zu den Salafisten waren zu wichtig und oft schlecht planbar.

Also fuhr Murat im Mai 2015 mit seinem privaten Auto von seinem Wohnort erst zu einem Parkplatz an einem in der Nähe gelegenen Hauptbahnhof. Dort stand sein Wagen aus dem Islamisten-Einsatz, der Chevrolet Nubira. Damit raste er dann ins Siegener Umland, wo sein neuer Wagen, ein Audi A6, für den Heroin-Einsatz wartete.

Wollte er zwischendurch einmal nach Hause, musste er den Heimweg in umgekehrter Reihenfolge antreten. Eine Tarnwohnung in Siegen bekam Murat nicht. Alleine der Gedanke an den Autostress nervte ihn.

Murats Türöffner in Siegen gehörte nach allen menschlichen Maßstäben zu den Verlierern der Gesellschaft. Turay war Methadon-Patient, er versuchte mehr schlecht als recht, vom Heroin loszukommen. Seine Familie hatte ihn verlassen, den Tag verbrachte er auf den Wiesen und Bänken des Oranienparks.

Schon an seinem ersten Einsatztag sprach Murat ihn an. Turay war Türke wie er. Er habe eine Freundin in der Nähe, käme aber eigentlich aus Köln, erzählte Murat. Gerade habe er großen Streit mit seiner Partnerin. Er sei jetzt ein paar Tage in Siegen und suche jemanden, mit dem er die Zeit totschlagen könne.

Turay war froh, jemanden getroffen zu haben, mit dem er reden konnte. Obendrein spendierte Murat ihm Kaffee und Brötchen bei einem Bäcker. »Weißt du, wo man hier was zu rauchen bekommt?«, fragte Murat. Bei den Russen gebe es alles, sagte Turay.

Die erste Nacht verbrachte Murat im Auto. Der A6 war einigermaßen geräumig, im Wagen zu übernachten schien ihm bequemer, als mit den ganzen Zwischenstopps und Autowechseln nach Hause zu fahren.

Am nächsten Morgen ging er früh in den Park und beobachtete eine Gruppe Junkies, die sich nervös umschauten. Sie schienen auf jemanden zu warten.

Nach einer Weile sah Murat Alex, eine seiner Zielpersonen. Auch die Süchtigen schienen sich sehr zu freuen, Alex zu sehen. Wie Tauben, die sich auf ein Stück Brot stürzten, umringten sie den Russen.

Einfach hinzugehen und zu kaufen hielt Murat für zu riskant. Er wollte nicht als kleiner Junkie auftreten. Über Turay war eine weitaus sanftere Kontaktaufnahme möglich.

»Du kannst heute bei mir schlafen, wenn du willst«, sagte Turay, als Murat ihm von seiner Nacht im Auto erzählte.

Turays Wohnung lag nicht weit vom Park entfernt. Sie war eher ein Kellerloch. Eine verdrecktere Bude hatte Murat noch nicht gesehen. Und er hatte schon viel gesehen. Überall lag Müll, die Kleider waren großflächig über den Boden verteilt. Es stank. Geputzt hatte hier schon lange niemand mehr. Murat ekelte sich, legte sich aber zum Schlafen auf den Boden. Turay könnte ihm noch sehr nützlich sein, dachte er.

»Bubbles« nannten sich die runden Kügelchen für zehn Euro mit reichlich gestrecktem Heroin, die Turay in den folgenden Tagen für Murat bei Alex kaufte. Murat gab den Stoff Günni. Die »Bubbles« waren kleine, aber wichtige Mosaiksteine, die den Verdacht der Polizei gegen die Männer erhärteten. Weitere Ermittlungen führten die Kripo zu dem Schluss, dass die Dealer arbeitsteilig vorgingen.

Dimitrij, den Murat zu diesem Zeitpunkt noch nicht gesehen hatte, war für die Beschaffung, Lagerung und Portionierung des Heroins zuständig. Alex kümmerte sich um den Verkauf. Die Junkies versorgte er im Park, größere Verkäufe gingen im Auto oder in seiner Wohnung über die Bühne. Nebenbei konsumierten sowohl Dimitrij als auch Alex selbst das Gift, das Grundlage ihres Geschäfts war.

»Kann man von Alex denn auch mehr kaufen?«, fragte Murat Turay nach ein paar Wochen. Mit Sicherheit, sagte Turay. Er nehme ihn einfach mit und stelle ihn als seinen Cousin aus Köln vor, dann klappe das bestimmt.

Turay sollte recht behalten. Es klappte.

Mehrfach kaufte Murat von Juni bis September 2015 probeweise Heroin von Alex: im Siegener Stadtteil Geisweid und auf einem Obi-Parkplatz in Siegen-Weidenau. Jedes Mal wurde es ein bisschen mehr. Das Urteil des Landgerichts Siegen listet die polizeilich genehmigten Probekäufe auf:

– am 2. Juni 14,6 Gramm Heroin für 650 Euro
– am 30. Juni 19,6 Gramm Heroin für 800 Euro
– am 7. Juli 95,3 Gramm Heroin für 2000 Euro
– am 11. August 249,39 Gramm Heroin für 5000 Euro

Für die beiden größeren Scheinkäufe stellte die Polizei Murat wieder einen verdeckten Ermittler zu Seite, Peter. Murat hatte schon einmal mit ihm gearbeitet, Jahre zuvor, als sie die PKK-Kurden aus Gelsenkirchen hinter Gitter brachten. Damals ging es um ein halbes Kilo Heroin. Dieses Mal ging es um mehr.

Es sollten drei Kilo Heroin für 51 000 Euro sein, das war der Wunsch der Siegener Polizei. Diese Menge würde reichen, Alex und Dimitrij für viele Jahre ins Gefängnis zu schicken.

Alex mochte Murat, doch bei einer solchen Menge wurde er nervös. Wenn Murat von der Polizei sei oder ihn irgendwie verarsche, würden sie ihn finden und umbringen, drohte er. Murat hielt es für eine schlechte Idee, vor dem Deutsch-Russen Angst zu zeigen. »Das machen wir ganz genauso mit euch, wenn ihr uns verarscht«, entgegnete er.

Murat holte seinen Tarnausweis hervor und legte ihn vor Alex auf den Tisch. Daneben legte er auch noch seinen Tarnführerschein.

»Spitzel haben keine Papiere«, tönte Murat. So etwas wusste man im Milieu – oder glaubte es zu wissen. Alex war beruhigt. Sie einigten sich auf den 1. September 2015 als Datum für ihr Geschäft. Es sollte wieder auf dem Obi-Parkplatz stattfinden.

Alex hegte keinerlei Verdacht mehr. Er machte Murat sogar ein weiteres Angebot. Er sei zufällig an zwei geklaute Autos aus der Schweiz gekommen, sagte Alex. Ein Mercedes-Geländewagen und ein BMW. Topqualität, beide »saubergemacht«, noch nicht wieder angemeldet und mit neuem Fahrzeugschein. Ob Murat auch daran Interesse habe?

Wenige Tage nach dem Angebot luden zwei Zivilpolizisten die geklauten Autos vor einer Garage in Siegen auf einen Anhänger und einen Abschleppwagen. Ein Bündel Bargeld wechselte die Hände. Alex war zufrieden. Mit Murat liefen die Geschäfte reibungslos.

Es war an einem Dienstagabend kurz vor 19 Uhr, als Dimitrij sich zu Murat und Alex in den Audi setzte. Er hielt eine schwere Tüte in der Hand. Warum man die Übergabe ausgerechnet auf dem Obi-Parkplatz mache, fragte Dimitrij. Immer wieder stellte er diese Frage: »Warum Obi? Warum Obi?« Er gab keine Ruhe.

Alex blaffte zurück. Er solle aufhören. Er habe das schon ein paarmal mit Murat und diesem Peter so gemacht. Die Polizei hörte jedes Wort mit. Der Audi war inzwischen verwanzt worden.

Dmitrij blieb dabei, den ganzen, knapp fünf Kilometer langen Weg bis zu dem Baumarkt in Siegen-Weidenau: Ihm gefiel die Übergabe bei Obi nicht. Wenige Meter vor dem Ziel verlor Dimitrij auf der Rückbank die Nerven. Er würde lieber hier warten, sagte er. Murat bremste, aber der Wagen rollte noch, als Dimitrij ausstieg.

»Scheiße«, dachte Murat. Er sah das ganze schöne Scheingeschäft in Gefahr. Doch Alex blieb erstaunlich gelassen. Dann bringe er das eben allein über die Bühne, sagte er.

Am vereinbarten Treffpunkt wartete Peter bereits in seinem Nissan Qashqai. Er trug eine Mütze, die er tief ins Gesicht gezogen hatte. Murat parkte den Audi ein paar Stellplätze neben Peter und stieg aus. Ohne ein Wort zu sagen, ergriff Alex die Tüte mit den drei Kilo Heroin von der Rückbank, lief die paar Schritte zu Peters Wagen und warf die Drogen in den Fußraum der Beifahrerseite.

Auch Peter stieg jetzt aus. Er ging zum Kofferraum und präsentierte Alex die vereinbarten 51 000 Euro in bar. Alex begann, mit einem Prüfstift die Scheine zu kontrollieren. Da nahm Peter seine Mütze ab.

Sekunden später rissen SEK-Beamte die Männer zu Boden. Dimitrij, der alles aus der Ferne beobachtet hatte, versuchte noch zu fliehen. Doch weit kam er nicht. Die Polizei nahm auch ihn fest.

Einige Monate später wurden Dimitrij und Alex zu knapp fünf Jahren Gefängnis verurteilt.

8
DAS NETZWERK

Zwei Wochen bevor Anil O. im August 2015 Richtung Syrien verschwand, war Murat mit seinem Islamisten-Freund Turan in den Dortmunder Fredenbaumpark gefahren. An dem Grillfest, mit dem dort unter Gleichgesinnten das Ende des Ramadans gefeiert werden sollte, nahm auch Anil teil.

Als sie ankamen, waren bereits Dutzende Männer da. Manche bauten ein Zelt auf, andere bereiteten die Grills vor. Lautsprecherboxen standen herum. Sie verrichteten ein erstes Gebet.

Es dauerte nicht lange, bis die Polizei kam. Die Veranstaltung sei nicht genehmigt und damit aufzulösen, sagten die Beamten. Es gab Diskussionen. Die Salafisten wollten sich den Feiertag nicht verderben lassen. Die Polizei wollte die Versammlung nicht zulassen. Anil war wütend. Er sagte, er wolle die Polizisten angreifen. Murat beruhigte ihn. Die Polizei setzte sich schließlich durch. Die Gläubigen mussten abziehen.

An einem Baum etwas abseits lehnte ein Mann mit Glatze. Er beobachtete gelassen die Szenerie. Anil ging zu ihm. Die beiden sprachen über etwas, was Murat nicht verstand. Er glaubte, es könne um

Anils geplante Ausreise gehen, aber sicher war er sich nicht. »Sie taten sehr geheim«, sagte er der Polizei später.

Murat ging hinüber. Die Männer brachen ihr Gespräch ab. Murat versuchte Smalltalk. Der Mann kam ihm hochnäsig vor. Was Murat über den Glauben wisse, fragte er. »Ich weiß nicht viel über den Islam«, gab Murat zurück, »aber ich weiß, dass man respektvoll miteinander umgehen soll.« Er fühlte sich herablassend behandelt von dem Mann mit Glatze. Murat mochte ihn nicht.

Unter den Islamisten suchte sich Murat jetzt neue Ziele. Bei Sami A. in der Moschee traf er Mustafa T. aus Dinslaken, der einst der sogenannten »Lohberger Brigade« aus Duisburg den radikalen Islam beigebracht hatte, ehe er sich mit seinen Schülern darüber zerstritt, ob man sich dem IS anschließen sollte. Viele von ihnen waren in Syrien gestorben, einer saß in Deutschland in Haft.

Mustafa T. erzählte Murat von Hasan »Hoca«. Dieser »Lehrer«, das bedeutete das türkische »Hoca«, sollte in Duisburg-Rheinhausen ein Reisebüro betreiben und dort in einem Hinterzimmer den wahren Glauben lehren. Murat erzählte seinen VP-Führern von dem Mann mit dem Reisebüro. Der Staatsschutz identifizierte ihn schnell als Hasan C., bekannt für seine radikalislamischen Ansichten. Murat – da war man sich einig – sollte bei ihm vorbeifahren.

Hasan C., damals etwa 49, war der stämmige Mann mit Glatze und Vollbart, der Murat im Fredenbaumpark so herablassend behandelt hatte, wie sich bald herausstellte. Seiner vermeintlichen Berufung zum Schriftgelehrten war C. sich schon früh bewusst. In den neunziger Jahren studierte er in Saudi-Arabien den Islam. Als Hasan C. um das Jahr 2000 als Ehemann einer in der Türkei geborenen Deutschen in die Bundesrepublik einreiste, gab er als seinen Beruf »islamischer Geistlicher« an. Etwas anderes hatte er seither eigentlich nicht gemacht. Das Reisebüro, das er über viele Jahre betrieb, schien vor allem Fassade zu sein für seine wahre Mission: die Bekehrung.

Murat hingegen gab jetzt seit zwei Jahren den Undercover-Islamisten, doch in seinem vermeintlich radikalen Glauben war er noch immer ein Anfänger. Das wusste er. Er verstand es jedoch, seine Underdog-Position zu einer Stärke zu formen. »Alle haben mich immer unterschätzt«, sagte er später einmal. »Ich war der heruntergekommene Typ, der Dummkopf, der Heckenpenner. Aber das war okay.« Es half ihm bei seiner Arbeit.

Murat spürte dieses Prinzip eher, als dass er es wirklich durchschaute. Wenn sein Gegenüber auf ihn herunterschauen konnte, um sich selbst erhabener und größer zu fühlen, kam er ihm schnell näher. Der andere würde Murats Nähe geradezu suchen, er würde sie brauchen. Er fiele seiner Eitelkeit zum Opfer. Im Grunde war jeder irgendwie Narzisst.

So betrat Murat an einem Dienstagnachmittag im September 2015 das Reisebüro auf der Atroper Straße in Duisburg-Rheinhausen, gleich um die Ecke der Teestube, in der er ein paar Jahre zuvor dem eleganten Kamil nachgespürt hatte. Wie es der Zufall so wollte, betrieb der Vermieter von Murats Tarnwohnung in Duisburg zwei Häuser weiter auch ein Reisebüro. Murat musste Acht geben, dass der Vermieter ihn nicht sah.

Vor dem Haus des Hasan C. blieb er nicht erst stehen. Er ging einfach hinein. »Salam aleikum«, grüßte er. Er komme aus der Gegend, sagte Murat. Der Prediger Hasan sei ihm empfohlen worden. Außerdem seien sie sich ja schon im Fredenbaumpark begegnet. Hasan »Hoca« und er hätten auch gemeinsame Bekannte, Anil O. zum Beispiel.

Es dauerte nicht lange, da fühlte sich auch Hasan wohl mit Murat. Er behandelte ihn nicht mehr herablassend. Sie tranken Kaffee im Reisebüro, sprachen über Anil, der inzwischen in Mossul sein sollte. C. sagte, er habe Kontakt zu ihm und ihn zuletzt auch finanziell unterstützt.

Hasan C. ließ sich von Murat berichten, wie Turan vergeblich auszureisen versucht hatte, und lächelte väterlich. Er wisse, wie es besser gehe, sagte er: »Nichts ist unmöglich, alles ist möglich, für alles gibt es eine Lösung.« Nach einer Stunde lud Hasan C. seinen neuen Freund zum Islamunterricht ein.

Vier Tage nach seinem ersten Besuch bei Hasan C. war Murat wieder da. In einem Gebetsraum neben dem Reisebüro saßen drei junge Männer. Einer von ihnen – Mikail S., damals 17 Jahre alt, würde Jahre später wegen Unterstützung des IS zu einer Haftstrafe verurteilt werden. Neugierig schauten sie Murat an. Hasan C. stellte Murat vor: »Er gehört zu uns.« Damit war alles gesagt. Man konnte Murat vertrauen.

Lehrer Hasan C. hatte ein dickes, weißes Buch, aus dem sie arabische Vokabeln und Grammatik lernen mussten. Hasan C. schrieb die Lektionen an eine Tafel an der Wand. Die Männer sollten vorbereitet sein, wenn der Tag kommen würde, sagte er. Das sei wichtig, wenn »Devlet« seine Befehle gäbe.

»Devlet« war Türkisch, es bedeutete »Staat«. Welcher Staat gemeint war, wussten alle im Raum. Trotzdem ergänzte Hasan C., es handele sich um den »Islam-Devlet« – den »Islamischen Staat«, den IS.

Hasan C. sprach auch von Abu Walaa, diesem Prediger aus Hildesheim, den Murat bei seinem ersten Besuch dort so langweilig gefunden hatte. Der habe für »Devlet« gekämpft, rühmte C. den Predigerkollegen. Jetzt sei er wieder in Deutschland.

Später ging es in den Unterrichtsstunden des Hasan C. häufig um den Dschihad. Murat registrierte, dass C. dann eigentlich nur noch über das »Kalifat« des IS-Anführers Abu Bakr al-Baghdadi in Syrien und dem Irak dozierte.

Mikail S., immerhin Schüler einer gymnasialen Oberstufe, war so etwas wie der Klassenprimus im Reisebüro. Eines Abends raunte er Murat sinngemäß zu, er solle sich an Hasan »Hoca« halten. Dann werde auch er es zum IS schaffen.

Die Polizisten konnten ihr Glück kaum fassen. Einen Tag, nachdem Murat zu seinen Erlebnissen in Duisburg vernommen worden war, schrieb Staatsschützer Rasmus M. wieder einmal eine Strafanzeige. Diesmal gegen Prediger Hasan C., Hasan »Hoca«.

»Der Beschuldigte steht im Verdacht, Werbung für eine terroristische Vereinigung im Ausland (sogenannter ›Islamischer Staat‹) zu machen bzw. diese zu unterstützen«, notierte Hauptkommissar M. in seinem Vermerk für den Generalbundesanwalt. C. sei »in der Szene sehr gut vernetzt« und »überörtlich bekannt«. Er pflege »enge Beziehungen« zum IS und biete an, Ausreisen zu unterstützen.

Außerdem indoktriniere der Prediger Unentschlossene. Der Generalbundesanwalt, so bat Staatsschützer M., möge die Einleitung eines Verfahrens gegen Hasan C. prüfen. Einen Tag später meldeten sich die obersten Strafverfolger der Republik zurück: Das LKA und Hauptkommissar M. dürften gegen Hasan C. ermitteln – wegen des Verdachts der Unterstützung einer terroristischen Vereinigung im Ausland.

Das war Murats Werk. In seinem Schlepptau drangen die Polizei und die Chefankläger aus Karlsruhe so tief in die deutsche Islamistenszene ein wie nie zuvor. Murat war ihr Türöffner, er war wie ein Schlüsseldienst mit dem passenden Dietrich. Und während im Düsseldorfer Landeskriminalamt das wahrscheinlich aufwändigste Islamisten-Verfahren seiner Geschichte anlief, brauchte Murat etwas länger, um die plötzliche Bedeutung seines Einsatzes zu realisieren.

Zunächst spürte er, dass sich seine VP-Führer veränderten. Er hatte das Gefühl, dass sie ihn nun an einer längeren Leine laufen ließen. Er durfte seine Tarnpapiere immer wieder einmal länger behalten als vorgesehen, er bekam keinen Ärger, wenn er den Einsatzwagen privat genutzt hatte. Und Geld war plötzlich kein Problem mehr.

Die Erbsenzählerei des Anfangs – sie war vorbei. Es regnete Umschläge, Hunderte Euro steckten darin. Wie viel kassierte Murat? Er wusste es nicht. Er führte kein Buch über seine Einkünfte. Er interessierte sich nicht für Geld, es war ihm nicht wichtig. Wenn er Geld hatte, gab er es aus oder er gab es seiner Frau. Die gab es dann aus.

Geld war ein Mittel zum Zweck. Manchmal war welches nötig, dann rief er seine VP-Führer an. Wenn er sagte, er brauche 500 Euro, dann bekam er sie. Und wenn er 1000 Euro brauchte, bekam er sie auch. So erinnerte er sich später an seine Sternstunden als Spitzel.

Murat war im Dauereinsatz. Er war nur noch unterwegs – und kaum zu Hause. Er raste mit seinem Einsatzwagen im Ruhrgebiet umher. Er fuhr nach Hildesheim. Es gab keine freien Tage mehr. Irgendwo trafen sich immer ein paar Salafisten. Und er wollte dabei sein.

Murat ging aus dem Haus, ohne seiner Frau zu sagen, wo er sich herumtreiben und wann er wiederkommen würde. Sie hatte sich abgewöhnt, Fragen zu stellen, denn Antworten bekam sie von Murat eh nie. Sie fand es nicht merkwürdig, dass er nicht erreichbar sein würde, dass sie eigentlich nie wusste, was er tat. Gülcan war nur klar, dass Murat nach Stunden oder Tagen, manchmal auch nach Wochen wieder auftauchte, mit Einkaufstüten unter dem Arm, ein Lächeln im Gesicht und Geld in der Tasche.

Dann versuchte Murat etwas Familienleben. Er wusste ja nun, wozu die Einsamkeit seiner Frau geführt hatte. Meistens klappte das aber nicht so, wie er es sich erhofft hatte. Murat konnte nicht mehr abschalten, nicht mehr genießen. Die Leichtigkeit früherer Jahre war verloren. Er war nun immer im Dienst.

Wie sah er sich selbst in dieser Zeit? »Ich musste die Leute aus dem Verkehr ziehen«, beschreibt er heute seine Mission. »Ich musste die wirklich wegmachen. Ich musste es schaffen, dass sie mir noch mehr vertrauen, noch mehr erzählen.«

Das war die eine Seite. Wie im Rausch, wie auf einem Trip geisterte er umher. Murat war süchtig nach seinem Job, nach dem Adrenalin, dem großen und gefährlichen Spiel. Manchmal vergaß er, dass er eine Familie hatte. Die andere Seite war, dass er tiefer und tiefer in der Welt der Islamisten versank.

Wenn Murat loszog, hockte er sehr bald in Moscheen, in Wohnungen, in Imbissen. Mit den Männern, die er dort traf, redete er stundenlang über den Islam und den Dschihad, über den Propheten und die Brüder. Keiner von ihnen arbeitete wirklich, alle waren hauptamtlich mit ihrem religiösen Wahn beschäftigt. Murat spielte die Rolle des Murat Cem, eines Salafisten, der die Ungläubigen inbrünstig hasste.

Wenn er zu Hause war, begann er, die Kinder und seine Frau zurechtzuweisen. Zu Gülcan sagte er, sie dürfe keine Musik mehr hören. Das sei »haram« – eine Sünde, und daher verboten. Sie protestierte und rief ihren Vater an, der selbst Imam in der Türkei war. Er bestätigte: Musik sei eigentlich haram. Sie fand, dass ihr das egal sein konnte.

Manchmal erkannte Gülcan ihren Mann nicht wieder, mit seiner bodenlangen Dschallabija und dem langen, parfümierten Bart. Der nur noch wenig tat, außer Koransuren und Predigten auf seinem Mobiltelefon anzuhören. Oft dachte sie, er sei übergeschnappt.

Manchmal, wenn Murat auf den Bänken unter den Bäumen an der Raststätte Geismühle saß, dann spielte er mit dem Gedanken, die Seiten zu wechseln. Er würde der Polizei auf Wiedersehen sagen und sich den Islamisten zuwenden. Es würde weniger anstrengend sein. Er würde nicht ständig diesen Kopfspagat vollführen müssen. Das hier war anders, als Drogendealer zu überführen. Die Prediger hatten auch sein Gehirn gewaschen.

Wenn Elspe, Wirtgens oder der neue Kollege Brucker an der Raststätte auftauchten, verschwanden diese Gedanken wieder. Die Polizisten waren doch auch seine Freunde. Und: Sie waren die Guten in diesem Spiel. Die Gegenseite, die Islamisten, das waren Terroristen.

Es war kräftezehrend. Die Polizei wollte alles wissen. Murat sollte sich immer daran erinnern können, wer was wann zu wem gesagt hatte. Er sollte sich neue Gesichter und Namen einprägen. Er sollte feststellen, wer verändert erschien, wer etwas plante, wer hetzte, wer zweifelte. Murat hatte ein gutes Gedächtnis. Aber er fühlte sich zusehends wie ein Schwamm, den man in ein Fass ohne Boden tauchte.

»Irgendwann sterbe ich auf der A 57, weil ich am Steuer eingepennt bin«, sagte Murat zu Wirtgens. Er war ständig müde. Er schlief kaum noch. Vielleicht ein paar Stunden auf dem Sofa, wenn der Fernseher im Hintergrund plärrte.

Er nahm keine Drogen mehr, und er trank keinen Alkohol. Murat war mittendrin, ein echter Islamist, umgeben von Menschen, die unbedingt töten wollten. Er sollte die Nähe solcher Menschen suchen, riet ihm die Polizei. Je gefährlicher die Leute waren, die er traf, desto besser fanden seine VP-Führer das.

Es dauerte nicht lange, da zeigte Hasan C. seinen Schülern Propagandavideos des IS. In einem von ihnen war zu sehen, wie Terroristen ihre Gefangenen exekutierten. Die Opfer mussten sich hinknien. Dann schossen die Männer ihnen von hinten in die Köpfe.

»Sollen verrecken, die Ungläubigen«, jubelte C. Murat war angewidert. Aber er verbarg seine Gefühle.

In der Reisebüro-Moschee von Hasan C. lernte Murat einen hageren Mann mit langen Haaren kennen, der sich »Abdul Rahman« nannte und in Wirklichkeit Boban S. hieß. Der Deutsch-Serbe schien sehr vertraut zu sein mit Hasan C. Beide Männer einte die Radikalität ihres Glaubens. Boban S., damals 35, arbeitete als Chemieingenieur und predigte in seiner Freizeit in einer Wohnung im Dortmunder Norden. Auch er lud Murat ein. Es war ein weiterer Kontakt, der sein Leben verändern würde.

Elspe und Wirtgens bläuten Murat immer wieder ein, dass er niemanden zur Ausreise anstiften oder dabei unterstützen dürfe. Auch dürfe er keine Hilfe vermitteln. Er spreche nur für sich selbst. Murat verstand. Es war wie immer. Er sollte »nicht schieben«, bloß nicht. Aber wenn die Islamisten ihn akzeptieren sollten, musste er extreme Ansichten vertreten.

Das erste Mal stapfte Murat Anfang Oktober 2015 die Treppe des Altbaus hoch zur »Madrasa« von Boban S. So stand es auf dem Klingelschild; »Madrasa« bedeutet Religionsschule. Sie war in einer leer stehenden Wohnung in Dortmund untergebracht. Im Flur des Hauses, das seine besten Tage längst hinter sich hatte, war eine moderne Überwachungskamera installiert. Sie fiel Murat sofort auf.

223

Der Klassenraum in der »Madrasa« war nicht sehr groß, vielleicht 20 Quadratmeter, schätzte Murat. Man saß auf großen Kissen, auf dem Boden lagen Teppiche. Überall standen Bücher.

An diesem Abend waren nur zwei oder drei Männer anwesend. Es war nicht wie damals bei »Scheich« Sami A. in Bochum, als sich die Gläubigen gedrängt hatten. Dies hier war anders, geheimer, verschworener.

Es gab heute keinen Unterricht. Die Männer unterhielten sich nur. Natürlich ging es dabei um den IS und um »Brüder«, die ausgereist waren oder ausreisen wollten. Boban S. fragte Murat, ob er Leute kenne, die ins »Kalifat« ziehen wollten. Als Murat bejahte, sagte S., Murat solle sie zu ihm bringen, er könne ihnen helfen. Er habe Kontakte. Das war ein Fehler.

Der Generalbundesanwalt leitete auch gegen Boban S. ein Verfahren ein. S. war schon Monate zuvor aufgefallen, als er einige Dschihadisten aus dem Ruhrgebiet bei ihrer Ausreise unterstützt hatte, die in Bulgarien von der Polizei gestoppt worden waren. Außerdem unterhielt S., wie die Ermittler wussten, Kontakte zu einer ganzen Reihe deutscher Islamisten in Syrien. Aber solche Kontakte waren nicht unbedingt strafbar.

Doch jetzt entstand dank Murats Informationen langsam ein Bild. Sie zeigten der Polizei, dass geistige Brandstifter wie Hasan C. und Boban S. vielleicht doch nicht einzelne Hetzer waren. Murat wies nach, dass sie enger miteinander verbunden waren, als die Beamten bislang vermutet hatten. Der Generalbundesanwalt und das LKA gingen nun erstmals von einem islamistischen »Netzwerk« in Deutschland aus, rekrutierend und agitierend für den IS, wie es in einem Vermerk aus Karlsruhe hieß. Murat hatte die Bande gefunden. Er würde dabei sein, als es galt, sie auszuheben.

Es war die Zeit, als der Mann, der sich Murat Cem nannte und eigentlich ganz anders hieß, noch einen weiteren Namen bekam. Er sollte eine Kunya, einen Beinamen, führen wie in der Islamistenszene üblich. Normalerweise bestand der aus dem Wort »Abu«, also

Vater, und dem Namen des ältesten Sohnes. Doch Murat war der Legende nach ledig und kinderlos.

Also taufte sein Begleiter Turan Y. – dessen Ausreise nach Syrien Murat sabotiert hatte – ihn auf irgendeiner Autofahrt zu irgendeiner Moschee »Abu Malik«. Warum auch immer. Murat jedenfalls war mit dem Namen einverstanden. Dass auch der frühere Gangsta-Rapper und IS-Posterboy Denis Cuspert sich so nannte, störte ihn nicht.

9
IN DEUTSCHLAND WAS MACHEN

»Würdest du auch hier was machen?«, fragte Boban S. Murat an einem Dienstagabend Anfang November 2015. Murat ging inzwischen seit Wochen in die »Madrasa«, er verkehrte bei Hasan C. in Duisburg und »Scheich« Sami A. in Bochum. Er war tief in den innersten Zirkel der nordrhein-westfälischen Salafistenszene vorgedrungen, die damals als eine der radikalsten in Deutschland galt.

»Ja, kommt drauf an, was«, antwortete Murat. Das werde man noch klären und besprechen, sagte S.

Einige Tage später, in der Moschee in Hildesheim, nahm Murat das Thema wieder auf. Einige Salafisten zogen sich mit Abu Walaa zurück. Sie legten ihre Mobiltelefone weg, weil sie Angst hatten, überwacht zu werden. Dann begannen sie, mit dem Prediger über die Möglichkeiten ihrer Ausreise zu beratschlagen. Es ging um Pässe aus Österreich, um Schleusungen über den Libanon. Die Islamisten fragten, ob Abu Walaa ihnen helfen könne, zum IS zu gelangen. Das könne er, soll er geantwortet haben: »Wenn es für Allah ist, dann kann euch kein Ungläubiger aufhalten.«

Für die Details habe er einen »Spezialisten«, sagte der Prediger und deutete auf einen seiner engsten Vertrauten: Abu Samir. Dann ließ Abu Walaa sie alleine. Zurück blieb Abu Samir, der eigentlich Mahmoud O. hieß, ein Deutsch-Libanese. Er war 26 Jahre alt und wegen Waffenbesitzes und Betrugs vorbestraft.

Murat fragte ihn, ob man hier in Deutschland »etwas machen« dürfe. Natürlich sei das erlaubt, sie befänden sich schließlich im Krieg, antwortete Mahmoud O. alias Abu Samir. Die Planungen liefen schon.

Murat wurde hellhörig: Was denn geplant sei, wollte er wissen. Zum Beispiel Handgranaten auf Polizeireviere zu werfen, sagte O. Man könne auch Polizisten mit fingierten Notrufen in Hinterhalte locken und dann erschießen. Schalldämpfer für die Waffen hätten sie schon. Oder aber, sie könnten auch 15 Kalaschnikows für 15 000 Euro kaufen. Es fehle nur leider das Geld. »Da kann ich euch helfen«, dachte Murat.

»Ich mache mit«, sagte er.

Es war Teil seines Auftrags, sich allzeit anschlagsbereit zu geben. Und es war Teil seiner Expertise, fingierte Drogen- oder Waffendeals einzufädeln und die Händler dann hochgehen zu lassen.

»Wann soll es losgehen«, fragte Murat.

»In den nächsten Wochen«, antwortete O.

Murat hatte keinen Schimmer, dass seine Schilderung dieses Treffens nur wenige Tage später weitreichende Konsequenzen haben sollte. Es war gegen 20 Uhr, es war Freitagabend, es war der 13. November 2015.

Etwa 800 Kilometer südwestlich brach gut eine Stunde später die Art von Hölle los, über die in Hildesheim noch verschwörerisch gewispert wurde. Drei Terrorkommandos des IS unter der Führung des notorischen Islamisten Abdelhamid Abaaoud metzelten an diesem Abend in Paris wehrlose und unbewaffnete Menschen nieder. Es war ein Massaker: Vor dem Stade de France, in Restaurants und in der Konzerthalle Bataclan starben 130 Menschen. Fast 700 weitere wurden zum Teil schwer verletzt. Die französische Regierung verhängte den Ausnahmezustand, Staatspräsident François Hollande sprach von einem »kriegerischen Akt« und kündigte an: »Wir werden gnadenlos reagieren.«

Frankreich, Europa waren tief getroffen. Erst recht, als klar wurde, dass die Terroristen – überwiegend französische Extremisten, die sich in ihren Heimatländern radikalisiert und dem IS angeschlossen hatten – als Flüchtlinge getarnt zurückgekehrt waren. Die Hilfsbereitschaft, die Humanität des Herbstes 2015 schien plötzlich naiv gewesen zu sein. Die Gesinnungsgenossen der Mörder in Deutschland jubelten. Die deutschen Sicherheitsbehörden waren in höchster Alarmbereitschaft.

Das lag auch an Murat Cem. Das LKA Nordrhein-Westfalen hatte seine Informationen über die Anschlagsszenarien des Mahmoud O. weitergeleitet. Rasmus M. würde sie Jahre später in den Untersuchungsausschüssen angelehnt an Murats Schilderungen »kleiner Bums« und »großer Bums« nennen. Zeitgleich erreichten die deutschen Nachrichtendienste Hinweise, es sei womöglich ein Anschlag auf das Fußball-Länderspiel Deutschland – Niederlande am 17. November 2015 in Hannover geplant.

Das Bundesamt für Verfassungsschutz hatte von einem französischen Geheimdienst erfahren, dass eine Gruppe um einen Nordafrikaner einen Anschlag auf das Länderspiel planen könnte. In der Meldung aus Paris war von Sprengmitteln, Sprengstoffgürteln, automatischen Waffen und Bomben an den Zufahrtswegen die Rede. Die französischen Agenten raunten zudem von einem irakischen Schläfer aus dem Weserbergland. Als zusätzlich klar wurde, dass bei dem Spiel ein Salafist als Ordner im Stadion war, gaben die deutschen Sicherheitsbehörden Großalarm.

Mit der Meldung von Murat zu dem Hildesheimer Mahmoud O. und den Informationen aus Frankreich lagen Hinweise auf Terroranschläge aus zwei unterschiedlichen Quellen vor, die sich ähnelten. Zudem hatte es kurz zuvor einen Anschlag auf das Fußball-Länderspiel Frankreich – Deutschland in Paris gegeben. Am Abend des 17. November, das Stadion in Hannover füllte sich bereits langsam, legten die Behörden ihre Informationen Bundesinnenminister Thomas de Maizière (CDU) vor. Er sagte das Spiel ab. Das Stadion in Hannover wurde geräumt.

Mahmoud O. und fünf weitere Islamisten wurden in Hildesheim festgenommen. Auf der Wache musste O. sich komplett ausziehen. Die Beamten sagten ihm, die Festnahme sei zur Gefahrenabwehr. Er hasste den deutschen Staat danach nur noch mehr.

De Maizière stieg in einen Hubschrauber und flog nach Hannover. Dort stellte er sich den Kameras. Auf die Frage, warum er das Spiel abgesagt habe, reagierte er mit einem folgenschweren Satz: »Ein Teil dieser Antworten würde die Bevölkerung verunsichern.«

Dann ging die Suche nach jenen los, die angeblich das Attentat hatten durchführen wollen. Die Polizei fand einen jungen Mann aus dem Dunstkreis der Hildesheimer Moschee, der sich als Ordner im Stadion befand. Auf seinem Handy entdecken sie ein Video, das er im Stadion aufgenommen hatte. Die Kamera schwenkte über den Rasen. Im Hintergrund stimmte jemand einen islamischen Gesang an. Das war alles. Beweise oder gar Verdächtige für einen geplanten Anschlag auf das Spiel fanden sich nie.

De Maizière musste viel Kritik einstecken. Er bekam sie einerseits dafür, dass er das Spiel abgesagt hatte. Und er bekam sie für seinen missverständlichen Satz. Der Vorgang sollte Folgen haben, später, als es darum ging, Murats Glaubwürdigkeit einzuschätzen. Doch das wusste jetzt noch niemand, am allerwenigsten Murat selbst.

Noch zwei Tage vor dem Spiel hatte Murat eine wichtige Information aufgeschnappt – es ging um einen jungen Tunesier, dessen Hass die Republik ins Mark treffen sollte. An jenem Sonntag berichtete Murat der Polizei zunächst, der Duisburger Prediger Hasan C. alias Hasan »Hoca« habe nach den Anschlägen in Paris gesagt: »Seht euch an, wie viele von zwei Löwen hingerichtet wurden! Die haben mit denen getanzt!« Die »Brüder« in Deutschland müssten jetzt noch vorsichtiger sein als zuvor, mahnte C. Wegen der Polizei. Man solle künftig möglichst codiert sprechen und darauf achten, nur offen zu sein, wenn keine Andersdenkenden zuhörten.

Auch Murat gelobte, sich daran halten zu wollen. Später verabredete er sich mit seinen »Brüdern«: Am Freitag wollte Murat wieder in die Moschee nach Hildesheim fahren – mit Bilal und Turan, Volkan und Ömer, und mit einem Tunesier. Der Tunesier heiße Anis oder so ähnlich, sagte Murat seinen VP-Führern. Der gefährlichste Islamist Deutschlands. Anis Amri.

Der Deutschsprachige Islamkreis Hildesheim e.V., beim Amtsgericht registriert unter der Nummer VR 200674, war nach außen ein ordentlicher Verein. Er hatte eine Satzung, einen Vorsitzenden, einen Schriftführer, einen Kassenwart und einen Jugendsprecher. In Wirklichkeit aber hatte der »Islamkreis« wenig mit gemütlichem Beisammensein zu tun. Er war eine Gehirnwaschanlage, ein salafistisches Bootcamp, ein Ort der Indoktrination. Er war die Ordensburg der Islamisten.

Geistiger Führer der Moschee war Abu Walaa, damals 31, ein Iraker aus Kirkuk, der mit zwei Frauen und sieben Kindern in Tönisvorst und Bad Salzdetfurth bei Hildesheim lebte. Seine Anhänger nannten ihn ehrfürchtig »edler Bruder«. Oder einfach nur »Scheich«.

Unter seinem bürgerlichen Namen Ahmad Abdulaziz Abdullah A. war Abu Walaa im Frühsommer 2001 als Asylsuchender nach Deutschland gekommen. Papiere konnte er bei der Einreise nicht vorlegen, die seien ihm von einem Schleuser abgenommen worden, sagte er. Eine Zeit lang verkaufte A. in Braunschweig in seinem Laden »Dejavu Jeans & more« Klamotten und vertrieb Sultan-Cola in den Nordirak. Parallel trat er als Prediger auf.

Junge Männer, oft noch halbe Kinder, saßen ihm zu Füßen und hörten seine Vorträge. Er sang islamistische Lieder mit ihnen, sogenannte Naschids, und pries in schwülstigen Zitaten den Dschihad: »Wer von uns sich dafür opfert, wird seine Beerdigung im Paradies feiern.«

Sein Auftreten hatte etwas Geheimnisumwobenes. In Propagandavideos achtete er streng darauf, dass er nur von hinten zu sehen war. So wurde er zum »Prediger ohne Gesicht«.

Bis nach Frankreich, Spanien und Bulgarien sprach sich unter Islamisten herum, dass Abu Walaa in Hildesheim den wahren, weil radikalen Islam lehrte. Er predigte ein extremes Konzept der »Loyalität und Lossagung«. Liebe für die Gläubigen, Hass für die Ungläubigen. Wir gegen den Rest der Welt.

In Mitschriften seiner Anhänger fanden die Behörden ein Bekenntnis zu Abu Bakr al-Baghdadi, dem selbsternannten »Kalifen« des IS: »Wir sind die Schebeb aus Almanya«, hieß es darin, die Jugendlichen aus Deutschland, »mit Scheich Baghdadi als unserem Anführer.«

Dass die Behörden Abu Walaa überhaupt auf die Schliche kamen, war Murats Verdienst. Der Vermerk des Generalbundesanwalts, mit dem im November 2015 die Ermittlungen gegen den Hassprediger begannen, bezog sich ganz wesentlich darauf, was VP01 aus Hildesheim berichtet hatte.

Gerade das Gespräch, in dem Murat und Abu Walaa über Ausreisemöglichkeiten zum IS geredet hatten, stützte den Verdacht der Ermittler, der Prediger könnte ein maßgeblicher Unterstützer der Terrororganisation sein. Und weil Murat auch berichtet hatte, dass Abu Walaa in der Hierarchie der geistigen Brandstifter weit über Hasan C. und Boban S. anzusiedeln sei, genoss Abu Walaa nun die höchste Aufmerksamkeit der Strafverfolger – und des V-Mannes.

Murat würde in dem Jahr bis zur Festnahme Abu Walaas immer und immer wieder nach Hildesheim fahren. »Es war irgendwann, als wäre mein Lebensmittelpunkt dort. Ich habe gedacht, ich wohne da«, sagte Murat später. Er verbrachte Tage und Wochen in der Moschee, auf dem Boden schlafend, häufig ohne Decke oder Kissen.

Im Keller war ein Fitnessraum, manchmal trainierte er dort unten, aber nur mit den leichten Gewichten. Oder er setzte sich auf das Fahrrad-Ergometer. Am Eisen sollten sich ruhig die Jüngeren abrackern, fand er.

In der Moschee gab es bloß eine Dusche. Zu Propagandaschulungen kamen aber häufig Hunderte Salafisten. Ziemlich schnell roch es ziemlich streng. Dass viele Männer ihre Bärte parfümierten, machte es nicht besser.

Manchmal ging Murat mit den anderen Moscheebesuchern in der Nachbarschaft spazieren, manchmal schlich er sich alleine davon, um seine VP-Führer anzurufen oder auch nur, um dem Trubel zu entkommen und heimlich ein paar Zigaretten zu rauchen.

Wenn Murat sich an Abu Walaa erinnert, fällt ihm als Erstes dessen dunkle Kleidung ein. Die Dschallabija, der Turban, alles war schwarz.

Er habe nicht freundlich ausgesehen, sondern ziemlich düster, aber er sei immer freundlich aufgetreten, sagt Murat. Eine wirklich schöne Stimme habe er gehabt, einschmeichelnd sei sie gewesen, sanft.

»Ich habe ihm sehr gerne zugehört, wenn er aus dem Koran gelesen hat«, so Murat.

An einem heißen Tag im Juni 2019 kehrt Murat erstmals zurück nach Hildesheim. Trotz der Temperaturen trägt er eine schwarze Trainingsjacke der deutschen Fußball-Nationalmannschaft, den Kragen hat er hochgeschlagen.

Unsicher schaut er sich um. »Ich fühl mich nicht wohl hier«, sagt er, als er die Martin-Luther-Straße entlang zur Moschee geht. »Solche Feinde zu haben, ist nicht schön. Die wollen mich eiskalt köpfen.«

Vor der Moschee steht ein kräftiger Kerl mit rotblondem Rauschebart. Ein Salafist? Murat dreht sich ruckartig um, als er den Mann sieht, und geht schnellen Schrittes davon. Fast rennt er. Dann wird klar, dass der Mann zwar grimmig guckt, aber bloß ein harmloser Hipster ist.

Murat nähert sich nun doch dem Ort, an dem er so viel Zeit verbracht hat, der so etwas wie sein Zuhause war. Vorsichtig schaut er durch die Fenster, die Räume stehen leer.

Hinter der Scheibe hängt ein Plakat des Vereins Lebenshilfe Hildesheim. »Wir bauen um«, steht darauf. Auf die Backsteinmauer der ehemaligen Moschee hat jemand meterhohe Graffitis gesprüht und in das Silberne des Schriftzugs hinein mit Edding geschrieben: »Liebe für alle.« Und: »Nazis raus.«

Murat lacht. »Die gab es in diesem Haus eher nicht.«

Murat geht die Fußgängerzone entlang. Es scheint viele Muslime in Hildesheim zu geben. Erkennt ihn einer von ihnen? Immer wieder schaut Murat nervös zu Boden. Zwei junge Männer mit Bart kommen ihm entgegen. Murat biegt scharf ab, in einen Laden, der billige Kleidung und Accessoires verkauft. Als er wieder herauskommt, trägt er eine dunkle Sonnenbrille, eine Ray-Ban-Kopie. »Steht mir die?«, fragt er. Er versucht, seine Furcht in einen Scherz zu kleiden.

Am Ende der Straße ist der historische Marktplatz. Um den Platz herum stehen Fachwerkhäuser. Jeden Dezember findet hier der Weihnachtsmarkt statt.

»Wir sind mal aus der Moschee mit ein paar Leuten hierher gegangen, zum Weihnachtsmarkt«, erinnert er sich. »Ich glaube, wir wurden die ganze Zeit von einem Einsatzkommando begleitet, weil alle Angst vor einem Anschlag hatten.«

Doch seine Glaubensbrüder und er wollten nur Waffeln essen. Als sie entdeckten, dass in dem Café, das sie ansteuerten, laute Musik gespielt wurde, zogen sie wieder von dannen.

In der Nähe der ehemaligen Moschee ist ein Imbiss, in dem sich die Gläubigen mit Essen versorgten. Die Besitzer gehörten zu Abu Walaas Umfeld. Einer von ihnen ist von draußen zu erkennen. Er schneidet Döner und schöpft Hummus auf Teller. »Ich gehe da nicht rein«, sagt Murat.

In einer Zeitung stand, Anis Amri habe für den Imbiss als Pizzafahrer gearbeitet. Murat ist verdutzt. »Der Anis hat hier nie gewohnt«, sagt er mit der Selbstgewissheit eines Szenekenners. »Und der hatte auch keinen Führerschein.«

233

10
ANIS AMRI

Anis Amri war ein Taugenichts, ein verwöhnter Herumtreiber und Krimineller. Schon in seiner Heimat Tunesien lebte er in den Tag hinein. Er trank, nahm Drogen und stahl. Ihm blühte eine Zukunft im Gefängnis.

Eines Tages machte Amri sich über das Mittelmeer auf nach Europa. Die Familie hatte das Geld für einen Schlepper zusammengespart. Er wusste, dass er in Europa nicht dauerhaft würde bleiben können. Aber er wollte in der Zeit, die ihm dort blieb, so viel Geld wie möglich machen. So würden es Angehörige und Freunde später Reportern erzählen.

Anfang 2011 landete Amri auf Lampedusa, jener italienischen Insel auf halbem Weg zwischen der tunesischen Küste und Malta. Damals war Amri 18 Jahre alt, aber den italienischen Behörden sagte er, er sei 16. Er hoffte, mit der Lüge seine Bleibechancen zu erhöhen.

Amri kam in eine Wohngruppe auf Sizilien, doch es dauerte gerade einmal ein halbes Jahr, da verprügelte er im Rausch zusammen mit anderen einen Sozialarbeiter und setzte Betten in Brand. Dafür musste er für mehrere Jahre ins Gefängnis.

Im Frühjahr 2015 versuchten die italienischen Behörden, ihn nach Tunesien abzuschieben. Doch wie auch später, als Deutschland ihn in seine Heimat zurückbringen wollte, reagierte Tunis nicht auf die Anfragen aus Europa.

Vielleicht wusste man dort, dass die Zeit gegen die Europäer lief: Auch in Italien war Abschiebehaft nur zeitlich befristet möglich, nach 30 Tagen musste der Betroffene freigelassen werden, so er vorher nicht abgeschoben worden war. Und so machte sich Anis Amri schon bald auf den Weg nach Norden – Deutschland war sein Ziel.

An einem Montag im Juli 2015 meldete sich um 13.45 Uhr ein junger Mann auf dem Polizeirevier Freiburg-Nord. Er sagte, er komme aus Tunesien und wolle Asyl beantragen. Die Beamten drückten ihm ein Formular in französischer Sprache in die Hand.

In krakeliger Schrift schrieb der Mann, er sei 1993 geboren, Mechaniker und Koch, sein Name sei Amir. Amir. Nicht Amri. Es sind nur zwei vertauschte Buchstaben. Sie änderten alles.

Hätten die Polizisten an jenem 6. Juli den Namen »Anis Amri« in den Computer eingegeben, wäre eine Warnung aus Italien erschienen. Sie hätten erfahren, dass der junge Mann kein schutzbedürftiger Flüchtling war, sondern ein Krimineller, der in Sizilien im Gefängnis gesessen hatte und nach Tunesien abgeschoben werden sollte. Ein Gewalttäter, »dem die Einreise in das Schengener Gebiet oder der Aufenthalt dort zu verweigern ist«. So stand es in einem Informationssystem, auf das europäische Behörden Zugriff haben.

Die Italiener hatten den Eintrag zu Amri zwei Wochen zuvor eingestellt. Das System hätte funktioniert. Die Polizisten aber tippten »Amir« ein, so wie es auf dem Zettel stand. Der Computer meldete: kein Treffer. Also stellten ihm die Beamten eine Fahrkarte aus und schickten ihn nach Karlsruhe, wo er sich bei der Landeserstaufnahme für Flüchtlinge melden sollte. Doch Anis Amri hatte andere Pläne.

Er zog nach Berlin, in die deutsche Metropole – wie so viele andere Migranten im Herbst 2015. Berlin aber schickte Amri nach

Dortmund, weil Flüchtlinge flächendeckend über die Länder verteilt werden sollten. Dort verwies man Amri schließlich in den Kreis Kleve, tief im Westen Nordrhein-Westfalens gelegen, unweit der Grenze zu den Niederlanden, eine Gegend, flach und grün, wunderschön und voller Kühe. Der Kreis Kleve lag Hunderte Kilometer von der pulsierenden Hauptstadt entfernt, aber ganz in der Nähe des Ruhrgebiets – und ganz in der Nähe von Murat Cem.

Murat traf den Mann, der sein Verhängnis werden sollte, am Abend des 17. November 2015 – am Hauptbahnhof von Duisburg. Ein anderer Salafist, Sabri Bilal Ö. aus Dinslaken, hatte den Tunesier mitgebracht. Womöglich hatten die beiden sich verabredet. Jedenfalls sollte Amri sie nach Dortmund in die »Madrasa« begleiten.

Ö. würde später bei der Polizei aussagen, er habe Amri zufällig am Hauptbahnhof in Duisburg kennengelernt, wo sie beide auf die Bahn gewartet hätten. »Er sprach mich an, weil ich vermutlich ein salafistisches/muslimisches Aussehen hatte«, erzählte Ö. Sie hätten Nummern ausgetauscht. Monate später hätten sie sich zerstritten, weil Amri ihn beklaut habe, sagte Ö. Ob die Geschichte stimmte, konnten die Behörden nie herausfinden.

Der 17. November 2015 war der Abend, an dem in Hannover das Fußball-Länderspiel Deutschland gegen die Niederlande abgesagt wurde – wegen des angeblichen Anschlagsplans und Murats Warnungen aus Hildesheim. Es war eine besonders grausame Ironie der Geschichte, dass an dem Abend eines schlagzeilenträchtigen Terror-Fehlalarms der gefährlichste Islamist auf deutschem Boden und der Undercover-Agent, der ihn hätte stoppen können, zum ersten Mal in Kontakt kamen. Nur verstanden sie sich zu Anfang nicht.

»Ich kann mich mit Anis nur schlecht verständigen, da er nur Hocharabisch spricht«, berichtete Murat seinen VP-Führern.

An diesem späten, dunklen Novemberabend fuhr Murat seine Salafisten-Clique nach den gemeinsamen Gebeten in der »Madrasa« von Boban S. wieder nach Hause. Unvermittelt offenbarte Bilal Ö. seinen Mitfahrern etwas. Amri »möchte hier was machen«, sagte er.

Murat sah Amri an. Der Tunesier nickte bestätigend.

Wenn Murat das anschließende Kauderwelsch aus Arabisch, Türkisch und Deutsch richtig verstand, sah der ursprüngliche Plan des Tunesiers vor, eine Deutsche zu heiraten, um an legale Papiere zu gelangen. Mit denen wollte er dann zum IS ziehen. Anscheinend aber wollten die Frauen nicht so wie Amri. Daher würde es mit der Ausreise auf diese Weise wohl nichts werden. Der Tunesier plante deswegen jetzt, in Deutschland aktiv zu werden. So berichtete es Murat umgehend der Polizei.

Es war nicht das erste Mal, dass Anis Amri auffiel. Schon im Oktober 2015 hatte sich ein Apotheker aus Aleppo bei den Behörden gemeldet. Der Mann wohnte in einer Flüchtlingsunterkunft in Emmerich am Rhein. Dort traf er auf einen anderen Flüchtling, der behauptete, er sei Ägypter. Doch jeder im Heim wusste, dass er in Wahrheit Tunesier war.

Der falsche Ägypter trug einen Bart und maßregelte seine Mitbewohner: Trinkt keinen Alkohol, raucht nicht! Europa sei »gottlos«. Freimütig zeigte er Fotos auf seinem Handy; sie zeigten Männer mit Kalaschnikows. Freunde und Verwandte, erzählte er, die für den IS kämpften.

Der Apotheker fühlte sich unwohl und machte auf den Mann aufmerksam. Die Behörden kannten Amri bis dahin nur als Mohamed Hassa, aus Alexandria, Ägypten. Unter diesen Angaben war er nach seiner Einreise registriert worden. Hassa habe in mehreren Städten Asyl beantragt, um mehr Geld zu kassieren, erzählte der Apotheker der Polizei. Dass es sich bei Amir aus Freiburg und Hassa aus Emmerich in Wahrheit um Anis Amri handelte, wusste damals noch niemand.

Durch den Hinweis des Apothekers wurde Hassa alias Amri am 28. Oktober 2015 zu einem »Prüffall Islamismus«. Es gab damals, zu den Hochzeiten der Flüchtlingskrise, Tausende solcher Meldungen. Vielfach schwärzten sich Asylbewerber gegenseitig an. Häufig ließ sich nicht herausfinden, ob die Vorwürfe gerechtfertigt waren. Doch

Hassas Fall sollte anders sein, eindeutig eigentlich – und deshalb tragisch.

Just an diesem Tag, als die Polizei erstmals auf Mohamed Hassa, also Amri, hingewiesen wurde, ließ der sich in Dortmund erneut als Asylbewerber registrieren – diesmal nannte er sich »Ahmed Almasri«. Einen Tag später stellte er sich unter demselben Namen in Münster vor. »Almasri« wurde einer Unterkunft in Oberhausen zugewiesen, während »Amir« in Emmerich leben sollte.

Amris Kalkül war, mit mehreren Identitäten mehrfach staatliche Unterstützungsleistungen zu beziehen. Eine Zeit lang ging dieser Plan auf. Sein Bruder nannte das später gegenüber SPIEGEL TV »zwei Gehälter kassieren«. Am Ende hatte Amri mehr als ein Dutzend Identitäten. Dass es immer um dieselbe Person ging, fiel den Ausländerbehörden lange Zeit nicht auf. Biometrische Daten konnten sie damals zur Identifikation der Flüchtlinge nicht nutzen.

Murat lernte Amri als aufbrausend kennen. »Er war ein aggressiver Mensch, immer wütend, schnell verletzt«, sagte er später. Als die beiden sich im Herbst 2015 begegneten, erzählte Amri ihm, dass er aus Tunesien stamme und zum IS wolle. Murat fragte ihn, warum er dann nach Deutschland gekommen sei.

Amri rastete aus. Er verstand die Frage als Kritik, vielleicht sogar als Kränkung. So als zweifele jemand an seinen redlichen Absichten als Terrorist. Er beschimpfte Murat, er schrie. Doch Murat konnte ihn beruhigen.

Er sollte ihn immer wieder beruhigen können. Bis er sich nicht mehr um Amri kümmern durfte.

Murat, 15 Jahre älter als Amri, spielte in der Beziehung der beiden instinktiv den großen Bruder, den abgeklärten Ratgeber. Er tätschelte Amri den Nacken und lächelte ihn an, wenn der mal wieder ausflippte. Und Amri, aufgewachsen mit acht älteren Geschwistern, war empfänglich für die Zuwendung des lebenserfahrenen Murat mit der gemütlichen Statur.

Eine Woche nach dem ersten Treffen sammelte Murat das Duo

Amri und Bilal Ö. in Duisburg ein und fuhr mit ihnen erneut in die »Madrasa« nach Dortmund. Die Männer redeten und beteten den ganzen Abend. Nach Mitternacht brachen sie wieder auf. Murat kutschierte Bilal und Amri im Toyota Corolla des LKA nach Hause. Sie versuchten sich zu unterhalten und nutzten dazu ein Online-Übersetzungsprogramm.

Murat plante, die beiden Islamisten in seinem Auto aus der Reserve zu locken. Er wolle unbedingt »in Deutschland was machen«, log er. Damit überschritt er die ihm vorgegebene Grenze. Um das Vertrauen potenzieller Terroristen zu gewinnen, hätte er laut LKA sagen sollen: Er sei grundsätzlich bereit, im Sinne Allahs etwas in Deutschland zu machen. Doch das war wenig praxistauglich. Murat wählte seine Variante. Amri biss an.

Der Tunesier erzählte jetzt von einer Kalaschnikow, die er für »1500 Euro in Napoli« besorgen könnte, ein »russisches Fabrikat«. Der Anschlag in Paris lag noch keine zwei Wochen zurück. Wenn Murat das Geld habe, könnten sie sofort nach Italien fahren, schlug Amri vor. »Lass mich überlegen, aber warum nicht?«, antwortete Murat. Er wollte Zeit gewinnen – und sich mit seinen VP-Führern besprechen. Ihnen berichtete er: »Anis macht auf mich einen sehr radikalen Eindruck, er will unbedingt für seinen Glauben kämpfen.«

Eine Woche später waren Murat, Sabri Bilal Ö. und Anis Amri auf dem Weg nach Bochum. Auf der Fahrt suhlten sie sich in ihrem Hass. Amri, der Heißsporn, der Neue, wollte anerkannt werden. Er hielt Murat einen blauen Pass unter die Nase. Mit dem Dokument werde er nach Frankreich fahren, um Kalaschnikows zu besorgen, sagte Amri. Er wolle in Deutschland Anschläge im Namen Allahs verüben. Sie könnten auch gemeinsam nach Paris fahren, bot Amri an. Er kenne dort Brüder, von denen sie die Waffen bekämen.

Murat war elektrisiert. Da war sie wieder, die Gelegenheit, einen Islamisten mit einem seiner Standardmanöver hochgehen zu lassen: dem Scheinkauf. Er möge doch Geduld haben, sagte er Amri. Er werde sich die Sache überlegen. Er brauche etwas Zeit dafür. Er hätte sofort zugesagt. Doch er dachte, die Polizei benötige Zeit, um so einen Deal vorzubereiten.

Das LKA erwirkte über den Generalbundesanwalt einen Beschluss, Amris Telefon überwachen zu dürfen. Noch immer wussten die Beamten nicht sicher, mit wem sie es eigentlich zu tun hatten, ob der Islamist tatsächlich Anis hieß, wie er Murat gegenüber behauptet hatte.

Erst einen Tag vor Heiligabend 2015 meldete das Bundeskriminalamt nach Düsseldorf, der Verdächtige könnte Anis Amri sein, geboren am 22. Dezember 1992 in Tunesien. Eine Bestätigung aus Tunis stehe aber noch aus. Die Behörden versuchten noch immer herauszufinden, wer Amri überhaupt war und wie sie ihn einzuschätzen hatten, als er Murat eines Nachts alarmierende Nachrichten schickte: Amri fragte, ob Murat etwa ein Spitzel der Polizei sei.

Angst stieg in Murat auf. War er aufgeflogen? Dann wurde ihm klar, dass die Botschaften auf Deutsch geschrieben waren. Es war ziemlich gutes Deutsch. Er wurde misstrauisch. Amri sprach kaum Deutsch.

»Das war Bilal«, dachte Murat. »Dieser miese Penner.«

Sabri Bilal Ö. war damals 20 Jahre alt und Murats Erzfeind in der Szene. Der junge Mann aus Dinslaken wurde von den Behörden als Gefährder eingestuft und würde noch zwei Mal an dem Versuch scheitern, nach Syrien auszureisen. Murat hasste ihn, weil Ö. überheblich war und Murat spüren ließ, dass er ihn für ungebildet und dumm hielt. Ö. wiederum misstraute Murat, von Anfang an und bis zum Ende. Murats Auftreten erschien Ö. unecht und gespielt zu sein. Ö. verdächtigte ihn, für die Behörden zu arbeiten.

Mit den anderen Salafisten tuschelte Bilal über Murat. Einmal saß er mit Amri in der »Madrasa«. Murat hörte, wie sie von »Istikbarat« sprachen, Türkisch für »Geheimdienst«. Dabei schauten sie in seine Richtung. Als Spitzel verdächtigt zu werden, war eine persönliche Beleidigung. Und es war gefährlich. Murat musste den Gerüchten entgegentreten.

Spitzel haben keine Papiere, erinnerte er sich. Er rief Elspe und Wirtgens an und berichtete von den Verdächtigungen. Er habe einen Plan.

Der Plan war dreist: Bilal zweifelte an Murat, weil der seinen Moschee-Brüdern nie seinen Ersatzpass gezeigt hatte. Sein echter Pass war Murat, so sah es die Legende vor, abgenommen worden, damit er nicht nach Syrien ausreisen konnte. Es war in der Szene üblich, dass die Salafisten sich gegenseitig die amtlichen Verfügungen unter die Nase hielten – und sich damit aufspielten. Nach dem Motto: Seht her, was für ein Teufelskerl ich bin! Murat hatte das bislang nicht getan.

»Papiere«, dachte er, »sind kein Problem.«

Zu Hause suchte Murat die Dokumente zusammen, die er von der Polizei bekommen hatte: den Führerschein, Ersatzpass, Meldebescheinigung. Damit fuhr er nach Dortmund. In der »Madrasa« fand er die üblichen Verdächtigen vor. Boban S. natürlich, den geistigen Anführer der Truppe, Turan und Ömer, Bilal und Anis. Sie sprachen darüber, dass die Männer am Wochenende einen Gewaltmarsch absolviert hätten. Boban S. legte Wert auf die Fitness seiner Schützlinge. Womöglich sollten sie sich auf ihre Zeit beim IS vorbereiten. Stolz zeigten sie Murat einen Streckenverlauf von 16,2 Kilometern. Sie hatten schweres Gepäck getragen, 25 Kilogramm Gewicht im Rucksack, und seien zügig gegangen, berichteten sie.

Murat gab sich anerkennend. Nun ja, schränkten sie ein. Sie hatten nur einen Rucksack gehabt. Jeder habe ihn jeweils vier Kilometer getragen.

Als Bilal und Anis wieder zu tuscheln begannen, wurde Murat laut. »Warum verdächtigt ihr mich?«, schrie er. Er sei schließlich der Älteste hier. Sie lästerten und lögen, ohne Grund. Jeder wisse doch, woher er komme und wer er sei. Er zog die Papiere aus seinem Rucksack und warf sie auf den Boden: »Kommt, lest alle!«, rief er in die Runde. Er machte ausladende Handbewegungen, große Gesten. Sie alle sollten sich seine Papiere mit eigenen Augen ansehen. Er habe keine Geheimnisse, nichts zu verbergen. Neugierig kamen die Salafisten näher. Sie nahmen die Dokumente, wandten sie hin und her, nickten. An Bilal gewandt sagte Murat: »Und jetzt will ich deine Papiere sehen!«

Bilal hatte keine Papiere dabei. Alle Augen richteten sich auf ihn. Murat witterte seine Chance. Hatte Bilal Anis die misstrauischen Botschaften diktiert? Bilal gab alles zu. Er war es gewesen, er hatte von Amris Handy die Nachrichten verschickt.

»Vor diesem Hintergrund erfuhr Bilal eine deutliche Ablehnung von den anderen im Raum«, notierte Murats VP-Führer später. Noch in der Nacht meldete sich Bilal per Kurznachricht bei Murat. Es tue ihm leid, er habe nicht gewollt, dass es so kommt.

Kurz darauf traf Murat sich mit Elspe und Wirtgens. Aus dem Auto riefen sie Rasmus M. an, den Chefermittler der Sonderkommission »Ventum« im Düsseldorfer LKA. Rasmus M. sagte, man wolle Murat aus der Szene abziehen. Sein Einsatz sei zu gefährlich, wenn er als Spitzel verdächtigt werde.

Murat reagierte aufgebracht. »Ich bin hier mit Terroristen zusammen«, sagte er. »Die wollen hier in Deutschland einen Anschlag begehen.« Er könne erst abgezogen werden, wenn es einen Ersatz gebe. »Ansonsten haben wir die nicht mehr unter Kontrolle.« Außerdem habe er ja alles wieder zurechtgebogen.

Rasmus M. war beeindruckt von Murats Entschlossenheit. So würde es der Beamte auch später in den Untersuchungsausschüssen berichten. Doch Amri blieb ein Problem. »Der Junge lügt nicht«, so Murat, »der meint es ernst.«

Wie sollte man nun weiter vorgehen: Waffen kaufen und Amri festnehmen oder erst einmal weiterermitteln? Die Beamten waren unsicher. Sollten sie für diesen unbekannten Tunesier und seine Faseleien von Kalaschnikows tatsächlich ihren V-Mann, ihre Top-Quelle in der Islamistenszene riskieren und einen Zugang verlieren, wie sie ihn noch nie gehabt hatten und vielleicht nie wieder haben würden? Das Verfahren gegen das gesamte Netzwerk wäre gefährdet.

Aber war Amri wirklich so gefährlich, wie Murat glaubte? Allerdings hatten die Ermittler Telefonate abgehört, in denen er darüber gesprochen hatte, einen Libanesen in Berlin auszurauben, um an Geld zu gelangen.

Im Sommer 2019 sitzt Murat auf dem Balkon einer Wohnung, in der wir ihn interviewt haben. Der Tag war lang, der Aschenbecher ist voll. Murat ist müde, aber aufgewühlt.

»Ich habe denen gesagt: Komm, lass uns das machen, lass mich mit dem Amri die Waffen kaufen gehen«, sagt er. »Aber die wollten das nicht.«

Im LKA habe es Befürchtungen gegeben, dass das ganze Verfahren auffliege, wenn Amri hochgenommen würde. Und man habe Sorge gehabt, ein solches Manöver im Ausland durchzuziehen. Denn Amri wollte die Sturmgewehre in Frankreich oder Italien kaufen.

Murat schüttelt den Kopf. »Lass wenigstens die Waffen kaufen, damit die schon mal weg sind, habe ich gesagt.« Doch das, erzählt Murat, habe niemand gewollt.

Das LKA und der Generalbundesanwalt entschieden sich für einen Mittelweg. Um ihre VP01 und die Ermittlungen zu schützen, falls die Akten jemals in ein Strafverfahren gegen Amri hätten eingebracht werden müssen, ließen sie das Bundesamt für Verfassungsschutz (BfV) ein sogenanntes Behördenzeugnis schreiben.

Der Nachrichtendienst durfte die Herkunft seiner Informationen verschleiern. In dem Papier hieß es daher sehr neblig, dem BfV lägen »unbestätigte Hinweise« auf folgendes Szenario vor: »Amri versuche offensiv, Personen als Beteiligte an islamistisch-motivierten Anschlägen im Bundesgebiet zu gewinnen. Er beabsichtige, sich mit Schnellfeuerwehren des Typs AK 47 zu bewaffnen, die er über Kontaktpersonen in der französischen Islamistenszene beschaffen könne.«

Doch dem Generalstaatsanwalt in Berlin reichte die Verdachtslage nicht. Er lehnte es ab, auf dieser Grundlage ein Ermittlungsverfahren gegen Amri einzuleiten.

Zugleich schickte das Düsseldorfer LKA die als »geheim« eingestuften Vernehmungen Murats an das Bundeskriminalamt, Abteilung Staatsschutz, Referat 33 in Berlin. Das waren die Fachleute für
islamistischen Terrorismus in Deutschland – sie sollten mit einer
Einschätzung helfen. Das BKA reagierte skeptisch. Die »von der VP
geschilderten Anschlagspläne« Amris ließen sich »bisher anderweitig in keiner Weise« bestätigen. Außerdem gebe es ja eine Sprachbar-
riere zwischen dem Informanten und dem Islamisten, weshalb deren
Kommunikation »nicht gänzlich frei von Interpretationen der VP
sein dürfte«.

Den Argwohn der Bundeskriminalisten weckte zudem, dass Mu-
rat nur einige Tage zuvor schon ganz Ähnliches berichtet hatte. Nach
einem Besuch in der Hildesheimer Moschee hatte er zu Protokoll ge-
geben, dass er von Mahmoud O. ins Vertrauen gezogen worden wäre.
Auch der habe Kalaschnikows kaufen wollen, auch der sei knapp bei
Kasse gewesen. Konnte das wirklich sein? Zweimal binnen weniger
Tage solch brisante Informationen zu erhalten – von Menschen, die
Murat kaum kannte? Wie vielen V-Leuten gelang das? Keinem. Ein
BKA-Beamter sagte dazu später, das sei wie »zweimal in der Woche
Lotto zu spielen und zweimal sechs Richtige« zu haben. Entweder
war Murat als Spitzel brillant – oder aber er war ein Blender, ein
Wichtigtuer.

Man habe »erhebliche Zweifel an der Glaubwürdigkeit der vorge-
tragenen Anschlagsplanungen«, hielt ein Kriminalhauptkommissar
des BKA in einem Vermerk fest. Auf der Frontseite des Papiers
prangte ein Stempel: »Geheim – amtlich geheimgehalten«. Dass
Amri sich Kalaschnikows besorgen und damit einen Anschlag begehen würde, sei »derzeit« eher auszuschließen, befand das BKA in
schönstem Behördendeutsch. Auf der von eins bis acht reichenden
Skala, mit der die Polizei das Risiko eines Attentats bewertet – wobei
eins das größte Risiko bedeutet und acht das geringste –, entsprach
das einer sieben.

Das Problem war, dass das nordrhein-westfälische Landeskriminalamt und der Generalbundesanwalt restlos überzeugt waren von ihrer VP01. In einem Dokument hielten die Düsseldorfer Beamten fest, es seien »auch nach intensiver Prüfung keine plausiblen Gründe erkennbar, die die Quelle veranlassen könnten, die Unwahrheit zu sagen«. Noch wichtiger aber war: Der Generalbundesanwalt und das LKA brauchten Murat unbedingt für das Ermittlungsverfahren gegen Abu Walaa und seine Hassprediger-Kameraden. Ein V-Mann, der vom BKA amtlich zum Aufschneider erklärt worden war, wäre für die Ermittlungen eine Katastrophe gewesen. Der Fall wäre am Ende gewesen. Und das in einem Verfahren, das damals »das wichtigste oder eines der wichtigsten« in Deutschland war, wie ein Staatsschützer sagte.

Die Beamten des BKA schlugen vor, Murat könne sich doch verkabeln lassen und die Islamisten ausforschen. Als seine VP-Führer ihm von der Idee erzählten, reagierte Murat weniger entsetzt als die Beamten. »Ich hätte das gemacht«, sagt er heute. Doch die Polizisten aus Nordrhein-Westfalen lehnten die Idee kategorisch ab: Das war viel zu gefährlich, das war Wahnsinn. Immer wieder hätten Islamisten nach Wanzen gesucht und Verdächtige abgetastet, sagte Chef-Ermittler Rasmus M. später. Das Risiko konnten sie nicht eingehen, Murats Leben stand auf dem Spiel. Es musste eine andere Lösung her.

Am 23. Februar 2016 kam es zu einem Krisentreffen in Karlsruhe. Vertreter des Generalbundesanwalts waren anwesend, Rasmus M. und sein Chef Martin W. für das NRW-Landeskriminalamt, einer von Murats VP-Führern, Vertreter des BKA aus Berlin, ein Ermittler des LKA Niedersachsen. Die Beamten aus Düsseldorf erklärten, wie lange Murat schon für die Polizei arbeitete, wie zuverlässig und glaubwürdig er stets war, wie er Amri kennengelernt hatte. Und dass er in der Szene selbst radikal auftrat und vorgab, Anschläge begehen zu wollen.

Selbst die hartgesottenen Terrorermittler aus Karlsruhe waren beeindruckt, wie tief sich Murat in die Welt der Islamisten vorgearbeitet hatte. Dass er einem Prediger wie Sami A. aus Bochum nahegekommen war, an dem sich andere Informanten reihenweise erfolglos versucht hatten, verstanden sie als Beweis seiner Professionalität. Murat sei »eine außergewöhnlich gute Quelle gewesen«, so die zuständige Oberstaatsanwältin der Bundesanwaltschaft, »weil sie einen außergewöhnlich guten Leumund hatte, hervorragend platziert war und hervorragend professionelle VP-Führer« hatte. Das BKA sah das anders.

Mehrere Teilnehmer beschrieben das Treffen in Karlsruhe hinterher wahlweise als »hitzig«, »kontrovers« und »spannungsgeladen«. Manche sagten sogar, es sei »lautstark« gewesen und »hoch hergegangen«. Die Beamten stritten darüber, wie glaubwürdig Murat war. Am Ende gab das Votum der Bundesanwaltschaft den Ausschlag. Nicht ohne Zufriedenheit notierten die Düsseldorfer hinterher: »GBA teilt Ansicht LKA NRW hinsichtlich der uneingeschränkten Vertrauenswürdigkeit der VP01.« Sie hatten sich durchgesetzt.

Im BKA hingegen kochten die Staatsschützer. In einer E-Mail an einen Kollegen schrieb Philipp K., der am stärksten an Murat zweifelte, am 24. Februar 2016, es sei »eine Frechheit und hochgradig unprofessionell«, wie das Düsseldorfer LKA agiere. Deren Beitrag zur »Gefährdungseinstufung Amri« habe »mit divergierenden Bewertungen« nichts mehr zu tun, sondern »grenzt an Lügen«. Die Düsseldorfer nutzten »fragmentarische Halbinfos« und »hanebüchene Bewertungsversuche«.

Dennoch: Das BKA war überstimmt. Eine knappe Woche nach dem Krisentreffen schrieben die Staatsschützer des Bundes eine neue Gefährdungsbewertung, wieder war sie als »geheim« eingestuft. Noch immer fiel VP01 mit verdächtigem »Exklusivwissen« auf, doch nun war das kein Grund mehr, an seinen Berichten zu zweifeln. Weil Murat sich ja selbst anschlagsbereit gezeigt habe, sei es »plausibel«, dass Amri in dem Gespräch darauf eingestiegen sei. Auch auf der Risikoskala justierte das BKA nach. Nun war das Kalaschnikow-Szenario »eher unwahrscheinlich«, was der Stufe fünf von insgesamt acht entsprach.

Murats Glaubwürdigkeit war auf dem Papier wiederhergestellt. Die neue Bewertung habe sie zwar nicht »sehr glücklich gemacht«, sagte die zuständige Oberstaatsanwältin später, aber mit ihr habe sie weiterarbeiten können.

Keinen Eingang in das Dokument fand ein Zwiegespräch zwischen Rasmus M. und dem BKA-Analysten Philipp K. Die beiden unterhielten sich nach der Besprechung in Karlsruhe. Das sagte später zumindest Rasmus M. Philipp K. bestritt stets, dass es ein solches Gespräch gegeben habe. Der Inhalt der mysteriösen Unterredung aber brachte Rasmus M. so sehr auf, dass er anschließend Ermittlern des Generalbundesanwalts davon erzählte und handschriftliche Notizen anfertigte.

Demnach soll der BKA-Mann K. seinem NRW-Kollegen M. unter vier Augen gesagt haben, Murat mache »zu viel Arbeit«. Es sei der Wunsch der Führungsebene des BKA und des Bundesinnenministeriums, VP01 »kaputtzuschreiben.« Rächten de Maizière und seine Leute sich so für die Blamage des abgesagten Länderspiels? Der Vorgang sollte Jahre später für einen Skandal in den Untersuchungsausschüssen zum Anschlag am Breitscheidplatz sorgen. K. wies die Anschuldigungen seines Düsseldorfer Kollegen stets zurück.

Letztlich gingen die Ermittler mit drei Ergebnissen auseinander, die für Murats Einsatz wichtig waren: Sie bewerteten Amris Pläne, sich Sturmgewehre zu beschaffen, noch immer als eher unwahrscheinlich. Aber sie schätzten die Gefahr, die von ihm ausging, inzwischen etwas größer ein. Und vor allem: Sie stellten nicht mehr offiziell Murats Glaubwürdigkeit in Abrede.

Neue Erkenntnisse waren hinzugekommen. Die Ermittler hatten im Februar 2016 einen Austausch über den Messengerdienst Telegram aufgeschnappt. Zwei Männer mit libyschen Telefonnummern chatteten mit Amri. Es waren Kämpfer des IS. Sie schrieben Texte und schickten Sprachnachrichten, bei denen im Hintergrund Funkgeräte knackten und Explosionen zu hören waren.

Amri teilte einem der beiden mit: Wenn dieser eine Schwester in

Deutschland habe, die heiraten wolle, dann werde er das tun. »Hast du mich verstanden?« Das Verb »heiraten«, so vermuteten die Ermittler, war ein Codewort für einen Anschlag.

Doch Amris Gesprächspartner schien es nicht zu kennen. »Ich habe dich eigentlich nicht verstanden«, antwortete er. Amri gab nur ein Wort zurück: »Dougma«. Ein IS-Synonym für »Selbstmordattentat«. Sein Gesprächspartner beendete die Unterhaltung mit den Worten: »Möge Gott von dir annehmen, und möge Gott uns im Paradies vereinen.«

Die Hinweise auf Amris Anschlagsbereitschaft verdichteten sich weiter. Im Netz steuerte er Dschihad-Seiten an und las Anleitungen zum Bau von Rohrbomben. Für die Ermittler des Düsseldorfer LKA stand damit fest, dass Amri einen Anschlagsplan verfolgte. Sie schrieben an den Generalbundesanwalt und regten die Einleitung eines Verfahrens wegen der »Vorbereitung einer schweren, staatsgefährdenden Gewalttat« an.

Karlsruhe schickte den Fall an die Generalstaatsanwaltschaft Berlin, weil Amri sich vor allem dort aufhielt. Und die begann diesmal tatsächlich ein Verfahren – wegen versuchter Beteiligung an einem Tötungsdelikt. Es blieb ergebnislos.

Parallel setzte sich die Anti-Terror-Maschinerie von Bund und Ländern in Gang, ein komplexes Gefüge, ersonnen nach den Anschlägen vom 11. September 2001. Im Mittelpunkt steht dabei das sogenannte Gemeinsame Terror-Abwehr-Zentrum (GTAZ) in Berlin-Treptow, das eigentlich nicht mehr ist als ein schlichter Konferenzraum in einer ehemaligen Kaserne. Dort kommen die Vertreter von 40 deutschen Behörden zusammen.

Ein Projektor wirft Präsentationen und Bilder auf eine Leinwand. An den Wänden hängen vergilbte Landkarten und eine Uhr, die verschiedene Weltzeiten anzeigt. Im GTAZ wird jeder Islamist diskutiert, der erstmals als Gefährder eingestuft wird. Auch wenn ein Verdächtiger wieder von der Liste verschwinden soll, beraten die Beamten.

Zuständig ist die Arbeitsgruppe Operativer Informationsaustausch, die das BKA federführend organisiert. 2015 kam sie rund 250-mal zusammen, im Jahr zuvor waren es nur 140 Treffen gewesen. Insgesamt siebenmal befassten sich die Beamten mit Anis Amri, zuletzt im November 2016.

»Der Sachverhalt ist ernst zu nehmen und bedarf weiterer Abklärung«, hieß es in der GTAZ-Sitzung vom 17. Februar 2016 etwa, als die Beamten über Murats Berichte sprachen, über die Kalaschnikows, über Amris Anschlagsprahlereien. NRW führte Amri nun als Gefährder, was bedeutete, dass man ihm eine politisch motivierte Straftat »von erheblicher Bedeutung« zutraute. Es war keine Frage, dass Murat auch ihn im Auge behalten sollte. Zur offiziellen Zielperson des Star-Spitzels wurde Amri jedoch nie erklärt. Murats Fokus sollte auf Abu Walaa und seinem Netzwerk liegen.

Trotzdem kamen Murat und Amri sich immer näher. Sie schliefen zusammen in der Dortmunder »Madrasa«, Rücken an Rücken, Kopf an Kopf in einem kleinen Raum. Sie hatten keine Schlafsäcke und keine Luftmatratzen. Sie gönnten sich keinen Luxus. Das war den Salafisten wichtig. Jeder rollte sich einfach auf dem dicken Teppich zusammen. So hatte auch der Prophet geschlafen, glaubten sie.

Sie sprachen nicht viel in dieser Nacht. Beim Frühstück – es gab Hummus und Brot – sagte Amri zu Murat, er wolle jetzt doch wieder zum IS ausreisen. Bald darauf fuhr Murat mit Amri nach Hildesheim, in die Moschee zu Abu Walaa. Ihm fiel auf, wie schweigsam der Tunesier war. Amri wirkte in sich gekehrt. Er hörte Naschids und sah sich arabische Prediger auf YouTube an. Amri sei »mit sich selbst und dem Koran beschäftigt«, berichtete Murat der Polizei.

War das die Ruhe vor dem Sturm? Bereitete sich Amri auf einen Anschlag vor? »Er ist nur mit Allah und sich selbst beschäftigt. Man könnte meinen, dass er sichergehen will, ins Paradies zu kommen«, warnte Murat. Und er informierte seine VP-Führer noch darüber, dass Amri in den kommenden Tagen nach Berlin fahren wollte.

Das Düsseldorfer LKA alarmierte die Kollegen in Berlin. Sie baten darum, dass Amri beschattet würde – und keinesfalls kontrolliert, keinesfalls. Man fürchtete, Amri könnte sonst misstrauisch werden und Murat verdächtigen, seine Reise verraten zu haben.

Was aber tat die Berliner Polizei? Weil kurzfristig kein Observationsteam verfügbar war, kontrollierte sie Amri am 18. Februar 2016 doch. Kaum war Amri in Berlin aus dem Flixbus ausgestiegen, sprachen ihn Beamte an – zu allem Unglück auch noch mit seinem vollen Namen. Für Amri konnte kein Zweifel bestehen: Die Polizisten hatten auf ihn gewartet.

Die Beamten durchsuchten ihn und fanden ein Pfefferspray in seiner rechten Innentasche, 900 Euro in bar, ein gestohlenes Handy von Samsung und mehrere Ausweisdokumente. Sie nahmen ihn mit ins Polizeipräsidium. Dort kassierten sie sein Handy ein, obwohl die Kollegen aus Düsseldorf explizit darum gebeten hatten, »das Mobiltelefon der Zielperson nicht anzurühren«, wie sie in einem Vermerk notierten. Die nordrhein-westfälischen Ermittler hörten das Gerät heimlich ab.

Eine Stunde später kam Amri wieder auf freien Fuß. Er war nun gewarnt. Die Polizei war hinter ihm her. Er alarmierte seine Glaubensbrüder in Dortmund. Unter ihnen brach Panik aus.

Die VP-Führer trafen Murat in einer McDonald's-Filiale. Es habe Probleme mit Amri in Berlin gegeben, hatten sie am Telefon gesagt, sie müssten ihn dringend sehen. Murat erinnerte sich später nicht mehr genau an die Begriffe, mit denen sie ihre Berliner Kollegen bedachten. Die Ausdrücke »Idioten« und »Scheiße« seien wahrscheinlich gefallen, so Murat. Ein hochrangiger Staatsschützer aus NRW nannte den Zugriff hinterher einen »groben taktischen Fehler«.

Murat sei jetzt in großer Gefahr, sagten die Polizisten. Murat hatte Amri kurz vor der Kontrolle noch angerufen, um ihn zu fragen, wann er in Berlin sein würde. Wahrscheinlich verdächtigte Amri ihn nun wieder, ein Spitzel zu sein.

Murat steckte in der Klemme. Er konnte nicht einfach verschwinden, denn wenn er jetzt auf einmal nicht mehr in der »Madrasa« auftauchte, wüssten alle, dass er Amri verpfiffen hatte. Dann wäre der Einsatz vorbei, das Verfahren des Generalbundesanwalts geplatzt. Aber wenn Murat in Dortmund erschien, könnte es ihm an den Kragen gehen. Ein Dilemma.

Murat versuchte, nicht darüber nachzudenken. Natürlich würde er wieder in die Moschee fahren. Er war überzeugt: »Ich kann mich überall rausquatschen.«

In der »Madrasa« empfahl Prediger Boban S. allen, ihre Handys nicht mehr bei sich zu tragen. Er selbst packte, wie sich Murat erinnert, seine Telefone in eine Tüte und warf sie in einen nahe gelegenen Bach. S. warnte seine Anhänger auch, Kontakt zu Amri aufzunehmen. Nach drei Tagen hockte Amri trotzdem wieder bei Boban S. in der »Madrasa«. Murat war ebenfalls da. Amri war nicht misstrauisch. Im Gegenteil: Er brauchte Hilfe.

Nach der Polizeikontrolle in Berlin hatte Amri kein Telefon mehr. Also fuhr Murat noch am selben Abend mit ihm los. In einer Real-Filiale in Hagen erstand er für Amri ein neues Gerät für 79 Euro. Die Polizei bezahlte. Murat lieferte den Beamten Amris frische Handynummer. Die Überwachung konnte weitergehen.

11

VERRAT UND TREUE

Murat war 38 Jahre alt, als er im Sommer des Jahres 2015 in die Islamistenszene eintauchte. In den Augen der meisten um ihn herum war
er ein alter Mann. Und – was noch schlimmer war: ein alter Mann
ohne Frau und Kinder. Den Radikalen war das suspekt, sie empfan-
den es als widernatürlich, in so hohem Alter noch ledig zu sein.

»Du solltest heiraten«, sagte Prediger Boban S. Murat eines Tages
unverblümt. Seine Frau kenne eine Bosnierin mit drei Kindern. Sie
habe sich von ihrem Mann getrennt, weil der ihr nicht radikal genug
gewesen sei. Er werde für Murat ein Treffen organisieren.

»Bitte nicht«, dachte Murat.

»Danke, Bruder!«, sagte er.

Die Brautschau fand im Wohnzimmer des Predigers statt. Die Tür
musste einen Spalt offen bleiben, das verlangte die Etikette der Islamistenszene. Es war schon ein großes Entgegenkommen, dass die
beiden überhaupt unter sich bleiben durften. Man vertraute Murat.

Die Frau legte ihre Verschleierung ab, sie war Ende 20, schätzte
Murat, eine hübsche Erscheinung. Es war ein merkwürdiger Moment. Verschämt saßen sie voreinander, wie Teenager, unbeholfen

und steif. Die Frau fragte Murat, was er mache und wer er sei. Murat antwortete, er sei arbeitslos und mache nichts Besonderes.

Materielles sei ihr nicht wichtig, antwortete sie, im Gegenteil. Sie hatte andere Pläne. Würden ihre Kinder ihn stören? Würde er mit ihr zum IS ausreisen?

»Naja, vielleicht«, sagte Murat. Er war hin- und hergerissen.

Auf der einen Seite schmeichelte ihn das Interesse der jüngeren Frau. Auf der anderen Seite wusste er, dass er keine Beziehung eingehen konnte und durfte. »Mit Frauen kann alles passieren«, sagte Murat sich. »Das kann gewaltig schiefgehen.«

Er wollte ihr aber keine Abfuhr erteilen. Dafür war er zu eitel. Und es wäre unhöflich gegenüber Boban S. gewesen. Er entschied sich, nicht um ihre Gunst zu werben. Er gab sich locker, balzte nicht und machte ihr keine Komplimente. Er rede mit ihr, als seien sie schon 30 Jahre verheiratet, beklagte sich die Frau. Sie hatte sich mehr erhofft, vor allem, dass er sich um sie bemühte.

Einige Tage später nahm Boban S. Murat beiseite. Es tue ihm sehr leid, sagte er, aber die Schwester habe sich leider anders entschieden. Es werde nichts mit der Hochzeit.

Murat unterdrückte ein Lächeln. »Ach, naja, okay«, sagte er.

Es war einer jener Momente, in denen ihm seine verzwickte Lage wieder deutlich vor Augen stand. Er hatte keine Freunde mehr, seitdem er fast 20 Jahre zuvor seinen besten Kumpel an die Polizei verraten hatte. Immer öfter glaubte Murat daran, dass die Männer, mit denen er Tage und Nächte verbrachte, wirklich seine Brüder waren. Dass sie ihn verstanden, dass sie ihm ähnlich waren. Die Gemeinschaft der Salafisten gab ihm ein Gefühl der Geborgenheit. Er genoss den Zusammenhalt und spürte, wie die Nähe ihm immer stärker zusetzte, wie sie ihn zu verwirren begann.

Die kurze Zeit, die er zu Hause bei Gülcan und den Kindern verbrachte, fühlte er sich wie ein Fremder. Ich gehöre nicht hierher, dachte er dann. Nachts saß er alleine im Wohnzimmer und hörte sich radikale Prediger an, rauchend, in die Luft stierend. Wenn die

Kinder ihn nach Allah fragten, musste er sich zwingen, keine hasserfüllten Tiraden auf die Ungläubigen zu halten.

»Du musst dich ständig verstellen«, sagte er nach dem Ende des Einsatzes. »Dein Kopf wird andauernd durchgefickt.« Man kann Murat Cem in dieser Zeit als einen sehr verwirrten Mann beschreiben, als jemanden, der nicht wusste, wer er war und wo er hingehörte.

Auch Wirtgens und Elspe, die ihn seit vielen Jahren begleiteten, waren ihm in diesen Monaten keine große Hilfe. Sie kümmerten sich mehr um ihn, als sie es hätten tun müssen, ja, vielleicht sogar als sie es hätten tun sollen. Aber sie waren Polizisten, keine Psychologen.

»Wenn ich jünger wäre, wäre ich schon lange zum IS gegangen«, sagte Murat ihnen nicht nur einmal. Sie nahmen es zur Kenntnis. Dabei war der Satz eigentlich ein Schrei nach Hilfe. Murat musste unbedingt wissen, welche Seite die richtige war. Er brauchte Halt.

Die Beamten bemerkten es nicht. In ihren Augen spielte Murat nur einfach seine Rolle besonders gut. Sie kannten ihn als unverwüstlich. Sie dachten, die Veränderungen an ihm gehörten dazu. Nie kamen sie auf die Idee, dass er sich mit der Gegenseite identifizieren könnte.

Er sprach es auch nie wirklich an. Er sagte ihnen nicht, was sich in seinem Kopf abspielte, wenn er an der Raststätte auf sie wartete. Er erwähnte nicht, dass er durchging, wie es wohl wäre, die Seiten zu wechseln. Wie es wohl wäre, wenn er keine Rollen mehr spielen müsste, wenn er echte Freunde, echte Brüder hätte. Wenn sie ihn zu Hause besuchten, seine Familie kennenlernten, seine Frau, seine Kinder. Die Kinder. Wenn die Vernehmungen ihn nicht zurückholten, dann waren es die Gedanken an seine Tochter und seinen Sohn.

Er würde niemals überlaufen. Es war viel zu gefährlich. Murat Cem musste weitermachen. Verzweifelt klammerte er sich an das, was zum Sinn seiner Existenz geworden war: Terroristen finden, Anschläge verhindern, Leben retten.

Aber immer öfter fühlten sich diese großen Worte hohl und leer an. Murat war sehr allein damals. Und er sollte es bleiben.

12
DER TERRORIST

Am Abend des 23. Februar 2016 fuhr Murat seinen »Bruder« Anis Amri nach Berlin. Es war jener Tag, an dem in Karlsruhe die Bundesanwaltschaft, LKA und BKA darum gerungen hatten, wie glaubwürdig Murat nun war.

Als Amri Murat erzählt hatte, dass er wieder nach Berlin wolle, hatte Murat ihm geantwortet, er müsse zufällig auch dringend dorthin. Er habe etwas zu erledigen. Es war ein lahmer Vorwand, um Amri im Auge zu behalten. Murat würde ihn später noch ausbauen.

Sie brachen am späten Abend auf, nach dem Nachtgebet in der Dortmunder »Madrasa«. Murat setzte sich ans Steuer des Toyota Corolla, Amri auf den Beifahrersitz. Er hatte einen schwarzen Rucksack dabei.

Schon bald waren sie auf der A2. Sie sprachen nicht viel, Amri beschäftigte sich mit seinem neuen Telefon. Er hörte Lesungen aus dem Koran, mit Kopfhörern. Immer wieder telefonierte Amri auf Arabisch. Murat verstand ihn nicht.

In der Nähe von Braunschweig klemmte sich unbemerkt ein

mobiles Einsatzkommando des Berliner Landeskriminalamts hinter Murats Wagen. Die Beamten hielten fest, was sie sahen.

1.29 Uhr: Übernahme der Observation auf der BAB 2, Höhe Ausfahrt »Braunschweig Ost«. Im bekannten Fahrzeug sitzen zwei männliche Personen. Das Fahrzeug fährt an der besagten Ausfahrt »Braunschweig Ost« ab zur Tankstelle Shell, In den Lohbalken 1, 38165 Lehre-Wendhausen.
1.33 Uhr: Beide Personen steigen aus und begeben sich in den Verkaufsraum der Tankstelle.
1.38 Uhr: Hier kann die Zielperson (ZP) eindeutig erkannt werden. Bei dessen Begleitung handelt es sich um eine unbekannte männliche Person (umP).
1.39 Uhr: Beide Personen verlassen den Verkaufsraum und laufen zurück zum Fahrzeug.
1.41 Uhr: Beide Personen steigen in das bekannte Fahrzeug ein und fahren los in Richtung BAB 2.
1.43 Uhr: Das Fahrzeug fährt auf die BAB 2 in Richtung Berlin.

Die Zielperson war Anis Amri. Der vermeintlich Unbekannte war Murat.

Die NRW-Polizisten hatten ihre Berliner Kollegen im Unklaren darüber gelassen, dass Murat für sie arbeitete. Nach der verpatzten Kontrolle Amris in Berlin vertrauten sie ihnen nicht mehr. Sie hielten es für besser, die Berliner so wenig wie möglich wissen zu lassen.

Nach dem Kaffee an der Raststätte begannen Murat und Amri, doch miteinander zu sprechen. Amri war wütend, wieder einmal. Dieses Mal traf sein Zorn den Salafisten-Prediger Ibrahim Abou-Nagie und sein »Lies!«-Projekt. Die Koran-Verteilungen waren für viele Konvertiten in Deutschland der Einstieg in die Szene. Doch Amri tobte. Man dürfe die Ungläubigen nicht bekehren, man dürfe noch nicht einmal mit ihnen sprechen. Sie töteten jeden Tag Muslime. Deswegen müsse er sie auch töten.

Er zog ein schwarzes Tuch über den Kopf, umhüllte sein Gesicht und ließ nur die Augenpartie frei. Er sah nun aus wie einer jener IS-Kämpfer, deren Videos man im Internet finden konnte. Murat schauderte. Sie schwiegen wieder.

Um 3.41 Uhr erreichten sie ihr Ziel, die Fussilet-Moschee in Berlin-Moabit. Die Moschee an der Perleberger Straße war der damals wohl berüchtigtste und radikalste Treffpunkt für Islamisten in der Hauptstadt, nach Amris Anschlag würden die Berliner Behörden sie schließen. Für Amri war die Moschee so etwas wie ein Zuhause.

An diesem Morgen im Februar gingen Amri und Murat einfach hinein, abgeschlossen waren die Räume nicht. Sie waren alleine. Amri rollte sich in einer Ecke auf dem Boden zusammen. Murat ging vor die Tür. Er rauchte eine Zigarette.

»5.36 Uhr: umP verlässt das Wohnhaus Perleberger Str. 14, 10559 Berlin über den Hauseingang und steckt sich eine Zigarette an.«

»5.42 Uhr: umP betritt wieder das Wohnhaus über die Hofzufahrt.«

Als Murat zurückkam, hatte sich Amri das traditionelle Gewand eines Imams angezogen. Er gab den Vorbeter.

Es war eine skurrile Szene: Morgens um sechs Uhr verrichteten der Mann, der den schlimmsten islamistischen Anschlag in der deutschen Geschichte verüben würde, und der Undercover-Agent, der ihm näher gekommen war als jeder andere Ermittler, gemeinsam das Frühgebet.

Danach fuhren sie frühstücken. Die Beschatter des LKA folgten ihnen:

6.56 Uhr: Die ZP und die umP verlassen zusammen das Wohnhaus über die Hauseingangstür und begeben sich nach rechts Richtung Rathenower Str. Von der Perleberger Str. biegen sie

nach links in die Feldzeugmeisterstr. Die ZP ist wie folgt beklei-
det: dunkelgrüne Jacke mit Fellkragen, olivfarbene Kargohose,
kleiner Rucksack auf dem Rücken. Es folgt keine durchgängige
Beobachtung.
7.04 Uhr: Der Toyota Corolla (…) fährt auf die Rathenower Str.
in Richtung Perleberger Str. ab. Im Fahrzeug sitzen die ZP und
die umP. Die umP ist Fahrer.
7.16 Uhr: Das Fahrzeug kann unbesetzt in der Bastianstraße 55
in 13357 festgestellt werden.
7.43 Uhr: Das Fahrzeug befährt die Badstraße in Richtung
Pankstraße und biegt an der Kreuzung nach links in Richtung
Reinickendorfer Str. ein. Im Fahrzeug sitzen die ZP und die
umP.

Nach dem Frühstück setzte Murat Amri wieder an der Fussilet-Moschee ab und zog alleine los. Er hatte Amri gesagt, er habe in Berlin
etwas zu erledigen. Also musste er etwas erledigen.

Murat steuerte die Botschaft Aserbaidschans an, eine imposante
Gründerzeit-Villa in Grunewald. Murat ging hinein und fragte den
Beamten auf Türkisch, ob er als Türke und Tourist nach Aserbaidschan reisen könne und ob er dafür ein Visum brauche. Die Antwort interessierte ihn nicht. Er hörte kaum hin, als der Beamte ihm
erklärte, was zu tun sei. Er wollte nicht nach Aserbaidschan. Er
brauchte bloß eine Legende für den Trip nach Berlin.

Er dankte dem Beamten und verließ das Gebäude. Beim Hinaus-
gehen griff er sich noch ein paar Broschüren. Dann marschierte er
zurück in die Fussilet-Moschee.

Dort erzählte er Amri, er müsse unbedingt einem »Bruder« helfen,
der nach Aserbaidschan reisen wolle. Deswegen sei er in Berlin. Er
habe sich gerade in der Botschaft für ihn informiert. »Guck mal
hier«, sagte Murat und zeigte Amri die Broschüren. Amri nickte anerkennend. Murat war ein echter Freund.

Stundenlang tingelten Murat und Amri an diesem Mittwoch im

Februar 2016 durch die Hauptstadt. Sie trafen Freunde Amris und besuchten eine andere Moschee, die »As-Sahaba Moschee« im Wedding, ebenfalls ein Hotspot für Salafisten.

Ein Algerier, der sich als Habib vorstellte, erzählte, er habe erst vor ein paar Tagen einen Polizisten mit einem Messer angegriffen. »Auch Habib vertrat ganz extreme Ansichten«, berichtete Murat später den VP-Führern. Doch insgesamt wirkten die Islamisten, die sie in Berlin trafen, müde, zahm fast.

Murat musste wieder los. Wenn er zu lange in Berlin bliebe, könnte Amri Verdacht schöpfen. Er verabschiedete sich von Amri und trat die Heimfahrt an, 600 Kilometer, alleine im Auto. Er hatte zwei Tage praktisch ohne Schlaf verbracht. Noch von unterwegs rief Murat seine VP-Führer an.

Anis Amri war ein rastloser Mensch, unstet, immer in Bewegung: Wie eine Kugel in einem Flipperautomaten schoss er durch das Land, heute hier, morgen da. Er hatte keine Wurzeln, keinen Anker, keine Pflichten. Nichts hielt ihn irgendwo.

Murat ging es anders. Er hatte überall Verpflichtungen.

Die Ermittlungskommission »Ventum« des Landeskriminalamts Nordrhein-Westfalen war damals eines der wichtigsten Ermittlungsverfahren in Deutschland. Es war hochpolitisch und symbolträchtig. Die Geheimwaffe der NRW-Polizei ersoff in Aufträgen. Murat sollte eine Bande hinter Gitter bringen: Abu Walaa und Hasan C. und Boban S.

Dann gab es die Waffengeschichte in Hildesheim, mit Mahmoud O., der Kalaschnikows besorgen wollte. An ihm musste Murat arbeiten. Es gab den vermeintlichen Bin-Laden-Leibwächter Sami A. in Bochum, den er auch noch besuchte.

Neuerdings waren da auch noch Muhammed H. und sein Vater Atila G. aus der Gegend von Wuppertal. Vereint ergaben sie eine explosive Kombination aus jugendlichem Eifer und lebenserfahrenem Hass. Auch sie forderten Murats Aufmerksamkeit.

Und zuletzt versuchte Murat auch noch an Anis Amri dranzubleiben. Er war davon überzeugt, dass Amri »brandgefährlich« war, wie er der Polizei sagte.

Und Murat war Amris Freund. Freunde halfen sich.

Ende März 2016 fuhren Murat und Amri gemeinsam zum Ausländeramt nach Oberhausen. Der Tunesier hatte angeblich seit zwei Monaten kein Geld bekommen und bat Murat, für ihn zu dolmetschen. Sein Deutsch war zu schlecht für das Gespräch. Murat konnte zwar kein Arabisch, aber das spielte keine Rolle. Hände und Füße würden für den Austausch mit Amri auch diesmal ausreichen.

Im Foyer der Behörde standen die beiden vor einem Paternoster, sie mussten ins Obergeschoss. Murat traute sich nicht, in eine der Kabinen zu steigen. So etwas wie diesen Aufzug hatte er noch nie gesehen. Was würde passieren, wenn er nicht mehr rechtzeitig aussteigen könnte? Was wäre, wenn die Körbe oben umkippten? »So einen Tod will auch niemand sterben«, sagte er später. Irgendwann zog Amri ihn hinein. Sie überlebten. »Allahu akbar!«

Sie stellten sich in die Schlange vor einem Büro. In der Hand hielten sie die Wartemarke, Nummer 55. Auf dem Flur sprach Murat eine Mitarbeiterin an. Könnte sie eventuell etwas nachschauen? Sie warteten schon so lange.

Er gab ihr die Daten, unter denen Amri registriert war. Die Frau verschwand in ihrem Büro und kam sehr schnell zurück. Sie sei nicht zuständig, sagte die Frau, aber sie wolle sie warnen. Das Landeskriminalamt verdächtige Amri, Sozialleistungen zu erschleichen.

Die beiden waren entsetzt. Bei Amri lag es daran, dass man ihm auf die Schliche gekommen war. Murat war entgeistert, weil die Beamtin so dämlich war, den notorischen Betrüger und Top-Gefährder Amri zu warnen.

Zwei Wochen später initiierte das LKA ein Verfahren wegen Betrugs gegen Anis Amri. Die Staatsschützer wollten ihn unbedingt aus dem Verkehr ziehen. Dass er zu Unrecht mehrfach Unterstützung für Asylbewerber kassierte, schien ihnen einen guten Anlass dafür zu bieten. Doch die Duisburger Staatsanwaltschaft zog nicht mit –

für einen Haftbefehl, den die Staatsschützer sich erhofft hatten, reichte es nicht. Dafür war Amri nun doppelt gewarnt: nach der Kontrolle der Berliner Polizei nun auch von der mitteilsamen Beamtin aus Oberhausen.

Es war Frühjahr geworden. Das Düsseldorfer LKA mühte sich, den Tunesier unter Kontrolle zu bringen. Die Beamten hatten sich dafür zwei Vorgehensweisen überlegt. Plan A war das Strafverfahren wegen gewerbsmäßigen Betrugs gewesen. Doch Plan A war gerade gescheitert. Plan B war Amris Abschiebung.

In einem vertraulichen Dokument fasste die Behörde im März 2016 zusammen, wie sie Amri sah. Von dem aus Tunesien stammenden Islamisten sei »ein terroristischer Anschlag zu erwarten«, schrieben die Staatsschützer. Mit dieser drastischen Prognose in einer sogenannten Tischvorlage (»Dient ausschließlich der Vorprüfung«) wollte das LKA die Ausländerexperten des Innenministeriums dazu bringen, dass sie eine Abschiebung Amris nach Paragraf 58 a des Aufenthaltsgesetzes prüften. Der besagt, dass ein ausländischer Gefährder allein wegen seiner Gefährlichkeit außer Landes gebracht werden darf.

Doch die nach dem 11. September 2001 geschaffene Norm war bis dahin nie angewendet worden. Sie existierte nur auf dem Papier, weshalb die Juristen aus dem Innenministerium kniffen. Sie fürchteten, nicht genug Belastendes für ein entsprechendes Verfahren zusammentragen zu können. Sie hatten keine Erfahrung, was notwendig wäre, damit der Paragraf zum Einsatz kommen könnte.

Also setzten die LKA-Beamten auf eine herkömmliche Abschiebung. Sie bemühten sich um sogenannte Passersatzpapiere aus Tunesien. Doch sie machten dieselbe Erfahrung, die zuvor die italienischen Behörden gemacht hatten. Tunis reagierte einfach nicht auf die Anfragen. Wer wollte schon einen Kriminellen und Islamisten zurück im Land haben? Damit war auch Plan B des LKA gescheitert. Amri blieb in Deutschland.

Im Frühjahr 2016 kam es zwischen Murats Gegner, Sabri Bilal Ö., und Anis Amri zum offenen Bruch. An einem Sonntagnachmittag Ende März stritten die beiden Islamisten lautstark vor der Dortmunder Universität miteinander. Wahrscheinlich ging es um Geld. Ö. würde später sagen, Amri habe ihm Geld gestohlen, 50 Euro sollten es gewesen sein. Amri attackierte seinen früheren Kumpel Ö. – mit den Fäusten und womöglich mit einem Messer. Jedenfalls erinnert Murat sich heute daran, dass Amri eine Waffe zückte. In seiner Vernehmung aus der Zeit ist davon keine Rede.

Fest steht jedoch, dass Murat bei dem Streit dazwischenging. Er trennte die Männer, zog Amri weg, schützte seinen Gegner Ö. und fragt sich heute, ob es den Anschlag am Berliner Breitscheidplatz gegeben hätte, wenn er den Dingen damals ihren Lauf gelassen hätte. Dann hätte Amri womöglich für den Angriff auf Ö. ins Gefängnis gemusst.

Hätte, hätte ...

Der Zwist hatte andere Folgen. Amri hielt sich nun immer häufiger in Berlin auf. Den Polizisten aus Düsseldorf, deren Pläne, ihn loszuwerden, gescheitert waren, kam das ganz recht. Murat erinnerte sich später an ein Gespräch, das er damals mit Beamten aus NRW führte. Wieder warnte er darin vor Amri. Anis sei hochgradig gefährlich, radikal und zu allem entschlossen, sagte er. Murat bot an, an Amri dranzubleiben. Er wollte dafür sogar nach Berlin umziehen, Amri hatte ihn sogar darum gebeten.

Doch die Prioritäten der NRW-Polizei waren andere. Murats Mission bestand aus der Ausspähung von Abu Walaa und Co. Um Amri, so hieß es, kümmerten sich andere. »Amri ist jetzt ein Berliner Problem«, sagte einer der Beamten.

So wurde das Ende der Freundschaft von Murat Cem und Anis Amri amtlich verfügt. Die deutschen Sicherheitsbehörden vergaben ihre beste Chance, den Terroristen in spe zu stoppen. Den Schlusspunkt in seiner Beziehung zu Amri aber setzte Murat selbst.

Es begann damit, dass Amri sich bei Murat meldete und um ein Gespräch bat.

»Ich habe eine Sache sehr wichtig für Sie«, schrieb er via Telegram.

»Ist es etwas Gutes?«, fragte Murat. Er fügte seiner Nachricht einen Smiley hinzu.

Amri explodierte. »Warum lachen Sie? Stück Scheiße!«, schrieb er. Murat sei ein Spitzel der Polizei, ein Heuchler.

»Warum sagt du so?«, schrieb Murat zurück. »Was ist passiert? Was soll das?«

Amri sei selber ein Heuchler, setzte er hinzu. »Du selber Stück Scheiße.«

In Worten, die nur eine vage Ähnlichkeit mit vollständigen Sätzen hatten, beschwerte sich Amri: Murat habe herumerzählt, Amri hätte die Anschläge in Brüssel und Paris nicht gutgeheißen.

Tatsächlich hatte Murat in einem schwachen Moment in Dortmund mit einem anderen Salafisten über Amri gelästert. Amri sei aggressiv und planlos, hatte Murat seiner Erinnerung nach gesagt. Es sei besser, wenn er in Berlin bleibe. Das war keine gute Idee gewesen. Der andere Salafist verpetzte die Lästereien, und Amri erfuhr davon.

»Du bist ein Scheißheuchler«, tobte Amri weiter. »Wenn ich gucken dich, ich schlachte dich, verstehst du, pfui, ich verfluche deine Mutter«, schrieb er, »Hurensohn, Schweinehund, Schwein. Du bist Schwein. Komm treffen mir in Dortmund. Ich bin in Dortmund. Du bist Mann, komm her!«

Murat reagierte ziemlich cool. Wenn Amri ihn schlachten wolle, solle er es gerne versuchen. Man werde dann sehen.

Sie sahen sich nie wieder.

13

DIE BOMBE

Am Abend des 16. April 2016 explodierte in Essen eine Bombe. Es war kurz nach 19 Uhr, als der Sprengsatz vor der Tür der Gurudwara-Nanksar-Gemeinde in der Bersonstraße detonierte. Den Priester des Sikh-Tempels, der sich gerade auf das abendliche Gebet vorbereitete, schleuderte die Wucht der Explosion zu Boden.

Glassplitter trafen ihn wie Schrapnelle, der Rahmen der Eingangstür zerschmetterte seinen linken Fuß. Kuldeep S. wurde in ein Krankenhaus eingeliefert und musste operiert werden. Die Rechtsmediziner sprachen später von einer »potenziell lebensgefährlichen« Verletzung. S. hätte verbluten können.

Die umherfliegenden Glassplitter verletzten zwei weitere Gläubige. Dass nicht mehr Menschen zu Schaden kamen, war pures Glück. Im benachbarten Festsaal der Gemeinde feierten im Augenblick des Anschlags mehr als 100 Menschen die Hochzeit von Sonja und Vicky S.

Drei Tage später klingelte Murats Handy. »Wir müssen uns sehen«, sagte Wirtgens. »Komm sofort nach Düsseldorf!« Wirtgens klang aufgeregt, fast panisch. Das war nicht seine Art. Er war ein eher entspannter Mann, ein Fußballer und Schulterklopfer vom Niederrhein. Sein Standardspruch lautete: »Du machst das schon!«

»Scheiße«, dachte Murat, »was habe ich jetzt wieder falsch gemacht?«

Er raste nach Düsseldorf. Er zermarterte sich das Hirn: Waren es die vielen Strafzettel, weil er mit dem Einsatzwagen zu schnell gefahren war oder falsch geparkt hatte? Das konnte es nicht sein. Daran waren die Beamten gewöhnt. Ging es um Geld? Hatte er etwas falsch abgerechnet? Ihm fiel nichts ein.

Sie trafen sich in der McDonald's-Filiale an der Völklinger Straße, nur einen Steinwurf von dem Kastenbau des LKA entfernt. Murat bestellte eine Cola.

»Es gab einen Anschlag, in Essen«, sagte Wirtgens. Murat, der keine Zeitung las und auch sonst kaum die Nachrichten verfolgte, hatte davon noch nichts gehört.

Wirtgens legte ihm acht Fotos auf den Tisch, Aufnahmen einer Überwachungskamera. Sie zeigten zwei Jungen in Turnschuhen, dunklen Jacken mit Baseballkappen auf dem Kopf. Einer trug ein kariertes Hemd, einer einen Kapuzenpulli.

»Kennst du die?«, fragte Wirtgens.

»Ja«, sagte Murat. »Der eine mit dem karierten Hemd dürfte Yusuf aus Gelsenkirchen sein und der andere sein Freund Mohamad aus Essen.«

Was er sonst noch über die beiden wisse, setzte Wirtgens nach.

Yusuf habe er im Reisebüro von Hasan C. in Duisburg kennengelernt, berichtete Murat. Und er habe ihn während Abu Walaas Osterseminar in Hildesheim gesehen. Die Großeltern hätten den Jungen hingefahren. Auch in der »Madrasa« von Boban S. sei Yusuf gewesen. »Der ist auf jeden Fall extrem radikal eingestellt«, sagte Murat.

Der andere sei sein Kumpel Mohamad, ein Syrer aus Essen. Die beiden hätten Kontakt zu Tolga, einem Jungen aus Dinslaken.

Wirtgens sah in seinen Unterlagen nach. Daraus ging hervor, dass Murat den Dreien fast ein Dutzend Mal begegnet war. Zum ersten

Mal berichtete er Mitte Januar 2016 nach einem Freitagsgebet in Duisburg-Rheinhausen von »einem 14- bis 15-jährigen Jungen, der sehr still wirkte«. Das sei Tolga gewesen, sagte Murat nun.

Die Essener Polizei fahndete mit den Bildern, die Wirtgens auch Murat gezeigt hatte, inzwischen öffentlich nach den beiden Jungen. Yusuf T., damals 16, und Mohamad B., ebenfalls 16, fanden die Bilder im Netz. Aufgeregt chatteten sie am Tag nach ihrer Tat darüber, was nun zu tun sei.

»Entweder wir ergeben uns beide. Oder wir leben zusammen auf der Flucht«, schrieb T.

»Ne, mache ich nicht. Lass nach Hamburg«, antwortete B. Es ging hin und her.

»Lass uns stellen am besten. Abhauen können wir nicht lange«, schlug T. vor.

»Nein«, erwiderte B., »verstehst du nicht, was dann passiert. Keine Lust auf Knast. Das ist eine Bombe gewesen, Alter!!!! Das ist versuchter Mord laut den Kuffar. Und da kriege ich locker 5 Jahre.«

Sie schrieben noch Aberdutzende Nachrichten. Sie überlegten, wie sie möglichst glimpflich davonkämen, welche Geschichten sie der Polizei auftischen könnten.

Irgendwann wollte Mohamad B. gar nichts mehr mit irgendetwas zu tun gehabt haben. Yusuf T. erinnerte ihn daran, dass er in der Sache mit drinhing.

»Du hast es bestellt auf meinen Namen. Wir haben es ZUSAMMEN zusammengebaut und ich habe es dann platzen lassen.«

Sie lieferten den Ermittlern ihre Tatbekenntnisse frei Haus.

Zwei Tage nach dem Anschlag ging Yusuf T. gemeinsam mit seinen Eltern zur Polizei. Er gestand die Tat, belastete Mohamad B. und erzählte, wie sie bei Amazon Magnesium und Aluminiumpulver gekauft hätten und Schwefelpulver und einen Feuerlöscher, in den sie das Gemisch gefüllt hätten. Dann seien sie in die Bersonstraße gefahren, und er habe den Feuerlöscher vor die Tür des Tempels geworfen und per Fernzünder detonieren lassen, sagte T.

Noch in derselben Nacht, nur wenige Stunden nach der Aussage von Yusuf T., nahm die Polizei Mohamad B. in der Wohnung seiner Eltern fest. Er versuchte, sich herauszuwinden. Er behauptete, bloß einen Teil des Materials bestellt und die Bombe gebaut zu haben. Mit dem Anschlag wollte er aber sonst nichts zu tun gehabt haben. Die Ermittler wiesen ihm später nach, dass es anders war. Beide Attentäter verschwiegen in diesem Augenblick, dass es noch einen dritten Täter gab.

Vier Tage später saß Murat in der Wohnung von Muhammed H. in Ennepetal. Der durchtrainierte Kickboxer galt damals als einer der Top-Gefährder in Nordrhein-Westfalen. Schon als 17-Jähriger war er zum IS ausgereist, nach kurzer Zeit aber zurückgekehrt. Seine abermalige Ausreise konnten die deutschen Behörden dann verhindern. In Muhammeds Vater Atila G. sahen die Staatsschützer einen charismatischen Hassprediger mit besten Kontakten zu Abu Walaa und Hasan C.

Die Runde, die sich in der Wohnung von Muhammed H. versammelt hatte, diskutierte angeregt über den Anschlag von Essen. Ausgerechnet Sabri Bilal Ö., Murats Erzfeind in der Szene, gab den entscheidenden Hinweis: Zu den bereits festgenommenen Jungen gehöre doch noch ein Dritter, ein Kerl aus Dinslaken, Tolga oder so.

Murat kannte den Namen. Es war der blasse Junge, den er schon einige Male gesehen hatte. Er würde sich nun intensiver mit ihm befassen.

Eine gute Gelegenheit dazu ergab sich einige Tage später, als der Salafist Mikail S., gerade 18 Jahre alt, heiraten wollte. Murat fuhr an einem Samstagmorgen im April mit ihm und Tolga I., damals 16 Jahre alt, nach Detmold.

Es war eine merkwürdige Gruppe, die sich auf einem Spielplatz am Rande eines Wohngebiets versammelte. Murat war inzwischen 39 Jahre alt, seine Begleiter waren noch Teenager.

Auf dem Spielplatz trafen sie ein vollverschleiertes Mädchen, das

Mikail ehelichen würde. Tolga gab den Imam, Murat spielte den Trauzeugen.

»Nimmst du die jetzt mit?«, fragte Murat.

Leider nicht, antwortete Mikail. Sie werde noch bei ihren Eltern bleiben, bis er eine Wohnung gefunden habe. Aber er wolle noch etwas Zeit mit ihr verbringen.

»Ich will sowieso lieber mit Tolga alleine sein«, dachte Murat. Er nickte verständnisvoll.

Sie gingen in eine Pizzeria. Murat lenkte das Gespräch auf den Anschlag in Essen. Er war 23 Jahre älter als Tolga, er hätte sein Vater sein können.

Tolga war unzufrieden. Er hätte bei der Sache in Essen eigentlich auch mitmachen wollen. Sie hätten das schon länger geplant. Und dann hätten Yusuf und Mohamad ganz plötzlich ohne ihn losgeschlagen. Sie hätten das aber schlecht gemacht. Eigentlich hätte die Bombe vor dem Sikh-Tempel nur ein Testlauf für etwas »Größeres« sein sollen.

»Für etwas Größeres?«, fragte Murat.

Ja, sagte Tolga, er plane einen eigenen Anschlag in der Essener Innenstadt. Das Material würde er im Darknet bestellen. Es sei nicht teuer. Pläne, wie man eine Bombe bauen müsse, finde man dort auch. Wenn Murat wolle, könne er mitmachen.

Murat wollte. Allzeit anschlagsbereit sollte er sich geben, hatten die Polizisten ihm gesagt.

Nachdem er die Teenager wieder nach Hause gebracht hatte, rief er Wirtgens an. Eine halbe Stunde später, um 18 Uhr, trafen sie sich mit mehreren Beamten.

»Noch eine Bombe darf nicht explodieren«, sagte ein Polizist.

Die Beamten standen unter enormen Druck. Sie mussten dringend wissen, wie ernst Tolga meinte, was er gesagt hatte. Wollte er nur angeben? Oder plante er wirklich einen Anschlag?

Zwei Tage später trafen sich Murat und Tolga in einem Imbiss am Goldbergplatz in Gelsenkirchen. Sie sprachen leise. Tolga zeigte

Murat auf dem Handy pdf-Dateien, die er aus dem Internet heruntergeladen hatte. Eine war auf Deutsch, »Rohrbombe« las Murat. Sie sprachen über die Details. Es ging um Schießpulver, Benzin, ein Rohr und einen Wecker. Tolga sagte, man könne auch eine Zündschnur verwenden. Das Gemisch müsse trocknen und härten, das Rohr verschlossen werden. Tolga kannte sich aus, fand Murat.

Gemeinsam fuhren sie in die Essener Innenstadt. Sie spazierten die Fußgängerzone hinunter, vorbei am Dom, bis vor die Rathaus-Galerie. Hier könne man etwas machen, sagte Tolga. Man müsse die Tasche nur vor dem Haupteingang ablegen und abhauen. Murat fragte, wie stark die Explosion wohl ausfallen würde. Wenn er genügend Strengstoff verwende, sagte Tolga, »Inschallah, werden es viele.« Er meinte: Tote.

So schrieben es Murats VP-Führer im Mai 2016 in ihre Akten. Der Verteidiger von Tolga I. glaubte hingegen, Murat habe seinen Mandanten damals in seiner Radikalität noch bestärkt. In einem Interview mit der »Berliner Morgenpost« sprach der Rechtsanwalt Johannes Pausch von »förderndem Verhalten« Murats und sagte: »Ich halte das, was VP01 mit meinem Mandanten gemacht hat, für unverantwortlich.«

Murat erklärte später, er habe niemanden angestiftet. Er trat damals radikal auf. Sonst hätte sich ihm kein Islamist anvertraut. »Eine andere Chance hatte ich nicht.« V-Leute seien eben keine Sozialarbeiter. »Es war nicht meine Aufgabe, Terroristen etwas auszureden.«

Murat wollte Anschläge verhindern. Dazu war ihm vieles recht. Er betrachtete es als notwendig, in die Pläne der Islamisten einbezogen zu werden. »Besser, die planen mit mir als ohne mich«, sagte er sich.

Murat bot Tolga seine Wohnung an. Dort könnten sie die Bombe bauen, sagte er.

Als die Polizei davon hörte, schimpften sie. Es sei viel zu gefährlich, in einem Mehrfamilienhaus einen Sprengsatz herzustellen. Dabei könnten Unbeteiligte zu Schaden kommen. Sie verständigten sich darauf, eine einzelne Garage anzumieten, freistehend, mit viel Platz drumherum. Doch dazu kam es nicht mehr.

Zwei Tage nach dem Treffen mit Murat nahm die Polizei Tolga I. fest. Die Ermittler hatten inzwischen herausgefunden, dass er in den Anschlag auf den Sikh-Tempel verwickelt war.

Sie hatten die Chats auf den Handys der anderen beiden Täter ausgewertet. Die Textnachrichten ließen keinen anderen Schluss zu. Es stimmte, was Tolga Murat nach der Spielplatz-Hochzeit von Detmold erzählt hatte. Tolga war der dritte Attentäter. Die Staatsanwaltschaft würde ihn Monate später zusammen mit Yusuf T. und Mohamad B. wegen versuchten Mordes vor Gericht stellen.

Es war ein grandioser Erfolg für Murat. Aber er feierte ihn nicht. Er musste weitermachen. Er machte weiter, immer weiter, wie ein Besessener.

Zwei Tage nach Tolgas Festnahme fuhr Murat wieder in die Duisburger Reisebüro-Moschee von Hasan C. Drei Tage später war er bei Boban S. in Dortmund. Überall sprachen die Salafisten darüber, dass auch Tolga geschnappt worden war. Niemand kam auf die Idee, Murat könnte damit etwas zu tun haben. Alles war gut.

Die Bitte des Landgerichts Essen, die VP01 möge als Zeuge im Prozess gegen die drei Jugendlichen auftreten, ließ das LKA abtropfen. Dem Ersuchen könne nicht entsprochen werden, schrieb der stellvertretende LKA-Chef dem Vorsitzenden Richter. Dies sei »mit Gefahren für Leib, Leben und Freiheit der Vertrauensperson verbunden« und hätte zur Folge »dass dadurch sowohl ihr als auch dem Wohle des Landes Nordrhein-Westfalen Nachteile bereitet würden«.

Das war nicht ganz falsch, aber auch nicht ganz richtig. Vor allem wollte das LKA die Ermittlungen gegen Abu Walaa und Co. nicht gefährden.

Dafür brauchte man Murat. Noch.

14

DER ABSCHIED

Am 28. Juli 2016 stürmte ein Spezialeinsatzkommando Abu Walaas Moschee in Hildesheim. Die Beamten schlugen Fenster ein und sprengten Türen auf. Zeitgleich durchsuchten andere Polizisten insgesamt zwölf Wohnungen führender Salafisten. Es war eine Machtdemonstration des Rechtsstaats – und womöglich war es auch der Versuch, die Salafisten aus der Reserve zu locken.

Allen Bemühungen Murats zum Trotz hatten die Ermittler noch immer nicht allzu viel Belastendes gegen die Hassprediger zusammentragen können. Würden die Islamisten nach dieser drakonischen Aktion der Polizei ihr wahres Gesicht zeigen?

Einen Tag nach der Razzia fuhr Murat nach Hildesheim. Er sollte jetzt besonders aufmerksam sein, jede Schwingung aufnehmen, jede Andeutung einer Racheaktion bemerken, hatten seine VP-Führer ihm mit auf den Weg gegeben.

Es war eine heikle Mission. Die Salafisten wussten nun endgültig, dass die Staatsmacht sie im Blick hatte. Wie lange würden sie brauchen, um nach Spitzeln zu suchen?

Am Tag eins nach der Razzia waren die Salafisten durcheinander, aufgeregt und aufgebracht. »Auf einer Aggressionsskala von 1 bis 10 würde ich sagen, dass sie bei 9 sind«, berichtete Murat.

Die Männer hätten die Polizei verflucht, auf die Ungläubigen geschimpft. Als Bereitschaftspolizisten auf einem Supermarktparkplatz einige Islamisten kontrollierten, drohte sich die Spannung für einen Moment in Gewalt zu entladen. Die Islamisten beschränkten sich jedoch auf wüste Drohungen gegen die Beamten. Auch Abu Walaa ließ sich nicht zu mehr hinreißen.

Einige Tage später erzählte er seinen »Brüdern« von einem Gespräch mit einem Polizisten während der Razzia. Der habe gesagt: »Wir sehen uns in der Hölle.« Abu Walaa hätte geantwortet: »Nein, ich gehe ins Paradies, und nur du gehst in die Hölle.«

Wirtgens und sein Kollege Brucker saßen in dem schwarzen Mercedes der Polizei und schwitzten. Es war ein heißer Tag im Sommer 2016, und sie hatten schlechte Nachrichten. Murats Einsatz in der Islamistenszene würde bald zu Ende gehen, sagten sie.

Murat war entsetzt. So nah hatte er sich das Ende nicht vorgestellt. Er sagte, er brauche eine Legende, um zu verschwinden. »Das sind Terroristen«, sagte er. »Das ist IS, das ist kein Spaß. Die werden uns alle töten.« So leicht sei das nicht, versuchten ihn die VP-Führer zu beruhigen. Man werde sich um ihn kümmern.

Keiner der drei Männer wusste, dass das Ende dieses Einsatzes auch das Ende von Murats Karriere als Undercover-Ermittler sein würde. In wenigen Tagen sollten Spezialeinsatzkommandos und Staatsschützer die Wohnungen der Hassprediger durchsuchen. Dann würden die Beamten den Salafisten Durchsuchungsbefehle aushändigen müssen. Aus diesen Papieren ginge hervor, dass das LKA einen V-Mann in der Moschee führte. Murat würde natürlich nicht namentlich genannt werden. Aber das Risiko war groß, dass die Islamisten schnell herausfänden, wer der Spion war. Ehe es losging, sollte VP01 noch eine Runde durch die Salafistenszene drehen, eine Art Abschiedstournee. Für Murat war es ein merkwürdiges Gefühl, jeden Tag zum letzten Mal an einem anderen Einsatzort zu sein.

Murat traf Turan Y., der noch immer zum IS ausreisen wollte.

Er grillte in einem Schrebergarten in Ennepetal mit Atila G. und seinem Sohn Muhammed H.

Dort tuschelte er mit Abu Walaa über einen möglichen Anschlag, dessen Zeit noch nicht gekommen war.

Er besuchte Hasan C. in seinem Duisburger Reisebüro und traf Boban S. bei »Subway« in Dortmund.

Er fuhr Hunderte Kilometer durch das Land, doch der Höhepunkt war sein Trip nach Hildesheim am 9. August 2016. Es war Murats ultimativer Auftritt in der Islamistenszene. Es sollte noch einmal um Kalaschnikows gehen.

»Die zehn Dinger gehen klar und Handgranaten sind auch dabei«, hatte Mahmoud O. alias Abu Samir ihm Tage zuvor noch gesagt. Jetzt wollten sie es wagen: Murat sollte die Waffen kaufen, O. würde festgenommen.

Im Kofferraum des Toyotas, in einer kleinen schwarzen Sporttasche stapelten sich 15 000 Euro in bar. Die Polizei hatte jeden Schein registriert. Murat war guter Dinge.

Er war in aller Frühe aufgebrochen. Kein Stau könnte ihn abhalten. Es war ein Abschied nach Murats Geschmack. Er würde die Islamistenszene mit jenem Knalleffekt verlassen, mit dem seine Einsätze gegen gewöhnliche Kriminelle in der Regel endeten.

Doch als er Hildesheim erreichte, spürte Murat, dass etwas anders war als sonst. Gegen 8 Uhr klingelte er bei Mahmoud O. Dessen Sohn öffnete, das war ungewöhnlich. Die Kinder des Islamisten hätten in der Schule sein sollen. Sie hatten jedoch noch nicht einmal gefrühstückt.

Murat brachte den Nachwuchs zur Schule. Als er mit O. im Auto saß, benahm der sich merkwürdig. Er dozierte darüber, dass man sich in Deutschland an die Regeln halten müsse und sie keine Terroristen seien. Es war, als säße plötzlich ein anderer Mensch neben Murat. Es war nicht mehr der, der ihm Kalaschnikows versprochen hatte, mit denen Ungläubige getötet werden sollten.

Irritiert fragte Murat, ob alles in Ordnung sei. O. tat, als sei alles wie immer. »Es scheint so, dass er in mir einen Spitzel sah, ohne dass er mir das offen gesagt hat«, berichtete Murat später seinem VP-Führer. Es war klar, dass an diesem Tag kein Waffendeal mehr laufen würde. Murat fragte trotzdem. »Was ist mit der Sache?«

Mahmoud O. jammerte, er müsse an seine Kinder denken und könne sich nichts erlauben.

Murat meckerte und zeterte. Warum sei er denn dann überhaupt nach Hildesheim gekommen sei, stundenlang auf der Autobahn, für nichts?

O. blieb stur.

Murat gab auf.

Als er Richtung Autobahn rollte, hinaus aus Hildesheim, dachte er: »Was für eine Drecksstadt.«

Es war vorbei.

Teil IV

DAS ENDE

1

IM ZEUGENSCHUTZ

Einige Zeit später kamen seine VP-Führer in Begleitung dreier Zeugenschützer des LKA zu Murat nach Hause. Wirtgens hatte sich überlegt, dass die spezialisierten Beamten vielleicht helfen könnten, den Top-Spitzel vor der Rache der Islamisten zu bewahren. Die Kriminalpolizisten stellten sich vor und versicherten, dass sie sich kümmern würden.

Am nächsten Tag sagten sie Gülcan, was Murat über die Jahre getrieben hatte. Sie berichteten von seinen Einsätzen gegen Mörder und Drogendealer, gegen Waffenhändler und Terroristen. Gülcan wurde zunächst rot und dann blass. Sie hatte gewusst, dass Murat für die Polizei arbeitete. Sie hatte nur nicht gewusst, was er dort tat. Er hatte es ihr nie gesagt. Sie hatte auch nie gefragt. Die Zeugenschützer sagten Gülcan, dass die ganze Familie in großer Gefahr sei und dass sie deswegen ihr gesamtes Leben ändern müssten.

Am dritten Tag sagten die Beamten, Murat und Gülcan bekämen neue Identitäten. Sie könnten deutsche Staatsbürger werden und sich den Namen aussuchen, den sie fortan tragen wollten. Zumindest verstand Murat das so.

Sie müssten auch umziehen, hieß es. Der Zeugenschutz fände eine Wohnung für sie. Natürlich dürften sie sich eine aussuchen. Den Umzug würde das LKA regeln. Die Beamten kümmerten sich um den Papierkram und die Behördengänge. Womöglich würde Murat eine richtige Arbeit finden müssen, aber auch im Arbeitsamt würden die Polizisten vorsprechen.

Dann sagten die Zeugenschützer, am besten sei eine Umsiedelung ins Ausland oder in ein anderes Bundesland. Murat mochte den Begriff »Umsiedelung« nicht. Und ihm schmeckte der Gedanke nicht, weit wegziehen zu müssen. Was sollten sie im Ausland? Und in welches Land sollten sie gehen? Sie sprachen Deutsch und Türkisch.

Murat sagte den Zeugenschützern, dass er und seine Familie in der Gegend bleiben wollten. »Was sollen wir denn in Bayern oder so?«, fragte Murat. Den Beamten gefiel das nicht. Aber Murat blieb stur. Der Mann, der im Einsatz keine Angst vor Mördern, Verbrechern und Terroristen gezeigt hatte, fürchtete sich nun vor der Fremde.

Andererseits hörte es sich gut an, was die Zeugenschützer beschrieben. Sie würden ihr altes Leben löschen und an einem anderen Ort genauso schön wieder entstehen lassen. Oder vielleicht sogar noch schöner? Doch für große Pläne blieb keine Zeit. Es musste jetzt schnell gehen. Sie sollten alles hinter sich lassen.

Weg aus der Wohnung, aus der Stadt, in der sie sich so wohl gefühlt hatten. Weg von dem Inder aus der Pizza-Bude, in der Murat manchmal ausgeholfen hatte, weg von Gülcans Freundinnen, weg von Kindergarten und Schule. Gülcan flog mit den Kindern erst einmal in die Türkei, nach Hause. Sie wusste nicht, wie lange sie in der »Stadt der Helden« bleiben würden.

Murat sagten die Zeugenschützer, er solle nur seine Papiere mitnehmen. Er griff sich, was er greifen konnte: ein Stapel unbezahlter Rechnungen, Mahnungen und Androhungen zur Zwangsvollstreckung. Wechselkleidung nahm er nicht mit. Sie brachten ihn in ein kleines Hotel in einer Sackgasse in Düsseldorf.

Murat dämmerte, dass in diesem Sommer womöglich nicht nur

sein Kampf gegen den IS in Deutschland enden würde. Würde er je wieder als V-Mann eingesetzt werden? Oder hatte »Murat Cem« ausgedient?

Zwei Wochen sollte er zunächst in diesem Hotel bleiben. Murat vertraute der Polizei. Seine beiden VP-Führer waren Eltern- und Geschwisterersatz für ihn geworden. Sie würden alles zum Guten für ihn wenden. Dachte er.

Doch die Zeugenschützer waren nicht wie die Polizisten, mit denen Murat das Gute in der Welt verband: Ostermann, Seeler, Elspe, Ralle und Wirtgens. Das lag womöglich daran, dass Murat für den Zeugenschutz nicht war, was er für seine VP-Führer war: Ein Star, den man pflegen musste. Ein Spitzensportler, dessen Eskapaden man aushielt, weil es ohne ihn keine Erfolge gab für die Mannschaft. Für die Zeugenschützer hingegen war Murat eine Aufgabe, die es zu lösen galt – möglichst nach Schema F. Ein Mann mit Familie, vier Personen, die geräuschlos verschwinden und irgendwo als andere Menschen wieder auftauchen sollten.

Sie einigten sich mit Murat auf eine Gegend, in der er und seine Familie künftig wohnen sollten. Je abgeschiedener, desto besser, schien ihre Logik zu sein.

Sie fuhren in ein Dorf. Murat fand, es gebe dort nichts außer einer Sparkasse. Sie zeigten ihm ein Gebäude von außen. »Kannst du dir das vorstellen?«, fragte einer der Zeugenschützer. Er wisse ja nicht, wie es drinnen aussehe, antwortete Murat.

Sie fuhren in eine Kleinstadt in der Nähe. Eine ältere Frau war nach dem Tod ihres Mannes aus der Wohnung ausgezogen. Die Bleibe war ihr alleine zu groß.

Murat ging in die Wohnung. Er machte Fotos. Als er das Badezimmer sah, wusste er, dass es Gülcan nicht gefallen würde. Es war blau gefliest, seit Jahren nicht mehr renoviert worden. Er schickte seiner Frau die Bilder per WhatsApp.

»Das Bad geht nicht«, antwortete Gülcan, »kann man die Fliesen anders machen?«

Murat fragte die Zeugenschützer, einer reagierte wohl unwirsch, wie sich Murat erinnert. Das sei kein Wunschkonzert. Murat solle froh sein, dass der Zeugenschutz für ihn eine Wohnung suche. Am Anfang hatte das noch irgendwie anders geklungen, fand Murat.

Die Wohnung könnten sie sich in den Arsch stecken, sagte Murat. Er könne ja auch in einem Zelt vor dem LKA campieren, wenn sie das wollten. Für den Rest der Fahrt fiel kaum noch ein Wort.

Einen Tag später fuhren sie wieder los auf Wohnungssuche. Und dann wieder. Die Wohnungen, fand Murat, wurden immer schlimmer.

»Dir kann man es auch nicht recht machen«, sagte ein Beamter. Er solle sich nicht wie eine Diva verhalten. Sie saßen wieder im Auto, auf dem Rückweg von einer weiteren unerquicklichen Besichtigung. Seine Frau wolle diese Wohnung nun mal nicht, antwortete Murat, »Was soll ich machen? Soll ich mich jetzt von ihr trennen?« Seine alte Wohnung gefalle ihm und seiner Frau. Er könne doch auch dort leben, sagte er.

Nach zwei Wochen war es Zeit, das Hotel in Düsseldorf zu verlassen. Einem Zeugenschützer fiel auf, dass Murat immer dieselben Klamotten trug. Er habe ja nichts mitnehmen sollen, sagte Murat. Sie gaben ihm Geld, um sich neue Sachen zu kaufen, 200 Euro. Er fand das zu wenig, um sich neu einzukleiden.

Bald wurde Murat umquartiert, aus dem Hotel wurde ein kleines Zimmer in einem Gasthaus, das über einer Kneipe lag. Die Beamten hatten schlechte Nachrichten. Das mit der Einbürgerung werde schwierig, sagte sie. Murat habe zu viele Vorstrafen. Später sagte ein Polizist in einem Streit einen Satz, der sich bis heute in Murats Gehirn gebrannt hat: »Wie kann man einen wie dich nur zum V-Mann machen?« »Mit den ganzen Vorstrafen und den ganzen Schulden.« Selten hatte sich Murat so gedemütigt gefühlt.

Es lief nicht gut mit den Zeugenschützern. Etwa zu dieser Zeit im Sommer 2016 setzte sich Anis Amri in Berlin in einen Flixbus Richtung Süden. Die Ermittler hatten während der Überwachung mitbekommen, dass er nach Hause wollte, nach Tunesien. Er hatte auch gesagt, er wolle heiraten. In Friedrichshafen am Bodensee, Amri war offenbar auf dem Weg in die Schweiz, nahm die Polizei ihn fest. Er kam in Abschiebehaft.

Niemand machte sich Gedanken über die Absurdität, einen ausreisepflichtigen Asylbewerber an der Ausreise zu hindern, um ihn in Abschiebehaft zu nehmen. Zwar durfte Amri nach zwei Tagen Abschiebehaft wieder gehen. Doch später schlossen die Ermittler, dass der Zwischenfall im äußersten Südwesten der Republik wahrscheinlich die Ereignisse ausgelöst habe, die nun folgen sollte. Murat bekam von all dem nichts mit. Wie auch? Er war abgeschaltet.

Als Gülcan und die Kinder im September 2016 aus der Türkei zurückkamen, hatten Murat und die Zeugenschützer sich noch immer nicht auf eine Wohnung einigen können. Murat holte seine Familie am Flughafen Bremen ab und brachte sie in eine Ferienwohnung auf einem Bauernhof in Ostfriesland.

Es war noch warm, und sie machten Urlaub, wie sie es noch nie getan hatten. Sie unternahmen Fahrradtouren, sie grillten. Murat war trotzdem unzufrieden. Er fühlte sich alleine gelassen. Nichts ging voran.

Eines Morgens rief Wirtgens an, er klang besorgt. Abu Walaa hatte zum Mord an Murat aufgerufen. Auf einem Telegram-Kanal hatte er am 16. September zunächst angekündigt, über »einen Spion unter uns« berichten zu wollen und dazu aufgerufen, diese Nachricht »stark zu verbreiten«. Abends, um 22.24 Uhr, hatte er nachgelegt. Die Audiobotschaft war 15 Minuten und 58 Sekunden lang.

Wirtgens schickte Murat die Datei mit der Aufnahme. Murat ging nach draußen, um die Nachricht anzuhören. Er erkannte Abu Walaas Stimme sofort. »Ich möchte euch heute über einen Spion berichten, der seine Religion wegen ein paar Euro verkauft hat. Er ist akzeptiert als Erniedrigter anstatt mit der Ehre des Islam zu leben«, zeterte Abu Walaa.

Der Hassprediger gab eine Personenbeschreibung wie in einem

Fahndungsaufruf: »Er nannte sich Murat, kommt ursprünglich aus der Türkei, dunkle Haut, große Augen, ca. 1,74 oder 1,75 Meter groß, Mitte 30 alt, ich denke 35, 36 oder 37 Jahre alt, schwarz-graue Haare, er hat einen gekrümmten Rücken und ist auch Raucher und trug immer eine rote und blaue Jacke.« Murat sei dick und fahre einen grauen Toyota mit Leverkusener Kennzeichen, berichtete Abu Walaa. Er glaube, Murat sei wieder im Begriff zu spionieren. Er vermute, er sei in der Türkei. Seine Anhänger bat er, diese Nachricht zu verbreiten und auch eine Beschreibung Murats auf Türkisch weiterzugeben. »Leider haben wir kein Foto.«

Abu Walaa bezeichnete Murat als Lügner, als Spitzel, als Abtrünnigen. Und neben vielerlei indirekten Aufrufen, Murat zu töten, sagte er auch diesen Satz: »Möge Gott der Allmächtige diesen Abtrünnigen vernichten.«

An diesem Tag hatte der entsprechende Telegram-Kanal knapp 1500 Abonnenten, die Abu Walaas Nachricht vielfach teilten und diskutierten. Einer der Gefolgsleute schrieb, es gebe »200 Euro für jeden Stich«. Nach dem Mordanschlag solle man sich per Mail an fang_den_spion@f5.si wenden, dann bekomme man sein Geld.

Murat packte ein Gefühl, das er kaum kannte. Er war oft bedroht worden, aber dieses Mal war es anders. Es war ein Mordaufruf, der sich unter Hunderten, wenn nicht Tausenden Islamisten schnell verbreiten würde. Er ging an Männer, die in Syrien und im Irak, in Paris und in Brüssel bewiesen hatten, zu welchen Gräueltaten sie fähig waren. Murat hatte Angst.

Er sagte Gülcan nichts von Abu Walaas Drohungen gegen ihn.

Später telefonierte Murat mit Elspe. Der Beamte war inzwischen nicht mehr VP-Führer, er arbeitete im Staatsschutz, jener Abteilung der Polizei, die sich um politisch motivierte Straftaten kümmert. Erst sprachen sie über den Tötungsaufruf, dann über vergangene Zeiten. Er müsse sich übrigens gerade um einen alten Bekannten kümmern, sagte Elspe. Um »Anis«. Seit dem 1. September war in Nordrhein-Westfalen die Polizei Krefeld für den Gefährder Amri zuständig. Es ging vor allem darum, Ansprechpartner für andere Behörden zu sein, wenn der inzwischen in Berlin lebende Tunesier sie beschäftigen sollte.

Doch Murat war alarmiert. »Passt gut auf den auf!«, riet er. »Der ist wirklich gefährlich.« Doch Elspe reagierte gelassen. Anis sei jetzt ein Fall für die Berliner Polizei.

Wenig später telefonierte ein Beamter des LKA NRW mit einem Berliner Polizisten, wie aus Akten der Behörden hervorgeht. Nach dem Telefonat schrieb der Düsseldorfer Staatsschützer eine E-Mail an seine Kollegen über die Zustände in der Hauptstadt. »Dort laufen aktuell keine Maßnahmen mehr gegen den Amri, seit Wochen hat man ihn nicht mehr unter Kontrolle.«

Daran sollte sich bis zum Anschlag nichts mehr ändern.

2
ZUGRIFF

Der Zeugenschutz hatte jede Menge Fragen an die Cems. Sie fanden sich in einem mehrere Seiten langen Dokument und reichten von Murats Vorstrafenregister über die finanziellen Verhältnisse und den Drogenkonsum bis zum ehelichen Sexualleben. Gülcan und Murat beantworteten alle Fragen.

Ein Beamter seufzte. Mit seiner Historie sei Murat ja total erpressbar. »Wer wird denn V-Mann, außer Kriminellen und Verrückten«, gab Murat zurück. »Ich habe den Beruf gut gemacht.«

Es war Herbst geworden, als Wirtgens sich meldete. Sie sprachen über Abu Walaa, Boban S. und die anderen. »Wir werden sie festnehmen«, sagte Wirtgens. Murat freute sich. Es war auch sein Verdienst.

Der plötzliche Zugriff ging aber vor allem auf den Mann zurück, mit dem das Ermittlungsverfahren »Ventum« einst begonnen hatte und der inzwischen die Seiten gewechselt hatte: Anil O. Der frühere Top-Gefährder aus NRW war der Extremist, den Murat mehrfach in Aachen getroffen hatte und der unter den Augen des Staatsschutzes im Sommer 2015 zum IS ausgereist war. Doch schon wenige Monate später hatte O. der Terrormiliz wieder den Rücken gekehrt – angeblich weil ihn das Treiben im Kalifat anwiderte.

Ein dreiviertel Jahr lang saß O. danach in der Türkei fest, ehe er wieder nach Deutschland kam. In dieser Zeit hörte das LKA sein Telefon ab. In den Protokollen der überwachten Gespräche fanden sich allerdings keine Belege für eine geistig-moralische Wende, für eine Abkehr vom radikalen Islam.

O. schimpfte auf deutsche Polizisten, die er immer wieder als »Feinde« und »Hurensöhne« bezeichnete. »Ich weiß, dass ihr mithört«, tobte er in einem überwachten Gespräch und wandte sich direkt an die Lauscher des LKA: »Ich ficke eure Mütter!« Einen hochrangigen Verfassungsschützer nannte O. »Bastard«.

Über das widerwärtige Angebot des IS, ihm ein Kind als Sexsklavin zuzuführen, sprach O. am Telefon nie – obwohl es für ihn angeblich der Grund gewesen sein sollte, der Terrortruppe abzuschwören. Und obwohl er der Polizei später sagen würde, seine Enttäuschung über den IS sei in diesem Moment in Hass umgeschlagen: »Das war Barbarei.« Auch die Folter, die er über Wochen beim IS zu erleiden hatte, wie er später sagte, blieb in den abgehörten Telefonaten unerwähnt. Der ruppige Polizeieinsatz in Deutschland hingegen, bei dem ihm seine Papiere abgenommen worden waren und der inzwischen deutlich länger her war, empörte ihn noch immer.

Auch versuchte O. von der Türkei aus, in betrügerischer Weise an ein Tablet zu kommen. In einem abgehörten Telefonat gab er sich gegenüber der Verkäuferin des Geräts als »Thomas« aus. Er sagte, er sei Arzt und behandele kranke Kinder. »Ich bin spezialisiert auf dem Gebiet der Leukämie. Ich arbeite vorwiegend in Istanbul, aber auch teilweise in Berlin«, behauptete Anil O., der keine zwei Semester Medizin studiert hatte. »Ich brauche das Tablet praktisch, um die leukämiekranken Kinder zu behandeln. Wir haben eine neue Technik entwickelt, wo wir praktisch eine genaue Blutanalyse machen können«, sagte er. »Und da habe ich mir gedacht, ich hole mir das. Das System ist eigentlich ideal für die Behandlung der Kinder.« Kein

Wort davon war wahr. Mit der Aufnahme später vor Gericht konfrontiert sagte O.: »Tut mir leid, es war ein Fehler. Ich bin auch nur ein Mensch.«

Tricksereien wie diese waren das eine. Schon bald aber organisierte Anil O. von der Türkei aus seine Rückkehr nach Deutschland. Immer wieder überlegte er in den Gesprächen mit seinen Angehörigen, was er den Behörden bieten könnte, um selbst möglichst glimpflich davonzukommen. In einem Telefonat sprach Anil O. unverhohlen von einer »Menükarte«, die sein Anwalt dem LKA vorlegen sollte: Die Beamten konnten bestellen, was ihnen schmeckte.

Als er vor Gericht mit der »Menükarte« konfrontiert wurde, reagierte Anil O. schnippisch: »Es gibt keine Menükarte, auf der steht: Hauptgang Abu Walaa.« Dann setzte er belehrend hinzu: »Der Begriff kann metaphorisch verstanden werden: wichtige Informationen, die die Sicherheit der Bundesrepublik Deutschland betreffen.« Die habe er liefern sollen und wollen. Deswegen habe er die Abschrift eines TV-Interviews, das er in der Türkei gegeben habe, im September 2016 an das LKA übermitteln lassen, so O. In dem Gespräch hatte Anil O. gesagt, Abu Walaa sei die »Nummer 1« des IS in Deutschland. Ob das stimmte? Wahrscheinlich nicht. Die Formulierung würde sich trotzdem später in vielen Akten und unzähligen Presseberichten wiederfinden.

Nachdem Anil O. zurück in Deutschland war, notierte der Kriminalhauptkommissar Rasmus M. aus dem Düsseldorfer Landeskriminalamt seinen ersten Eindruck des Islamisten: Anil O. sei »narzisstisch veranlagt. Er greift jedes Statement, jeden Kommentar, jede Einschätzung auf und macht sie sich zu eigen und zu seinem eigenen Vorteil.«

Doch bei dieser distanzierten Einschätzung blieb es nicht. Es scheint, als ließen sich die Behörden schließlich auf die »Menükarte« ein, als konnten und wollten sie die Chance nicht verpassen, auch mit O.s Hilfe Szenegrößen wie Abu Walaa hinter Gitter zu bringen. Anil O. jedenfalls kam im Mai 2017 mit zwei Jahren auf Bewährung

davon – für jemanden, der wegen Mitgliedschaft in einer terroristi-
schen Vereinigung verurteilt wurde, ein sensationell mildes Urteil.
Im Gegenzug hatte er in seinen Vernehmungen Abu Walaa und sein
Helfer-Netzwerk schwer belastet.

Es war der 8. November 2016, als das LKA die mutmaßliche Ter-
rorzelle um Abu Walaa, Hasan C. und Boban S. aushob. Als er die
Festnahmen im Fernsehen sah, erfüllte es Murat mit Genugtuung.
Aber im Grunde hatte er gerade ganz andere Probleme. Der Zeugenschutz hatte ihn mitsamt Familie inzwischen in ein Ferienhaus im
Wald umquartiert. Auch die Papiere mit den neuen Namen waren
endlich da. Doch Deutscher würde er wohl nie werden. Das war also
der Dank.

In Murat wuchs der Zorn. Seine V-Mann-Karriere würde womöglich in einer ziemlich bitteren Pointe enden. Viele der Ganoven, die
er hinter Gitter gebracht hatte, waren deutsche Staatsbürger. Boban S.
etwa, der serbischstämmige »Madrasa«-Chef und mutmaßliche
Terrorpate aus Abu Walaas Netzwerk, hatte wie Murat ausländische
Wurzeln. Wie Murat war er in Deutschland geboren. Im Gegensatz
zu Murat hatte Boban S. allerdings einen deutschen Pass. Einer der
gefährlichsten Islamisten der Republik war wie selbstverständlich
Deutscher. Und Murat, der Mann, der sein Leben riskiert hatte, ihn
und die anderen zu überführen, blieb Türke.

Jahrelang hatte Murat sich für den deutschen Staat geschunden,
hatte alles aufs Spiel gesetzt: seine Familie, seine Gesundheit, seine
Zukunft. Und jetzt, wegen ein paar lächerlicher Vorstrafen, durfte er
kein Deutscher werden? VP01, der gefeierte Star-Spitzel, den sie alle
über den grünen Klee gelobt hatten, wenn es opportun war, blieb ein
Mann mit Aufenthaltstitel. Ein Ausländer, ein Fremder, sozusagen
auf Bewährung in dem Land, das er all die Jahre zu schützen half.
Fick dich, Deutschland. So sah Murat das.

Wenn Murat und Gülcan spazieren gingen, stritten sie. Auch Gülcan war wütend. Sie gab ihrem Mann die Schuld an ihrer Misere. Es
war November und ihre Tochter war immer noch nicht wieder in

der Schule. Überhaupt: Was sollten sie hier, in dieser gottverlassenen Gegend? Was waren die Versprechungen von Murats vermeintlichen Polizeifreunden wert, wenn sie doch nie hielten, was sie sagten?

Anfangs verteidigte Murat die Zeugenschützer noch. Doch vor allem verteidigte er sich selbst. Er war es ja gewesen, der seine Familie in diese missliche Lage gebracht hatte.

Letzten Endes zogen Murat, Gülcan und die Kinder in die Wohnung mit dem hässlichen Badezimmer. Sie waren mürbe geworden. Als der Umzugswagen mit ihren Sachen kam, waren die Küchenmöbel aufgequollen und der Lack abgeplatzt. Das Umzugsunternehmen hatte ihre Küche im Regen stehen lassen. Gülcan kochte vor kalter Wut. Der Zeugenschutz sprang ein und bezahlte eine neue Küche. Ihre Tochter konnte bald wieder in die Schule gehen.

Hunderte Kilometer entfernt, in Berlin, schaute Anis Amri zur selben Zeit plötzlich keine Pornofilme mehr auf seinem Handy. Stattdessen lungerte er – wie die Ermittler später herausfanden – immer wieder am Friedrich-Krause-Ufer herum, einer schmalen Straße im Stadtteil Moabit, zwischen einem Kanal und dem S-Bahn-Ring, nicht weit von der Fussilet-Moschee entfernt. Dort parkten Lastwagen. Bald schon interessierte sich Amri für den Breitscheidplatz.

3
DER ANSCHLAG

Anis Amri hatte sich inzwischen eine Waffe der Marke ERMA besorgt, Modell EP 552, Kaliber 22.

Schon Wochen vor seinem Anschlag hatte er, unbemerkt von deutschen Sicherheitsbehörden, am Moabiter Nordhafen mit seinem Handy ein Video aufgenommen, in dem er IS-Anführer Abu Bakr al-Baghdadi offiziell die Treue schwor.

Am 15. Dezember ging Amri einmal mehr zum Friedrich-Krause Ufer. Dort versuchte er, die Türen mehrerer parkender Lkw zu öffnen. Vergeblich.

Drei Tage später, am Sonntagabend, besuchte er mit seinem Freund Bilel Ben Ammar noch einen Imbiss im Berliner Stadtteil Wedding. Sie saßen an einem Tisch im hinteren Teil. Sie blieben nicht lange.

Am nächsten Tag, es war der Nachmittag des 19. Dezember, telefonierten die beiden noch einmal kurz, es war gegen 14.30 Uhr. Dann machte sich Anis Amri auf den Weg, zunächst zur Fussilet-Moschee. Die Überwachungskameras vor der Moschee zeichneten ihn dort zwischen 18.38 Uhr und 19.07 Uhr auf.

Anschließend steuerte Amri wieder die Straße am Spreekanal an, in der die Lastwagen parkten. Bewaffnet näherte er sich einem Scania-Lkw einer polnischen Spedition, beladen mit 25 Tonnen Stahl, die für ThyssenKrupp bestimmt waren. Dieses Mal war Amri fest entschlossen, sein Vorhaben in die Tat umzusetzen.

Als Amri ins Innere des Lasters eindrang, war der Fahrer Lukasz U., 37, völlig überrascht. Er hatte sich in seine Schlafkabine zurückgezogen und wollte sich eine Komödie auf DVD ansehen. Amri schoss ihm in die linke Schläfe.

Einem Kontaktmann in den Reihen des IS schickte er noch ein Selfie von sich im Lkw. »Ich bin jetzt im Auto«, schrieb er dazu. »Bete für mich, Bruder, bete für mich! Gott ist groß!«

Um 19.34 startete Amri den Motor. Er fuhr langsam, meistens weniger als die erlaubten 50 Stundenkilometer. Sein Weg führte ihn durch den Tiergartentunnel unter dem Regierungsviertel, über den Potsdamer Platz. Zunächst fuhr er am Weihnachtsmarkt auf dem Breitscheidplatz vorbei bis zum Kreisverkehr am Ernst-Reuter-Platz. Dann kehrte er zurück.

Um 20.02 Uhr steuerte Anis Amri den Laster in die Menge auf dem Weihnachtsmarkt. Er fuhr langsam und nicht sehr weit, das automatische Bremssystem des Lkw stoppte ihn. Elf Menschen starben, Dutzende wurden zum Teil schwer verletzt. Der Terrorist sprang aus dem Wagen. Er ließ sein Telefon und sein Portemonnaie zurück und lief hinüber zur Bahnhaltestelle.

Vor einer Überwachungskamera hielt er kurz inne und hob den Arm mit ausgestrecktem Zeigefinger. Es war der Gruß des »Islamischen Staats«.

Am nächsten Morgen um 10.17 Uhr schleppte die Berliner Polizei den Scania-Truck quer durch die Stadt in die über zehn Kilometer entfernte Julius-Leber-Kaserne. Dort sollten Spuren gesichert werden. Doch die Kriminaltechniker mussten warten. Spürhunde, sogenannte Man-Trailer, wurden zuerst an den Laster geführt, um Witterung aufzunehmen.

Als die Spurensicherung sich das Fahrzeug vornahm, fanden die Forensiker unter dem Fahrersitz eine »Büma« – eine Bescheinigung über die Meldung als Asylsuchender. Sie lautete auf eine der zahlreichen Alias-Personalien Amris. Noch in der Nacht schickte die Polizei in Nordrhein-Westfalen Zivilbeamte zu jener Flüchtlingsunterkunft in Emmerich, in der Amri einst gewohnt hatte. Doch es gab ein Problem mit dem Durchsuchungsbeschluss, die Beamten fanden Amri nicht. Am nächsten Morgen fuhr der Terrorist mit einem Bus von Kleve aus in die Niederlande.

Murat hatte in seinem neuen Zuhause von dem Anschlag gehört. Dass Amri dafür verantwortlich sein könnte, kam ihm jedoch nicht sofort in den Sinn. Am Vormittag des 21. Dezember 2016, zwei Tage nach der Attacke in Berlin, klingelte sein Telefon. Wirtgens war am Apparat.

»Es war Anis Amri«, sagte Wirtgens.

Murat sagte nichts.

»Es war Anis Amri«, sagte Wirtgens.

»Bist du sicher?«, fragte Murat.

Amri habe seine Papiere im Führerhaus liegen lassen, sagte Wirtgens. »Kannst du ein paar Fragen beantworten?«

Murat erzählte, welche Kontakte Amris er in Berlin kenne. Er berichtete von einem versteckten Zimmer unter den Gebetsräumen der Fussilet-Moschee. Er sagte, dass Amri sicher nicht in einer Moschee unterkommen würde. Er nannte eine Wohnung in der Dortmunder Mallinckrodtstraße, in der drei Syrer lebten und wo Amri bisweilen abgestiegen war. Und er nannte zwei Ziele, die Amri sich für seine Flucht ausgesucht haben könnte: Frankreich und Italien. Er warnte Wirtgens. Anis sei immer »ganz schnell von null auf hundert«. »Ich kann mir nicht vorstellen, dass er sich stellen wird oder sich widerstandslos festnehmen lassen wird«, sagte Murat, »ich denke, dass der sich eher erschießen lässt, als dass er in Haft kommt.« Murat sollte am Ende auch mit dieser Einschätzung recht behalten.

Vielleicht dauerte es Minuten, vielleicht Stunden, er erinnerte sich später nicht mehr, bis im Fernsehen Amris Name genannt wurde, bis Fotos von ihm auftauchten. Murat saß regungslos vor dem Bildschirm. Tränen liefen ihm übers Gesicht.

An diesem Tag begann die Selbstmarterung des Murat Cem. Er hatte bis dahin in der Vorstellung gelebt, einer der erfolgreichsten V-Männer der Polizei zu sein. Und nach wie vor ging er davon aus, dass er nur ein paar Monate als V-Mann pausieren müsste, bis Abu Walaa und die anderen verurteilt waren – das nahm er widerwillig hin. Aber er würde zurückkommen. Das hoffte er tief in seinem Inneren. Das hatten sie ihm gesagt. Auf die Polizei war doch Verlass.

Aber nun hatte Amri diesen Anschlag begangen. Hatte Murat versagt? Er hatte vor Amri gewarnt, immer wieder. Er hatte vorgeschlagen, Amri nach einem fingierten Waffenkauf hochzunehmen. Aber war er nicht doch irgendwie mitschuldig geworden?

Es gab niemanden, der ihm in diesen Stunden half, der ihm zusprach oder bloß zuhörte. Im Gegenteil. Jemand startete in diesen Stunden eine Intrige gegen ihn.

Noch am 21. Dezember meldete sich Bilal Ö. bei der Polizei. Ö. war der Islamist aus dem Ruhrgebiet, der Murat immer verdächtigt hatte, ein Spitzel zu sein. Sein alter Intimfeind. Er habe aus den Nachrichten von dem Anschlag in Berlin erfahren, gab Bilal Ö. jetzt zu Protokoll. Er kenne Anis Amri.

Er habe ihn an einem Bahnhof kennengelernt. Es passiere ihm häufig, dass ihn Flüchtlinge ansprächen und um Hilfe bäten, sagte er. Er habe sich später mit Amri zerstritten. Dieser sei sicher »sehr aggressiv«, er würde »schon sagen, dass er psychisch krank ist.«

Bilal Ö. sagte auch, dass er einen Murat kenne. »Er ist äußerst radikal«, warnte er die Polizisten. »Er teilte uns immer wieder mit, dass man Anschläge in Deutschland verüben sollte.« Und dann fügte Ö. hinzu: »Ich hatte das Gefühl, dass er für die Polizei arbeiten würde. Er wollte uns zu Taten bewegen, um dann womöglich selber gut da zu stehen.«

Murat ärgert sich bis heute über diese Niedertracht. Bilal Ö. selbst war es doch gewesen, der Amri in die Salafistenszene eingeführt und nach Duisburg und Dortmund gebracht hatte. Und kaum hatte der Tunesier sein mörderisches Werk in Berlin vollbracht, versuchte Ö. möglichst viel Schuld in Murats Schuhe zu schieben. »Ekelhaft«, sagt Murat.

Anis Amri indes konnte ungehindert aus Deutschland fliehen. In den Niederlanden besorgte er sich bei einer Werbeaktion des Mobilfunkanbieters Vodafone eine kostenlose Sim-Karte. In Amsterdam fragte er einen Passanten nach dem Weg zur tunesischen Botschaft. Überwachungskameras zeichneten ihn dann in Brüssel und am Bahnhof von Lyon in Frankreich auf.

In der Nacht vom 22. auf den 23. Dezember stoppten zwei Polizisten gegen 3 Uhr einen Unbekannten in Sesto San Giovanni, einer kleinen Stadt zwischen Mailand und Monza. Sie wollten seinen Ausweis kontrollieren. Ohne Vorwarnung eröffnete Anis Amri das Feuer, mit der Pistole, mit der er auch den Lkw-Fahrer Lukasz U. getötet hatte. Die Beamten schossen zurück und trafen. Anis Amri war sofort tot. Die italienische Polizei identifizierte ihn per Fingerabdruck. Es dauerte nicht lange, bis die Nachricht um die Welt ging.

Murat befiel eine tiefe Traurigkeit, aus der er nicht mehr herausfinden sollte. Er wollte morgens nicht aufstehen und fand abends keinen Schlaf. Nächtelang spielte er »Flotten Kommando«, ein Online-Computerspiel, in dem es darum geht, gegnerische Kriegsschiffe zu versenken. Nachts schliefen die meisten Mitspieler, dann griff er am liebsten an. Aber die Freude über seine Siege währte immer nur kurz.

4

VERFLUCHT
SEI DER TAG

Für seine Einsätze sollte Murat noch eine Belohnung von 50 000 Euro bekommen. Es würde so viel Geld auf einmal sein, dass er begann, über den Aufbau einer geordneten Existenz nachzudenken. Ein eigener Kiosk, vielleicht könnte das etwas für ihn sein?

Er war schon bei der Schuldnerberatung, wegen der ganzen Rechnungen und unbezahlten Geldstrafen, die sich über die Jahre aufgehäuft hatten. Er könnte Privatinsolvenz auf seine alte Identität anmelden. Und mit dem Geld der Behörden ein neues Leben anfangen.

Doch so funktionierte das nicht, nicht mit den Beamten des Landeskriminalamts Nordrhein-Westfalen. Sie beglichen von seiner Belohnung erst einmal die Schulden. Das sei sicherer, sagten sie ihm. Nicht, dass ein Gläubiger versuchte, ihn aufzuspüren. Als ob das Murats größtes Problem gewesen wäre. Immerhin: Ein wenig Geld blieb übrig. Aber auch das war bald weg.

Murat suchte sich einen Job über eine Zeitarbeitsfirma. Sie vermittelte ihn als Maschinenführer in eine Käsefabrik. Er hielt nicht lange durch. Eine Zeit lang arbeitete er als Zeitungszusteller. Dann als Aushilfe in einer Spedition. Der Chef entließ ihn, weil Murat Tausende Liter Diesel abzweigte. Er klagte auf Bezahlung seiner Überstunden – und verlor. Murat wurde Paketzusteller. Er flog raus, weil sich ein E-Bike nicht mehr auffand, das er in seinem Laster gehabt hatte.

Die Zeugenschützer sagten, Gülcan solle auch arbeiten gehen. Aber sie wollte nicht. Sie boten Murat an, ihm einen Lkw-Führerschein zu bezahlen, aber das wollte Murat nicht.

Manchmal spielte er Fußball bei den alten Herren im Ort. Doch irgendwann ging er auch dort nicht mehr hin.

Gülcan war unglücklich. Sie kannte an ihrem neuen Wohnort niemanden. Es gab kaum Türken. Mit Deutschen freundeten sie sich nicht an. Dass Murat und sie sich über Jahre nur wenig gesehen hatten und nun jeden Tag zusammen waren, von morgens bis abends, wurde zur Belastung für ihre Beziehung.

Der Lichtblick waren die Kinder. Ihre Tochter, die früher Schwierigkeiten in der Schule gehabt hatte, entwickelte sich in der neuen Umgebung zu einer exzellenten Schülerin. Und sie verliebte sich in einen Andreas. Murat mochte ihn. Auch sein Sohn kam gut klar. Nur die Eltern litten.

Wäre Murat ehrlich zu sich selbst gewesen, hätte er sich eingestanden, dass er nur eines wollte: seinen alten Job bei der Polizei. Er vermisste seine Identität, sein Leben als V-Mann. Es wusste doch keiner, wer er war, er selbst am allerwenigsten. Die Hälfte seines Lebens hatte er vorgegeben, ein anderer zu sein. Murat Cem, der türkische James Bond. Warum konnte er nicht mehr Murat Cem sein?

Er wollte kein Mann sein, dem Vorarbeiter Kommandos geben und Frauen auf dem Arbeitsamt Leistungen kürzen konnten. Er müsste nur raus auf die Straße gehen und könnte wieder Informant sein, sagte er. Welcher Richter, welcher Staatsanwalt würde es ignorieren, wenn er offenbarte, wo man ein Kilogramm Kokain finden könne? Auch hier auf dem Land gab es Kriminelle. Und sie kamen zu Murat mit ihren Ideen. Er zog sie an, nach wie vor.

Ein Bekannter wollte wissen, ob er bei einem Versicherungsbetrug mitmachen wolle. Ein anderer bot ihm eine Ladung gestohlene Marken-T-Shirts an. Ein weiterer suchte einen Kompagnon, um die Kasse einer Firma zu stehlen. Ein Drogendealer schenkte ihm ein Gramm Kokain mit der Bemerkung, er könne mehr besorgen, falls Murat nur wolle.

Doch Murat wollte nicht. Das Kokain schenkte er einem Kollegen aus der Käsefabrik. Der freute sich sehr. Murat dagegen fragte seine alten VP-Führer ständig: »Wann kann ich wieder für euch arbeiten?« Er flehte fast. »Vielleicht«, sagte ein Beamter eines Tages, »wenn der Prozess gegen Abu Walaa vorbei ist.« Der Prozess hatte noch nicht einmal begonnen.

»Ihr nehmt mir mein Leben«, sagte Murat. Es sprach in diesem Moment die Verzweiflung aus ihm. Er kam nicht damit klar, ein Niemand zu sein.

Über die Monate aber merkte Murat, dass es schwierig werden würde, wieder als V-Mann zu arbeiten. Auch weil seine Rolle im Fall Anis Amri früh enttarnt und dann zusehends skandalisiert wurde. Schon vier Tage nach Amris Anschlag hatte der SPIEGEL über eine V-Person im Umfeld des Attentäters berichtet. Einige Zeit später stand dort auch, dass VP01 Amri nach Berlin gefahren hatte. In der Öffentlichkeit wurde nun die Frage gestellt, ob Murat und Amri sich zu nahegestanden hätten.

Für den Prozess gegen Abu Walaa und die anderen hatte das Innenministerium in Nordrhein-Westfalen ihn als Zeugen gesperrt. Er durfte nicht aussagen. Es bestünde »erhebliche Gefahren für Leib und Leben«, wenn Murat vor dem Gericht in Celle aufträte, hieß es in einem Schriftstück der Behörde: »Gewalttätige Übergriffe auf die ›VP01‹ sind dabei sowohl vor, während und nach den Verhandlungstagen, als auch nach dem abgeschlossenen Gerichtsverfahren zu befürchten.« Doch ging es den Beamten tatsächlich vorrangig um Murats Sicherheit? Oder sorgten sie sich, dass er den Verteidigern Angriffsflächen bieten könnte?

Denn die bot er. Dafür hatte Bilal Ö. mit seiner Zeugenaussage gesorgt. Dafür sorgten auch die Rechtsanwälte seiner früheren Zielpersonen, die inzwischen Angeklagte waren. Pünktlich zum Prozessauftakt gegen Abu Walaa, Boban S. und Hasan C. Ende September 2017 veröffentlichte die »Süddeutsche Zeitung« einen Text mit der Überschrift »Die mysteriöse Rolle eines V-Manns im Fall Amri«.

Die Zeitung zitierte Bilals Aussage bei der Polizei kurz nach Amris Anschlag. »Die Zeugenaussage vom 21. Dezember 2016 nährt Zweifel an der Rolle von ›Murat‹«, war in dem Artikel zu lesen. »Mit seiner Tätigkeit als V-Mann bewegt er sich ohnehin in einer juristischen Grauzone – sollte er als Agent Provocateur aufgetreten sein, umso mehr.«

Wo die »Süddeutsche Zeitung« noch vorsichtig geblieben war, verlor die »Berliner Morgenpost« drei Wochen später die Zurückhaltung. »V-Mann der Polizei soll zu Anschlägen angestiftet haben«, titelte das Blatt. Dies hätten »mehrere Strafverteidiger sowie ein früherer Anhänger einer Islamistengruppe« gesagt. »Ein interner Behördenbericht nährt zudem den Verdacht, dass der vom LKA als »Vertrauensperson 01« (VP-01) geführte Mann auch den Attentäter vom Berliner Breitscheidplatz, Anis Amri, in seinen Anschlagsplanungen bestärkt haben könnte«, so die »Morgenpost«.

Murat hatte bislang nie viel gelesen. Aber inzwischen verfolgte er jede Meldung aus dem Prozess gegen Abu Walaa und aus dem Fall Amri genau. Im Bericht der »Morgenpost« erkannte er den nur unzulänglich unkenntlich gemachten Bilal Ö. als Kronzeugen wieder, seinen alten Widersacher, der ihn von Anfang an als Polizeispion verdächtigt hatte. Ihm wurde klar, dass Bilal sich über die Öffentlichkeit an ihm rächen wollte. Er verstand, dass die Verteidiger ihn beschmutzten, um ihren Mandanten zu helfen. Er hätte sich gerne vor Gericht gewehrt. Aber er konnte nicht, man ließ ihn nicht.

Murat fühlte sich wie in einem Gefängnis, zum Zuschauen verdammt. Sein Leben zerfiel. Sie hatten ihm seinen Job weggenommen.

Damit war nicht nur seine Haupteinnahmequelle weggefallen. Sein Lebensinhalt war dahin, sein ganzes Sein.

»Amri ist gestorben, ich bin gestorben. Wir sind beide tot«, sagte Murat. »Ich verfluche den Tag, an dem ich ihn kennengelernt habe. Er hat auch mein Leben zerstört.«

Für die Zeugenschützer wurde Murat zunehmend zum Problemfall. Weil er in der Stadt, in der er nun wohnte, keine Arbeit fand, bat er die Beamten, ihm ein gebrauchtes Auto zu kaufen. Es sollte nicht teuer sein, nur irgendwie fahren, damit er einen Job in etwas größerem Radius finden können würde. Sie lehnten ab.

Der leibliche Vater seines Sohns zahlte keinen Unterhalt für das Kind. Er wusste nicht, wo der Kerl war. Für ein paar Monate übernahm der Zeugenschutz die Unterhaltszahlungen. Dann stellte die Polizei sie wieder ein. Sie könnten ihn nicht ewig alimentieren, sagte ihm ein Beamter. Murat wollte den leiblichen Vater auf die ausstehenden Unterhaltszahlungen verklagen. Die Zeugenschützer sagten, das ginge nicht.

Dann sagte Murat den LKA-Beamten, dass er zur Presse gehen würde. Seine ehemaligen VP-Führer riefen ihn umgehend an. Sie schienen nervös. Das Gespräch fand über Lautsprecher statt, so dass andere mithören konnten. »Ich verstehe nicht, was ihr von mir wollt«, sagte Murat.

Zwei Tage später brachte einer von ihnen ein Schriftstück vorbei. Wahrscheinlich war es eine Geheimhaltungserklärung, die man ihm in all den Jahren nicht vorgelegt hatte. Murat solle das Papier unterschreiben, sagte der Polizist. Murat las es nicht einmal. »Du kannst hinschreiben, dass ich die Annahme verweigert habe«, sagte er.

Dann schrieb Murat seine erste E-Mail an den SPIEGEL.

EPILOG

Murat sitzt im Düsseldorfer Büro des SPIEGEL. Der Konferenzraum mit den roten Jahresbänden in den Regalen ist inzwischen zu einem regelmäßigen Treffpunkt geworden. Niemand stellt Fragen, wenn Murat vorbeikommt. Er ist dann einfach da.

Es ist Sommer. Die Gespräche mit ihm haben sich über die Monate verändert. Anfangs rapportierte Murat seine Erlebnisse noch im Stakkato. Manchmal las er dabei Notizen vor, verfasst in seiner ordentlichen Mädchenschrift, eingetragen in ein schwarzes Notizbuch. Murat verglich die Treffen mit den Vernehmungen seiner VP-Führer. »Ihr seid wie die«, sagte er. Es schien ihm zu gefallen.

Es folgten Phasen, in denen Murat privater wurde und sein Leben lachend erzählte. Er erwähnte jetzt auch die Pannen, die es gegeben hatte. Die Anekdoten endeten meist mit der Pointe, dass Murat trotz einiger Rückschläge der lachende Sieger war – und der Rechtsstaat mit ihm als Gewinner vom Platz gegangen war.

Murat war glücklich damals. Für einige Wochen. Gedanklich konnte er wieder in die Zeit seiner Erfolge eintauchen. Dass er Menschen traf, die ihn zwar löcherten, sich aber ernsthaft für ihn interessierten und ihn und seine Arbeit wertschätzten, schien ihm gutzutun.

Die Zeit unter Salafisten hat Murat geprägt. Er trinkt keinen Alkohol und nimmt keine Drogen. Er hört keine Musik, er hat keine Hobbys. Frauen beachtet er nicht. Weltliche Dinge sind ihm weitestgehend egal.

Allerdings besucht Murat keine Moscheen mehr. Das wäre zu gefährlich. Ihm gefällt sowieso nicht, was dort gepredigt wird. Es ist ihm zu seicht, zu beliebig, es fehlt ihm die Radikalität des Salafismus, das einfache Schwarz-Weiß-Schema. »Ich bin noch nicht geheilt«, sagt Murat. Er hält die fundamentale Auslegung des Korans weiterhin für die wahre Lesart, wahrscheinlich weil er eine andere nicht kennt. »Ich glaube an Allah. Der Islam ist meine Religion«, sagt er. Er klingt dann sehr pathetisch. Auch das ist Teil des Scherbenhaufens, aus dem er sich ein neues Leben zusammenbauen soll.

Die Stunden, in denen er über seine Probleme reden wollte, nahmen über die Monate zu. Murat sagte, die Gespräche täten ihm gut. Es kamen dabei die dunklen Kräfte zum Vorschein, die an seiner Seele zerrten. Wie verbittert er darüber war, dass ihm fast 20 Jahre in Diensten der Polizei nicht mehr eingebracht hatten, als weiterhin an Hartz IV zu hängen. Und dass niemand da war, der ihm sagte, was für ein Ass er war. »Seht ihr nun, was ich davon habe?«, fragte er und gab sich die Antwort gleich selbst. »Ein Scheißleben habe ich.«

Manchmal klagte er, dass früher nie jemand gefragt hätte, wie es ihm eigentlich gehe. Den Einwand, dass er selbst wisse, dass das nicht stimme, wischte er beiseite: »Aber das haben sie nur so gefragt. Ich sollte funktionieren, darum ging es.«

Die Tür des Konferenzraums zur Dachterrasse steht offen. Es ist später Vormittag. Murat zündet sich eine Zigarette an. »Ich glaube, wenn sie mich ordentlich behandelt hätten, dann wäre ich nie zu euch gekommen«, sagt er. »Ich hätte noch 100 Jahre für die Polizei gearbeitet.« Er nimmt einen Zug. »Wenn mich einer gefragt hätte: ›Liebst du deine Familie oder die Polizei‹«, er ascht in einen Blumentopf, »ich hätte gesagt: ›Ich liebe die Polizei.‹« Er schweigt einen Moment lang, denkt nach. Dann sagt er: »Ich hätte sogar meinen Bruder verpfiffen, meinen eigenen Bruder.« Und er fügt hinzu: »Wer wird denn V-Mann? Kriminelle und Verrückte. Ich war beides.«

Murat zündet sich die nächste Zigarette an. Das Ende des V-Manns mit dem Tarnnamen Murat Cem ist auch das Ende des Mannes, der sich irgendwann nur noch als Murat Cem verstand. Er muss jetzt einsehen, dass sein Leben ein Leben zum Schein war. Es fällt ihm schwer. »Ich habe denen gesagt: ›Lasst mich Vorträge halten, Schulungen machen‹«, ruft Murat. Er wird so laut, dass Nachbarn verärgert ihre Fenster zuschlagen. Seine Schultern sacken nach vorne. »Stattdessen halten andere jetzt Vorträge darüber, wie es war, mit mir zu arbeiten«, seufzt er. »Rasmus zum Beispiel.«

Rasmus M., ein Ermittler aus dem Landeskriminalamt Nordrhein-Westfalen, war Leiter des Verfahrens »Ventum«, in dem Abu Walaa verfolgt wurde und in dessen Ermittlungen Amri auftauchte. M. sorgte später mit seinen Auftritten in Amri-Untersuchungsausschüssen für Furore, weil er Beamte des BKA beschuldigte, sie hätten Murat kaltstellen wollen, weil er zu gut war. »Rasmus hat gesagt, man sollte mir ein Bundesverdienstkreuz geben«, Murats Stimme bricht nun. »Aber ich bin noch nicht einmal gut genug für den deutschen Pass, weil ich ja ein krimineller Ausländer bin.«

Rasmus M. hat Murat nie direkt gesagt, dass man ihm ein Bundesverdienstkreuz geben sollte. Murats VP-Führer haben ihm das erzählt. Es ist denkbar, dass die Beamten versucht haben, ihren Schützling bei Laune zu halten.

Doch Hauptkommissar M. hält tatsächlich große Stücke auf Murat. Er hält so viel von diesem V-Mann, den er nie gesehen hat, dass er für Murat im Spätherbst 2019 seine Karriere aufs Spiel setzen wird.

Aber jetzt ist Sommer und niemand weiß, was die kommenden Monate bringen werden. Murats Familie will in die Türkei in den Urlaub fahren. Und dafür braucht sie türkische Reisepässe. In Zeiten der Biometrie kann die Familie nur mit ihren echten

Personalien reisen. Doch der Zeugenschutz darf angeblich nicht zulassen, dass die Familie gleichzeitig im Besitz von Ausweisen mit Tarnidentitäten und richtigen Ausweisen ist.

Es wäre möglich, Dokumente gegen Dokumente zu tauschen. Im Fall der Familie Cem ist das aber nicht so einfach, wie nichts in ihrem Leben noch leicht zu sein scheint: Ihre türkischen Pässe sind abgelaufen. Ihre deutschen Dokumente haben keine gültigen Aufenthaltstitel für die Bundesrepublik mehr. Für Murat und seine Frau fühlt es sich an, als würden sie langsam aus der Realität verschwinden. Es ist zum Verzweifeln.

Unter Menschen, die miteinander sprechen, könnte die Situation zu lösen sein, auch wenn sie kompliziert ist. Doch Murats Familie und die Zeugenschützer kommunizieren kaum noch miteinander. Gülcan will gar nichts mehr mit »diesen Leuten« zu tun haben, wie sie sagt. Murat tut es widerwillig, weil er es muss.

Der Plan entsteht, sich mit den Beamten zu treffen: Murat wird ihnen die deutschen Tarnpapiere geben und im Tausch die abgelaufenen türkischen Pässe erhalten. Die soll er dann im Konsulat verlängern lassen. Das Vorhaben schlägt zweimal fehl, wie Murat sagt, weil die Beamten sich nicht rechtzeitig meldeten. Es sind Kleinigkeiten, aber sie nagen an Murat und Gülcan.

Dann klappt es. Pünktlich zur Abreise in die Türkei haben Gülcan und die Kinder Ausweisdokumente, mit denen sie fliegen können. Murat will ihnen hinterher reisen. Zum ersten Mal seit vielen Jahren möchte er mit seiner Familie Urlaub machen. Aber er bekommt keine Papiere. Er sagt, der Zeugenschutz habe sie ihm nicht gegeben. Seine Wut wächst. Murat fühlt sich ohnmächtig, einer Instanz ausgeliefert, die ihn angeblich beschützen will, ihn nach seinem Empfinden aber drangsaliert. Er tut nun unüberlegte Dinge.

Im August leiht sich Murat ein Auto und fährt los. Er fährt nach Österreich und weiter nach Ungarn. Er fährt durch Bulgarien bis nach Griechenland und setzt von dort über nach Rhodos. Im Hafen überzeugt er den Kapitän eines türkischen Schiffes, ihn mitzunehmen. Sie schippern für Stunden über das Mittelmeer, dann erreichen sie die Türkei.

Der Kapitän sagt Murat, er bleibe drei Tage lang. Er würde ihn auch mit zurücknehmen. Murat könnte nun auf dem Landweg zu seiner Familie fahren. Er könnte den Urlaub machen, den er sich gewünscht hat. Aber ihn plagt die Sorge, dass man ihn erwischt, weil er illegal in die Türkei eingereist ist. In Zeiten biometrischer Pässe, so denkt er sich, könnte er auffliegen.

Murat verbringt die Tage am Strand von Didim, dann fährt er wieder zurück, mit demselben Schiff und dem geliehenen Auto auf der Balkan-Route: von Rhodos bis nach Deutschland. Es gibt keinerlei Probleme. Murat Cem ist ohne Dokumente von Deutschland in die Türkei und wieder zurück gelangt.

Im September kommen auch Gülcan und die Kinder wieder nach Deutschland. Das Arbeitsamt kürzt der Familie die Bezüge, weil sie unangemeldet im Urlaub war. Murat schäumt. Er verdächtigt die Zeugenschützer, den Urlaub beim Arbeitsamt verpetzt zu haben. Wer wusste sonst davon?

Nichts wird besser, im Gegenteil. Die Krankenkassenkarten sind abgelaufen, niemand hilft. Murats Frau hat nach wie vor ihren echten türkischen Pass und keiner kommt, um ihn auszutauschen. Die Tarnpapiere, die sie doch eigentlich nicht zeitgleich besitzen dürfen, laufen ab. Es scheint, als habe das LKA Murat vergessen – oder ignoriere ihn bewusst.

Wirtgens vermittelt eine Art Versöhnungstermin mit den Zeugenschützern des LKA. Murat trägt vor, was er sich wünscht: eine Arbeitsstelle, um seine Familie ernähren zu können, und unbefristete Aufenthaltstitel in ihren türkischen Pässen. Vergeblich.

Murat ist in diesen Wochen überzeugt, dass er es mit einer Verschwörung zu tun habe, dass man ihn zermürben wolle. Gülcan ist wütend auf ihren Mann, weil nichts klappt und alles kompliziert ist.

Ihre Tochter darf auf der Klassenfahrt nach Berlin zunächst nicht in den Deutschen Bundestag, weil es Schwierigkeiten mit ihrem Ausweis gibt. Ihre erste Prüfung für den Mofa-Führerschein scheitert daran, dass sie keinen gültigen Ausweis vorlegen kann. Das Arbeitsamt lehnt ab, die Kosten für einen privaten Arbeitsvermittler zu übernehmen, mit dessen Hilfe Murat sich auf einen Ausbildungsplatz als Lokomotivführer bewerben wollte.

Im Herbst versucht Murat für dieses Buch, einen ehemaligen Weggefährten aus der Islamistenszene zu sprechen. Murat glaubt, Adam R. sei ein guter Kandidat dafür. Der sei aus der Szene ausgestiegen und ein »lieber Junge«, sagt Murat.

Adam R. ist umgezogen, Murat kennt seine neue Adresse nicht. Murat beschließt, die Mutter seines früheren »Bruders« zu besuchen. Es ist fast dunkel, als Murat eines Abends an einem Wohnbunker im Bochumer Stadtteil Wattenscheid klingelt. Ihm wird geöffnet.

Als Murat nach zwei Stunden wieder auftaucht, ist er aufgewühlt. »Das war kein leichtes Gespräch«, sagt er. »Der Adam hat anscheinend schwere Depressionen bekommen, weil ich den Kontakt zu ihm damals so radikal abgebrochen habe.«

Er habe der Mutter erklärt, warum er überhaupt in der Szene gewesen sei. Dass er Adam nicht habe sagen können, dass er als V-Mann arbeite. Dass er sich radikal, ja anschlagsbereit habe geben sollen im Auftrag der Polizei.

Murat atmet tief. Er macht gerade schwere Wochen durch. Das Treffen war hart, aber es gibt ihm Auftrieb. »Ohne mich wäre der Adam ziemlich sicher nach Syrien gegangen«, sagt er. »Wer weiß, ob er noch leben würde.« Ein Lächeln huscht über sein Gesicht. Er schluckt. »Wenn man wenigstens einen gerettet hat, dann weiß man doch, wofür es war.«

An einem Mittwoch Anfang Oktober fährt Murat nach Duisburg. Er hat die Adresse von Adam R. inzwischen herausgefunden. Ein erster Kontaktversuch ist fehlgeschlagen. An diesem Abend klappt es. Murat verschwindet in der Wohnung. Nach einer Weile kommen beide gemeinsam aus dem Mehrfamilienhaus.

Adam R. sagt, er habe damals versucht, den Glauben seiner Vorfahren kennenzulernen. Dabei sei er in immer radikalere Zirkel geraten, an salafistische Prediger wie Sven Lau und Sami A. Irgendwann habe er erkannt, dass das der falsche Weg sei, und sich aus der Szene zurückgezogen.

Wie hat Adam R. Murat damals wahrgenommen?

»Der war immer der Radikalste von uns«, sagt Adam R.

Hat Murat denn Adam R. vor der Ausreise nach Syrien bewahrt?

Adam R. macht ein verdutztes Gesicht.

Während des Gesprächs hält R. sein Mobiltelefon in der Hand. Er hantiert damit herum. Es kommen Anrufe und Nachrichten, er solle noch vorbeikommen. Was ist los? »Ein Kollege«, sagt Adam R.

Irgendetwas ist merkwürdig. Wir gehen. Eigentlich will Murat sich kurze Zeit später noch einmal mit R. treffen. Doch dazu kommt es nicht mehr.

Der Verhandlungstermin für den Diebstahl Tausender Liter Diesel und eines E-Bikes rückt näher. In diesen Wochen und Monaten im Herbst 2019 schwankt Murat zwischen Rachegelüsten und Depressionen.

Er hat tiefe schwarze Ringe unter den Augen. Murat gibt sich Gewaltfantasien hin, er stellt sich vor, wie er Vergeltung üben und denen schaden könnte, die ihm all das angetan haben. Murat fantasiert immer häufiger darüber, wie es wäre, wenn er plötzlich im Abu-Walaa-Prozess auftauchte oder in irgendeinem Untersuchungsausschuss: Wenn er dort behauptete, dass alles, was er der Polizei jemals zu Protokoll gegeben habe, gelogen gewesen sei? Wenn er behauptete, dass überall getrickst und manipuliert worden sei? Litten sie dann so, wie er nun leidet? Würden sie seine Schmerzen spüren?

Sie – das sind all jene, die ihn einst zum Polizeispitzel machten und von seinen Ergebnissen profitierten. Es sind jene, die ihn dann hängen ließen. Es sind jene, die er für seine aktuelle Misere verantwortlich macht: die Frau im Arbeitsamt, die Zeugenschützer des

LKA, seine ehemaligen Chefs in den Speditionen, die ihn angezeigt haben, seine VP-Führer.

»Ich kann nichts anderes als V-Mann«, sagt Murat. »Die haben mich so abgerichtet, die haben mich dahingebracht.« Und deswegen seien sie mitschuldig an dem Chaos, das nun sein Leben ist.

Murat schwankt zwischen Hoffnung und Furcht vor dem, was da kommt. Er rechnet damit, verurteilt zu werden, obwohl er schwört, weder das Elektrofahrrad noch den Diesel gestohlen zu haben. Und er rechnet damit, dass er ins Gefängnis muss. »Was glaubst du, was passiert, wenn du elf Vorstrafen hast?« An guten Tagen tönt er, dass er keine Angst habe vor dem Gefängnis: »Schlimmer als jetzt kann es auch nicht werden.«

Es wird November, und Wirtgens sagt vor dem Untersuchungsschuss »Fall Amri« in Berlin aus. Das Gremium soll die Versäumnisse der Sicherheitsbehörden im Fall Anis Amri klären. Der Beamte wartet stundenlang, erst spät am Abend hören ihn die Abgeordneten an. Wirtgens beschreibt, wie VP-Führer arbeiten und kommt dann auf Murat. Er lobt ihn, erklärt, was ihn auszeichnete. Er habe »keine Zweifel an der Glaubwürdigkeit« seines Informanten, bis heute nicht, sagt Wirtgens. Murat sei »sehr einsatzerfahren«, ein Spitzen-Spitzel. Wirtgens sagt auch, Murat habe von seiner Arbeit als V-Mann nicht leben können, allenfalls »neun von zwölf Monaten im Jahr«.

Es ist ein wichtiges Prinzip in der Arbeit mit V-Männern geworden: Sie sollen nicht mehr hauptberuflich Spitzel sein, nicht ihren »überwiegenden Lebensunterhalt« daraus bestreiten, wie es in einem Erlass aus Nordrhein-Westfalen heißt. Sie sollen finanziell nicht von der Polizei abhängig sein. Deswegen versuchten Murats Dienstherren manchmal, ihm Jobs zu vermitteln. Aber in Wahrheit lebte Murat fast 20 Jahre lang ganz wesentlich von seinen Bezügen als V-Mann – und von staatlichen Transferleistungen.

Am Ende des Monats, es ist der 28. November, kommt ein Hilferuf von Murat. Es reiche ihm, schreibt er. Es sei »menschenunwürdig«, wie er im Arbeitsamt behandelt würde. Er könne nicht mehr und würde jetzt handeln. »Die im LKA lachen doch über mich«, wütet er. Jetzt sei die Zeit für seine Rache gekommen. Was immer das bedeuten soll.

Es stellt sich heraus, dass das Arbeitsamt Murats Leistungen erneut gekürzt hat. Er wartet vor seinem Haus, es hat sechs Grad Außentemperatur. Über seinem T-Shirt trägt er nur eine dünne Trainingsjacke, den Reißverschluss hat er offen gelassen. »Mir ist nicht kalt«, sagt er trotzig. Er will nicht nach drinnen gehen. Gülcan und er haben wieder einmal gestritten. Sie hat ihn einen Versager genannt und einen Kriminellen. Murat würde gerne etwas ändern, irgendetwas tun, sich rächen. »Alle schlagen mir ins Gesicht und trampeln auf mir herum«, sagt er. »Ich kann nicht noch mehr einstecken. Es geht nicht.«

Wir fahren in die Nachbarstadt. Murat redet gerne im Wagen, wie er früher gerne mit seinen Zielpersonen in verwanzten Autos sprach. Und er streunt gerne umher. Es ist 22 Uhr, um diese Uhrzeit ist hier so gut wie niemand auf der Straße.

In der Nähe des Busbahnhofs gibt es Kneipen und Cafés, die meisten sind leer. Die Dönerläden räumen schon ihre Spieße weg. Irgendwo bekommt er noch einen Köfteteller und Cola.

Die Woche hatte vielversprechend begonnen. Über eine Zeitarbeitsfirma fand Murat einen Job in einer Fleischwarenfabrik. 9,70 Euro brutto die Stunde. Er sollte Kohlköpfe von einer Rampe nehmen, halbieren und auf ein Fließband legen, im Akkord. Die Pausen reichten inklusive des Fußmarsches zum Aufenthaltsraum für eine Zigarette. Wer zu langsam war, den wies der Vorarbeiter zurecht. Natürlich gab es Ärger. Am zweiten Tag ging Murat nicht mehr hin. Die Firma kündigte ihm. Das Arbeitsamt drohte wieder mit Sanktionen.

Murat sitzt vor seiner Cola und macht mit den Armen Bewegungen, als halte er Kohlköpfe darin. »Du kannst dir gar nicht vorstellen, wie schwer die Dinger nach einer Zeit sind«, sagt er.

Es geht auf Mitternacht zu. Draußen am Kreisverkehr haben sich zwei Streifenwagen aufgestellt. Sie kontrollieren teure Wagen, gefahren von jungen Männern mit südländischem Aussehen. Ein BMW X5 ist dabei, ein Porsche. Murat geht hinaus. Das interessiert ihn. »Ich sag's ja immer: Woher haben die Jungs nur das Geld für die Karren?« Er grinst. »Vom Kohlköpfeschleppen für 9,70 Euro sicher nicht.«

Ein weißes Mercedes Coupé, getönte Fenster, Sportfelgen, rollt leise über den Kreisverkehr. Ein junger Mann mit einem Pelzkragen an der Jacke und zurückgegelten Haaren lässt die Scheibe herunter.

»Hey, Mann«, der Mercedes-Fahrer strahlt Murat an.

»Hallo, was machst du so«, antwortet Murat. »Läuft gut bei dir?«

»Ja, alles gut. Bei dir, Bruder? Was machst du?«, fragt der Mann.

»Ja, ich bin hier so am Gucken«, sagt Murat. »Wir sehen uns.«

Der junge Mann macht ein Victory-Zeichen und fährt weiter.

»Der kann dir alles besorgen: Frauen, Drogen, was du willst«, sagt Murat. »Der hat Kontakte zu den Hells Angels.« Die Episode hebt Murats Stimmung, zumindest kurz. Er kann es noch.

Was Murat nicht weiß: Ausgerechnet an diesem Tag, fast zeitgleich, ist Ermittler Rasmus M. Hunderte Kilometer entfernt angetreten, um Murats Reputation wiederherzustellen – und eine kleine Staatsaffäre auszulösen. M., inzwischen 59 Jahre alt, ist eine Legende unter den Terrorfahndern Deutschlands. Sein größter Erfolg ist der Schlag gegen Abu Walaa. Und sein Trauma ist, dass Anis Amri nicht gestoppt wurde – trotz monatelanger Warnungen des LKA Nordrhein-Westfalens in alle erdenklichen Richtungen.

Rasmus M. trägt an diesem Tag in Berlin einen dunklen Anzug und eine präzise gebundene Krawatte. Sein Gesicht ist sonnengebräunt, der Kinnbart akkurat getrimmt. Er soll den Abgeordneten im Untersuchungsausschuss über VP01 berichten – über Murat.

M. beschreibt, wie er sich vor dem Beginn des Verfahrens »Ventum« über Murat erkundigt habe. Bei verschiedenen VP-Führern. Er habe von »herausragenden Ergebnissen der VP01 aus ihren Einsätzen in Schwerkriminalität, organisierter Kriminalität und Terrorismus« erfahren, sagt M. Und tatsächlich sei Murat der Allerbeste gewesen, vor allem Ende 2015 und Anfang 2016: »Nur die VP01 hat die ganze Bundesrepublik Deutschland in dieser Zeit in Atem gehalten«, schwärmt der Ermittler. »So eine VP kannte keiner in der Bundesrepublik, schon gar nicht beim BKA oder dem Verfassungsschutz.« Murats Engagement sei beispiellos gewesen. Ein Kollege des BKA habe ihm gesagt, dass »VP01 seiner Ansicht nach die beste im Lande ist. Und er hat auch gesagt, das Bundesamt für Verfassungsschutz würde sich die Finger lecken, um mal überhaupt so eine VP führen zu können«, berichtet Rasmus M.

Hauptkommissar M. sagt aber auch, dass Murats Glaubwürdigkeit womöglich auf Geheiß aus dem Innenministerium und der BKA-Führungsebene »kaputtgeschrieben« werden sollte. Murats Erkenntnisse machten »zu viel Arbeit«, habe ihm der Kollege aus dem BKA unter vier Augen gesagt. Murats Informationen seien zu gut gewesen, um wahr zu sein. »Es hat noch nie eine Person in der Geschichte der Bundesrepublik Deutschland gegeben, die zu zwei Anschlagsszenarien belastbare Angaben machen konnte, geschweige denn zu drei«, so referiert Rasmus M. im Bundestag die BKA-Vorbehalte gegen Murat. »Das war das Totschlagargument.«

Der Aufruhr im Untersuchungsausschuss ist groß. Wollte das BKA tatsächlich Murat, die wichtigste Quelle der Sicherheitsbehörden in der deutschen Islamistenszene, diskreditieren, weil er zu viele Informationen lieferte, denen man nachgehen musste? Die Beamten des BKA weisen die Darstellung entschieden zurück. Das Gremium jedoch ist elektrisiert.

Die Politiker suchen nach Fehlern im Fall Anis Amri. Ihr Problem ist, dass in den Ländern NRW und Berlin entsprechende Ausschüsse schon sehr viel länger tagen. Die dortigen Abgeordneten haben bereits vor geraumer Zeit detailliert aufgearbeitet, warum Amri nicht abgeschoben wurde, weshalb die Justiz ihn trotz zahlreicher Straftaten nicht in Haft nahm und wieso die chronisch unterfinanzierten Ermittler der Hauptstadt den Tunesier erst unterschätzten und dann sträflich vernachlässigten.

Auch der Staat hat reagiert. In der Justiz kümmern sich nun Schwerpunktstaatsanwaltschaften um islamistische Gefährder. Polizeigesetze wurden verschärft und die Zusammenarbeit der Behörden im Gemeinsamen Terrorismus-Abwehr-Zentrum wurde optimiert.

Die Presse hat sich ebenfalls nahezu jeden Mosaikstein des Falls Anis Amri angesehen. Es ist so viel über ihn geschrieben und gesendet worden, dass nur wenige den Überblick haben, was überhaupt noch neu und berichtenswert sein könnte. In gewisser Weise ist alles gesagt – und das ausnahmsweise sogar von fast jedem.

Und dann kommt plötzlich Hauptkommissar M. daher und tut etwas, was Polizisten eigentlich nie tun: Er belastet Kollegen, massiv und öffentlich. Wahrscheinlich können die Politiker ihr Glück in diesem Augenblick kaum fassen, sind sie doch das Gegenteil gewohnt: Beamte, die kleinreden, abwiegeln und mauern. Rasmus M. tritt anders auf, die Parlamentarier sind fasziniert: Gibt es statt der vielen kleinen Fehler im Fall Amri doch den einen großen Skandal, der alles überschattet? Der Verdacht, so vage er auch sein mag, verleiht dem Untersuchungsausschuss neuen Schwung. Rasmus M. gerät zum Kronzeugen der Opposition.

Die Aussage des Ermittlers gibt auch Murat Auftrieb. Er erinnert sich noch, wie ihm seine VP-Führer erzählt haben, das BKA glaube seine Warnungen vor Amri nicht. Ihr Misstrauen hat ihn damals schwer gekränkt. »Das hat mich zutiefst verletzt«, sagt er. Wenn man ihm vertraut hätte, »wäre das nicht passiert. Diese Menschen sind für nichts gestorben«. Er meint die Opfer des Anschlags auf dem Breitscheidplatz.

Dass Rasmus M. ihm den Rücken stärkt, lässt Murat euphorisch werden. Er meldet sich bei Twitter an und schlägt dort vor, den V-Mann doch selbst einmal anzuhören, anstatt nur über ihn zu reden. Die Nachricht verhallt ungehört. Niemand weiß, wer sie abgeschickt hat.

Tags darauf ist Murat beschwingt. Die Nachrichtenlage gefällt ihm.

Er ist wieder ein Held. Die Vorwürfe des Staatsschützers M. passen gut in sein Weltbild, wonach höhere Mächte ihn am Ermittlungserfolg gegen Amri gehindert hätten. »Der Rasmus, das ist wirklich ein echter«, sagt Murat, »der hat keine Angst.«

Hauptkommissar M. wiederholt seine Aussage wenige Tage später vor dem Amri-Untersuchungsausschuss im Düsseldorfer Landtag. Diesmal sind sehr viele Journalisten da. Die Nachrichten sind voll von VP01, dem Lobgesang des Kriminalhauptkommissars auf den Spitzel und seinen Anschuldigungen gegen BKA und Innenministerium. Murat ist fröhlich wie seit Monaten nicht.

Später wird auch das Oberlandesgericht Celle, das gegen Abu Walaa und die anderen Hassprediger verhandelt, Murats Verlässlichkeit schriftlich fixieren. Die jahrelange »intensive und umfassende Beweisaufnahme«, so beschließt der Senat, habe »keine Anzeichen erbracht, dass die Angaben der VP01 unrichtig sein könnten«. Darüber hinaus hätten Murats VP-Führer ihn als V-Mann beschrieben, der immer die Wahrheit gesagt und sich stets an Absprachen gehalten habe. An Murats »persönlicher Integrität« bestehe »kein Zweifel«, so das Gericht.

Doch es ist Dezember geworden. Amris Anschlag jährt sich zum dritten Mal. Murats Stimmung kippt wieder. »Ich wüsste wirklich gerne, wer das entschieden hat«, sagt er, »irgendeiner hoch oben muss entschieden haben, dass er mein Leben ausknipst.«

Anfang Januar 2020 findet die Verhandlung gegen ihn statt, weil er Diesel und ein E-Bike gestohlen haben soll. Murat beteuert immer wieder, er sei das nicht gewesen, die Anschuldigungen seien falsch. Doch sein Anwalt hat ihm erklärt, dass es nicht gut für ihn aussähe. Bestreitet Murat die Taten weiterhin, muss er wohl mit einer Verurteilung rechnen – und einer Gefängnisstrafe. Wenn er gesteht, kommt er aller Voraussicht nach mit einer Bewährungsstrafe davon.

Es ist ein kalter, grauer Januarmorgen. Das Amtsgericht ist ein moderner Bau mit Klinkerfassade, weiße Säulen an der Außenwand sollen an klassische Gerichtsgebäude erinnern. Murat steht auf der rot gepflasterten Auffahrt und raucht. Er hat Angst, das spürt man. Könnte er die Staatsanwältin noch im letzten Moment überzeugen, das Verfahren gegen ihn fallen zu lassen, wenn er ihr sagte, wie sie einen Dealer fangen könnte? Murat denkt daran, wie Ostermann einst seinen Richter überzeugte, trotz Drogenhandels im großen Stil nur eine Bewährungsstrafe zu verhängen. Doch da ist kein Ostermann mehr.

Zumindest Wirtgens ist im Saal. Aber er darf nichts sagen, weil Murat vor Gericht nicht als VP01 enttarnt werden soll. Murat gesteht. Der Richter gibt ihm ein Jahr und zehn Monate auf Bewährung.

Später räumt Murat ein, dass er allen anfänglichen Schwüren zum Trotz das Fahrrad und den Diesel tatsächlich gestohlen hat. Seine Chefs in den beiden Firmen hätten ihm Lohn vorenthalten, so rechtfertigt er sich. Und außerdem habe ihm die »Action« in seinem Leben gefehlt, das müsse man verstehen. Murat, der Trickser und Spieler, braucht die Aufregung, das Abenteuer, es ist sein Lebenselixier. »Ich kann nicht anders«, sagt er.

Draußen vor dem Saal, die drohende Haft ist abgewendet, lacht Murat sein kehliges Lachen. Er tritt eine Zigarette aus. »Schauen wir mal, was jetzt kommt.« Es ist der erste Tag seit Monaten, an dem Murat so etwas wie Zuversicht ausstrahlt.

Er hofft, dass er eines Tages jenen Menschen trifft, der entschieden hat, sein bisheriges Leben zu beenden. Er hofft, dass dieser Mensch sich bei ihm entschuldigen wird. Er weiß, dass das nicht passieren wird.

Noch viel mehr sehnt Murat den Tag herbei, an dem Wirtgens oder Elspe oder Ralle oder Frank oder Günni ihm sagen, dass er wieder Verbrecher jagen darf. Er hat Angst, dass auch das nie passieren könnte.

Murat Cem will nur eines.

Ermitteln.

NACHWORT

Ein Jahr haben wir mit Murat verbracht. Dass es aufregend werden würde, wussten wir. Nie zuvor konnten sich Journalisten in Deutschland so intensiv mit einem derart wichtigen V-Mann der Polizei befassen, wie wir es tun durften. Und nie zuvor sind wir beruflich einem Menschen so nahegekommen, wie Murat es zugelassen hat.

Die Zeit mit ihm war spannend und erhellend. Wir haben viel von Murat gelernt über seine Arbeit für die Polizei, über das V-Mann-Wesen und dessen Schwächen, über die Tricks der Straße und die Abgründe der Menschen.

Wir hatten viele Fragen an die Behörden, zu Murats Leben, seinen Einsätzen und möglichen Fehlern der Beamten. Doch die Polizei Krefeld und das nordrhein-westfälische Landeskriminalamt ließen unsere Anfragen inhaltlich unbeantwortet. V-Mann-Einsätze und das Zeugenschutzprogramm seien grundsätzlich geheim, hieß es bloß.

Beeindruckt hat uns Murats Berufsethos. Er ist ein Mann, den viele schnell als kriminellen Spitzel abstempeln – und der doch viel zu komplex für irgendeine Schublade ist. Ja, Murat ist ein Gauner. Und doch ist Murat *auch* ein anständiger Kerl mit einem ausgeprägten Gerechtigkeitssinn, einem phänomenalen Gedächtnis und viel Pflichtgefühl.

Eigentlich ist es ein Wunder, dass Murat nach knapp 20 Jahren voller Tricks und Täuschungen so gut zwischen Recht und Unrecht, zwischen Lüge und Wahrheit unterscheiden kann. Er ist kein Berufsverbrecher, kein Aufschneider oder Mythomane. Sein Problem ist, dass er sich nach Jahrzehnten in der Halbwelt kaum noch in eine bürgerliche Existenz integrieren lässt. Wenn er denn überhaupt jemals dafür geschaffen war. Die »Action« seines Undercover-Lebens und die Anerkennung, die er dafür bekam, dürften ihn jedenfalls endgültig verdorben haben für ein gewöhnliches Angestelltendasein oder das Malochen im Schichtbetrieb irgendeiner Fabrik.

Wir haben häufig mit Murat gelacht. Und wir haben uns sehr um ihn gesorgt. Gerade in den vergangenen Monaten, als er nicht wusste, wie es weitergehen würde, als er verzweifelt war und immer depressiver erschien. Jeden Tag hatte er eine neue Idee, wie er sich und anderen schaden könnte. Es war auch für uns eine Zeit, die uns über Gebühr belastet hat: Sie ging an die Substanz.

Obwohl Murat andere Menschen in Windeseile öffnen und für sich gewinnen kann, ist er ein Einzelgänger. Murat hat keine Freunde. Offenbar will er das nicht. Vielleicht ist das eine Folge seines Berufslebens, in dem er über viele Jahre zum Schein mit Fremden anbandeln musste, um diese dann doch irgendwann der Polizei zu verraten. »Am Ende sterbe ich allein«, sagt Murat bitter. Vielleicht hat er recht.

Wir werden Murat bald ziehen lassen müssen. Der Abschied wird uns allen schwerfallen, womöglich gibt es böses Blut. Murat ist kein einfacher Charakter. Wir wissen nicht, wie es mit ihm weitergehen wird. Gibt er sich irgendwann seinen Rachegelüsten hin und attackiert die Polizei? Wird er wieder als Spitzel arbeiten? Rutscht Murat in die Kriminalität ab?

Es gibt Menschen, die ihn lange kennen und überzeugt sind, dass Murats Geschichte kein Happy End haben wird. Wir sind uns da nicht so sicher, aber vielleicht hoffen wir auch noch zu sehr. Jedenfalls wünschen wir Murat nur das Beste. Möge er seinen Frieden finden.

Und eines ist uns ohnehin klar: Murat Cem wird weiter durch das Leben tanzen, planlos und sprunghaft, gewieft und trickreich. Am Ende wird er mehr ge- und erlebt haben als die meisten von uns.

Und so enden wir mit der Formel, mit der unser V-Mann jedes Telefonat abschloss. Es ist so etwas wie sein augenzwinkerndes, spitzbübisches Mantra.

Viel Spaß noch, Murat!

Düsseldorf, im Februar 2020
Jörg Diehl, Roman Lehberger, Fidelius Schmid

DANKSAGUNG

Zuallererst möchten wir uns bei Murat und seiner Familie bedanken – für die Offenheit und ihr Vertrauen in uns, für die Zeit, die sie investierten, um mit uns zu sprechen. Wir danken ihnen auch für die Geduld, die sie aufbrachten, wenn wir immer neue Fragen stellten, wenn wir Hinweise auf vermeintliche Unstimmigkeiten und Zweifel vorbrachten.

Zu Dank verpflichtet sind wir all jenen, die an der Entstehung dieses Buches direkt oder indirekt beteiligt waren: Die SPIEGEL-Chefredaktion – Steffen Klusmann, Barbara Hans und Clemens Höges – gab uns in turbulenten Zeiten den Freiraum, uns dem »Projekt VP01« zu widmen. Unsere Vorgesetzten, Kolleginnen und Kollegen, verzichteten über Monate auf uns und sprangen ein. Wolf Wiedmann-Schmidt half uns mit seinen wertvollen Recherchen in Berlin.

Karen Guddas von der DVA und Angelika Mette vom SPIEGEL-Verlag glaubten sofort an die Idee dieses Buchs. Sie standen uns stets mit Rat und Unterstützung zur Seite. Ihnen gebührt besonderer Dank.

Jan Siegel, Sascha Sajuntz und Uwe Jürgens aus der SPIEGEL-Rechtsabteilung und der Rechtsanwalt Lars Brögeler teilten ihre juristische Expertise mit uns.

Bertolt Hunger aus der SPIEGEL-Dokumentation prüfte das Manuskript gewohnt kritisch.

David Walden von SPIEGEL TV stellte sicher, dass wir Murats Geschichte nicht nur in Texten, sondern auch in bewegten Bildern erzählen können.

Sylvia Casper begleitete das Treiben im Düsseldorfer Büro des SPIEGEL mit der ihr eigenen Gelassenheit.

Ganz besonders möchten wir uns auch bei jenen Frauen und Männern bedanken, die wir hier nicht namentlich nennen dürfen. Ihr Rat und ihr Sachverstand sind unverzichtbar: für dieses Buch und unsere alltägliche Arbeit.

Last, but not least, sei uns auch eine private Bemerkung erlaubt. Jene, die uns am nächsten stehen, mussten während des vergangenen Jahres häufig auf uns verzichten. Danke, dass es euch gibt!

Düsseldorf, im Februar 2020
Jörg Diehl, Roman Lehberger, Fidelius Schmid

REGISTER

318